In Koli Jean Bofane

Sinusbögen überm Kongo

Bibliographische Information der Deutschen Nationalbibliothek:
Die Deutsche Nationalbibliothek verzeichnet diese Publikation in der Deutschen Nationalbibliographie; detaillierte bibliographische Daten sind im Internet abrufbar: http://dnb.d-nb.de.

Titel der französischen Originalausgabe:
»Mathématiques congolaises«

Die Übersetzung aus dem Französischen wurde durch litprom – Gesellschaft zur Förderung der Literatur aus Afrika, Asien und Lateinamerika e. V. mit Mitteln des Auswärtigen Amtes unterstützt sowie vom Freundeskreis zur Förderung literarischer und wissenschaftlicher Übersetzungen e. V. durch ein Arbeitsstipendium des Landes Baden-Württemberg.

Umschlag: Till Kaposty-Bliss, Berlin
Satz: Katrin Kassel, Berlin
Druck: Clausen & Bosse, Leck

E-Mail: info@horlemann-verlag.de
Internet: www.horlemann.info
ISBN: 978-3-89502-359-0

In Koli Jean Bofane

Sinusbögen überm Kongo

Aus dem Französischen von Katja Meintel

HORLEMANN

I

Der Tanz der Zahlen

»He, Alter, was zu trinken!« Der, den man mit solcher Autorität »den Alten« rief, griff mit beiden Händen in eine Styroporwanne voller Eiswürfel, zog eine Flasche heraus, öffnete sie und hielt das Sprudelgetränk eilfertig dem Mann hin, der eben aus einem nagelneuen, marineblauen Geländewagen gestiegen war.

Das mächtige Fahrzeug hatte vor einer Minute am *ligablo*[1] des Alten Isemanga angehalten. Einer der beiden Typen darin hatte vom Beifahrersitz herunter für einige lange Sekunden die Gesichter der Leute gemustert, die um ein Kohlenbecken mit ein paar brutzelnden Fleischspießen herumstanden, daneben die Styroporwanne und ein wackeliges Tischchen, auf dem die unterschiedlichsten Gegenstände auslagen: einzelne Zigaretten, Wegwerfrasierer, Sardinenbüchsen, Cornedbeef, Nähgarn, kurz, das Grundkapital der »Firma Isemanga«. Unter dem Blick des Mannes waren die Unterhaltungen verstummt. Alle hatten an dem Fahrzeug ohne Nummernschilder und dem Auftreten seiner Insassen die Militärs in Zivil erkannt. Als der Mann

1. Verkaufsstand.

seine Bestellung aufgegeben hatte und anfing zu trinken, entkrampften sich die Anwesenden ein wenig, und die Unterhaltung nahm einen übertrieben fröhlichen Ton an.

Der *ligablo* des Alten Isemanga stand am Gehsteigrand in der Avenue de la Justice im schicken Gombe-Viertel. Auf dem Grundstück dahinter lagen die Räumlichkeiten einer Nichtregierungsorganisation, die sich mit allem und nichts beschäftigte. Der Alte Isemanga fungierte dort als Wachposten, Informationszentrale und Mädchen für alles. Um sich etwas dazuzuverdienen, hatte er ein Geschäft aufgezogen, das ein buntes Völkchen zusammenführte: Beamte, die gleich um die Ecke arbeiteten, durstige Passanten und gehetzte Autofahrer. So wie jetzt brieten die Spieße jeden Mittag über der Schicht glühender Kohlen und verbreiteten ihren würzigen Duft, der ringsum die Kunden anlockte.

Diese Art von Kleinstbetrieb war das Geschäftsmodell, mit dem sich Zehntausende von Familien in ganz Kinshasa über Wasser hielten. Es war eine Unternehmensform, die weit mehr als bloß kommerzielle Zwecke erfüllte. Hier war ein Ort des Zusammenkommens, wo sich nebst den Zigarettenrauchern die unterschiedlichsten Menschen begegneten. Auch Diskussionen und Mini-Politikforen fanden hier statt. Zudem war der *ligablo* die Psychopraxis schlechthin, in die man ohne Termin zur Sprechstunde kam. Bevor der Geländewagen die politischen Debatten wie weggezaubert hatte, klagte ein Familienvater über seine Unfähigkeit, die Verschwendungssucht seiner jungen Zweitfrau einzudämmen. Und kurz vorher hatte eine Sekretärin ihre Gesprächspartner befragt, was sie gegen die sexuelle Belästigung tun sollte, der sie bei ihrem allzu spendablen Chef ausgesetzt war.

Nach einem großen Schluck von seinem prickelnd braunen Getränk bestellte der Fahrer des Geländewagens, Stabsfeldwebel Bamba, einen Fleischspieß. Worüber gesprochen wurde, schien ihn nicht sonderlich zu interessieren. Während seine Kiefer mahlten, wanderte sein Blick zerstreut über das Grundstück. Ein bescheidenes Gebäude links, eierschalenfarben mit roten Fensterrahmen, beherbergte die NGO. Das etwas dahinter gelegene Nebengebäude diente als Hausmeisterwohnung. Mutter Bokeke Iyofa teilte den engen Raum mit ihrer vielköpfigen Familie. Da waren ihre drei Kinder – der Älteste, Patrick, um die fünfundzwanzig, und die zwei Kleinen, die etwa zehnjährigen Zwillinge Mboyo und Boketshu – sowie ihre beiden Neffen, große Burschen, die aus ihrem Heimatdorf in der Provinz Équateur[2] gekommen waren, um ihr Glück in der Hauptstadt zu versuchen.

Mutter Bokeke Iyofa war gerade dabei, auf einem Holzfeuer vor ihrem Häuschen zu kochen. Auf einer Bank im Schatten der Fassadenmauer saßen Patrick alias Trickson und die Neffen Baestro und Gaucher, der »Linkshänder«, mit ein paar Freunden zusammen und trugen lautstark eine Partie Dame aus. Es wurde erbittert gekämpft. Man hörte das Kratzen der Spielsteine – Limo- gegen Bier-Kronenkorken –, die über das handbemalte Sperrholzbrett geschoben wurden. Jetzt war eine besonders schnell klackende Sequenz zu hören, gefolgt von triumphierendem Hohngelächter, das auf das Ende der Partie schließen ließ. Eine Vermutung, die vom Wutschrei des Verlierers bestätigt wurde.

---

2. Im Nordosten des Kongo.

»Schon wieder verloren. Probier's besser mal mit der Lotterie, Celio. Was du brauchst, sind Glücksspiele, da kannst du dich auf den Zufall verlassen.«
»Was weiß ein ungebildeter Haufen wie ihr schon vom Zufall? Sicher, beim Damespiel gibt es keinen, aber was diesen Fall hier betrifft, da regt euch mal ab, Jungs, das war doch nichts, bloß ein paar lausige Algorithmen.«
Die Anwesenden prusteten laut los. Celio Matemona brachte seine Freunde oft zum Lachen. Ungewollt übrigens. Er konnte nichts dagegen tun. Er war nicht imstande, anders als in mathematischen Begriffen zu sprechen und zu denken. Die Zahlen waren seine Welt, die Hypothesen sein Kosmos, und das war weit mehr, als irgendwer begreifen konnte.

»Wo wart ihr denn?«, rief er. »Wo wart ihr denn, als ich meinen ersten Beweis hergeleitet habe und sich die Zahlen meinem Willen beugten? Was wisst ihr schon über die Fraktaltheorie, mit deren Hilfe ich es geschafft habe, mein inneres Chaos zu analysieren? Wer von euch war da, als ich das unendlich Kleine integriert habe?«
Celio war wieder einmal auf seinem Trip. Und er glaubte, was er sagte. Schon in sehr jungen Jahren hatte ihn das Universum der Mathematik und der Mathematiker fasziniert. Sobald man Begriffe wie »sinusförmig«, »vektoriell« oder »logarithmisch« an die Dinge hängte, bekamen diese einen viel vertrauteren Klang. Celio war davon überzeugt, dass die Mathematik seinem Genom eingeschrieben war. Murmeln zu spielen oder den Ball ins Tor zu schießen, war schon für den kleinen Jungen gleichbedeutend mit dem Betreiben von Trigonometrie. Alles war eine Frage von

Winkeln, Bögen, Sinus- und Cosinuskurven. Seine Freunde verstanden zwar nichts davon, amüsierten sich aber königlich über seinen Spleen, und so war Celio Matemona zu »Celio Mathematix« geworden: der Mann, der Berechnungen kontrollierte, Variablen bestimmte und mit komplexen Zahlen Umgang pflegte.

»Was glaubt ihr eigentlich? Mein Hirn kratzt ständig die Tangente, und da soll ich mich auch noch auf eure lächerlichen Spiele konzentrieren?«

Das Gelächter wurde lauter. Baestro, der Neffe und Musikliebhaber, summte mal wieder ein schwermütiges Lied, in dem es um Träume vom Erfolg und um enttäuschte Hoffnungen ging.

Na kati ya bolondo, na kati ya pasi
Mokili ebeti ngai fimbo
Mokili ekomi bololo.[3]

Stabsfeldwebel Bamba Togbia verfolgte die Szene von Weitem, während die Zwillinge Fangen spielten und lautstark das *Dragonball*-Intro nachsangen. In aller Ruhe machte er ein paar Schritte in die Parzelle hinein und auf die kleine Hütte zu. Eine gnadenlose Sonne knallte auf die Wände aus gestampftem Lehm. Um den *ligablo* herum kamen die Unterhaltungen ins Stocken. Alle Augen hefteten sich auf Bambas Rücken. Der Mann war groß, hager, um die fünfzig. Mit seinem etwas zu langen Hals und seinen übertrieben zurückgezogenen Schultern sah er aus wie ein Aasgeier.

---

3. Im hintersten Kerker, im tiefsten Schmerz / Hat das Leben mich ausgepeitscht, / Hat das Leben seine Süße verloren.

Seine Haut war schwarz, mit einem Stich Blau, und gegerbt von den vielen Stunden Wachdienst unter der glühenden Sonne. In der Mitte des Hofes angekommen, machte der Militär den jungen Leuten ein Handzeichen. Die Neffen schienen nicht überrascht. Gaucher stand auf und ging ruhig zu ihm hinüber. An den Töpfen hielt die Mamma in der eben begonnenen Bewegung inne. Die Unterhaltung zwischen dem Stabsfeldwebel und dem jungen Mann war kurz und knapp.

»Was will er?«, fragte Celio aggressiv, als Gaucher zur Bank zurückkehrte.

»Das Übliche. Es gibt eine politische Versammlung, und man braucht uns.«

»Schon wieder! Lasst das sein, Jungs, diese Geschichten gehen irgendwann mal bös ins Auge.«

»Sie zahlen diesmal ein bisschen besser«, verteidigte sich Gaucher, »wir müssen da hin, das ist schnell verdientes Geld. Warum sollten wir darauf verzichten?«

Wieder einmal wurde der Mythos vom tropischen Faulpelz zunichtegemacht. In diesen Breitengraden war die Gleichung einfach und erbarmungslos: Wer sich nicht ins Zeug legt, hat nichts zu futtern, seine Kinder auch nicht und ihr Lehrer erst recht nicht. Was half es da, sich von Celios Einwänden einlullen zu lassen? Der hatte wenigstens studieren können, der konnte auf etwas hoffen. Wie es schien, besaß er sogar einen Haufen Diplome. Gaucher dagegen hatte keinen Schimmer, an welchem Tag die Vorsehung ihm seine Chance geben würde. Deswegen musste er jede Gelegenheit, die sich ihm bot, ergreifen. Stabsfeldwebel Bamba war nicht einfach so gekommen, er brauchte sie. Um die öffentliche Meinung zu beeinflussen, wurden Gaucher und andere Müßiggänger seines Schlages angeheuert, damit sie vor laufenden Fernsehkameras eine Menschenmenge mimten. Die Bilder wurden dann in den Nachrichten gebracht, um die Illusion zu schaffen, dass alles war wie früher. Eine echte Charakterrolle: Sie hatten überzeugende und glückliche Parteigänger zu geben, unter einer Regierung des Übergangs, der kein Ende nehmen wollte.

»Baestro, gehen wir jetzt, oder was?«, drängte Gaucher. »Was ist denn so schlimm an dem, was wir machen? Wir gehen ins Stadion zu einer Versammlung, schauspielern ein bisschen, und in ein paar Stunden sind wir wieder zurück und spielen unsere Partie fertig. Stabsfeldwebel Bamba hat mir übrigens noch versprochen, dass wir doppelt so viel bekommen wie beim letzten Mal. Ist doch klasse!«

Baestro hatte bis jetzt nichts gesagt: Er zögerte noch. Als er das letzte Mal zu einem dieser berüchtigten Massenspektakel gegangen war, hatten ihn die Heftigkeit und die leeren Worte der Redner abgestoßen. Okay, er hatte bei dieser Farce auch seine Statistenrolle gespielt, aber das Land befand sich mitten in einem Umbruch, es war eine neue Epoche, man wollte die Demokratie, man wollte Wahlen. Widerstrebend hatte die Staatsgewalt erkannt, dass die Zeit gekommen war, den Demokratisierungsprozess einzuleiten, aber ohne Widerstand von ihrer Seite ging es nicht vonstatten. Baestro war auch bewusst, dass das ganze Gerede von wegen Gewährung sogenannter politischer Freiheiten bloße Augenwischerei war. Er dachte das nicht etwa, weil er selbst direkt an der Schaffung der Illusion beteiligt war, sondern weil sich das Denken der amtierenden Berufspolitiker nicht viel verändert hatte. Nach wie vor verteidigten sie ihre Posten und Privilegien mit aller Kraft und vor allem mit den gleichen Methoden. Er, Baestro, ging, wohin man ihn schickte, klatschte zu bestimmten Stichwörtern wie »Partei«, »Demokratie« oder »Volk« und brüllte seine Begeisterung mit schlagkräftigen Sätzen heraus: »Keine Chance der Anarchie!«, »Der Kampf geht weiter!«, »Bis zum Sieg!« Jeder spielte seinen Part und versuchte so, mit hübsch verpacktem Gewissen, seinen Maniok aus dem Feuer zu holen. Baestros Bedenken schmolzen nach kurzer Überlegung dahin wie das Durchschnittsgehalt eines Kinshasaer Arbeiters am Zahltag.

Heißer Wind und Staub schlugen Baestro und Gaucher ins Gesicht, als sie hinten auf einem Lastwagen mit zurückgeschlagener Plane standen. Das Fahrzeug war gefüllt mit den allbekannten Komparsen, die man an sämtlichen Ecken der Stadt aufgelesen hatte. Sie alle hatten zuvor Besuch von Stabsfeldwebel Bamba erhalten. Dann war ein Lastwagen gekommen und hatte sie grüppchenweise aufgeladen. Zwei weitere Fahrzeuge voller entlohnter Statisten waren inzwischen zu ihnen gestoßen. Wohl hundert bis hundertfünfzig Personen, darunter ein paar Frauen, drängten sich hinten zusammen. Mit Vollgas bretterten sie über die Avenue Kasa-Vubu. Es war früher Nachmittag, und am Straßenrand wimmelte es von Menschen. Eine große, bunt zusammengewürfelte Menge, die entschlossenen Schrittes den Staub aufwirbelte, sich mit großartigen Gesten heiser schrie, unter dem vielförmigsten Ballast keuchte und hinter unerreichbaren, alltäglichen Träumen herjagte. Von Sonne und Staub erstickt, ging Kinshasa seinem Überleben nach. Abgetakelte Kramläden, die Wände in allen Farben bemalt, boten eine Fülle an Waren feil, von Luxuskleidern über

Elektrogeräte bis hin zu Emaillegeschirr für die Küche. In Ermangelung von Neon und Plastik überboten sich die Schilder an Verwegenheit, was die Namensgebung betraf: »Gott hat es mir gegeben«, »Das Tor der Segnungen«, »Bei Malou I.«. Alle zehn Meter kam eine Apotheke. Hier und da verwiesen Bretter mit aufgemalten Männerköpfen auf einen Frisiersalon. Aus Bettlaken ausgeschnittene Spruchbänder warben für die Dekorationsmaler. Auslagen mit Schmieröl und gebrauchten Schläuchen verrieten, dass man sich hier um Autos kümmerte und bei Reifenpannen wahre Wunder vollbrachte. Der Lastwagen raste weiter.

Seltsamerweise bogen die Fahrzeuge nicht nach rechts zum kleinen Stadion der Revolution ab, sondern fuhren geradeaus weiter. An der Kasa-Vubu-Brücke bemerkte Baestro, dass sich zusätzlich zum Fahrzeug von Stabsfeldwebel Bamba noch zwei weitere Geländewagen der Kolonne angeschlossen hatten. Sie waren voll besetzt mit finster dreinschauenden Männern.

An der Matonge-Kreuzung angelangt, blieben die Lastwagen mit laufenden Motoren stehen. Ohne weitere Begründung befahl man den paar Frauen auszusteigen. Baestro und Gaucher sahen sich fragend an. Wenn die Anordnung »Männer nach rechts, Frauen nach links« ertönt und Militärs in der Nähe sind, ist das in der Regel ein ganz schlechtes Zeichen. Nach der Operation »Frauen absteigen« kehrten die Lastwagen um und setzten ihren Weg zum Limete-Viertel fort. Aber warum, großer Gott, hatten sie die Frauen rausgeworfen, fragten sich die jungen Leute.

Der Konvoi hielt schließlich vor einer Villa, die von einem hüfthohen Zaun umgeben war. Das Haus hätte harmlos

wirken können, wäre da nicht das gut sichtbare Schild gewesen, welches auf das Hauptquartier einer Oppositionspartei hinwies. Sechs diensthabende Soldaten saßen, auf ihr Sturmgewehr gestützt, träge auf den Bänken davor.
Die fragliche Partei war nicht irgendeine, sondern die PND, die Partei der Neuen Demokratie, unter ihrem Führer Makanda Rachidi, einem Berufspolitiker, dessen lange Karriere von spektakulären Kehrtwendungen gesäumt wurde. Die letzte und sicher unglaublichste war sein verspätetes Faible für die Demokratie. Die Ärmste war seit dem politischen Fortschritt im Land von vielen Kerlen wie ihm als Mätresse genommen worden. Ohne auch nur den Versuch zu wagen, sich von ihr verführen zu lassen, waren diese mit Redetalent, Kühnheit und einer gehörigen Portion Zynismus über sie hergefallen. Durch ihren ausschweifenden Lebensstil brachten sie sie in Verruf. Ungeachtet ihrer großen Schönheit beschmutzten die feinen Herren sie des Nachts gemeinschaftlich auf ihren geheimen Sitzungen. Die so besudelte Demokratie war nicht auf Rosen gebettet.
Bambas harte Stimme holte Baestro in die Wirklichkeit zurück. Der Stabsfeldwebel stand hinten am Lastwagen und gab letzte Anweisungen.
»Ihr seht, wo wir hier sind. Ich sage euch jetzt, was ihr zu tun habt.« Ein Raunen ging durch den Lastwagen. Die Komparsen waren offenbar nicht einverstanden. Dass sie anstelle des Stadions ein neues Ziel angefahren hatten, erschien ihnen seltsam. Sie waren nicht darauf gefasst, hier in Limete auf Oppositionelle zu treffen. Bamba hielt sich damit nicht weiter auf:
»Wir werden uns vor diesem Haus versammeln. Ihr braucht nichts weiter zu tun, als Parteilieder zu singen. Wie ihr

seht, sind wir hierhergekommen, um dem oppositionellen Gesocks ein kleines Konzert zu geben. Diese Leute machen das Land kaputt, sie bringen nichts als Unruhe. Wir werden ihnen auf friedlichem Weg unsere Entschlossenheit zeigen, mit Liedern.«

Die herrische Rede schien die widerspenstigen Marionetten zu beruhigen. Alle stiegen aus den Fahrzeugen. Man versammelte sich auf einem Rasenstreifen, der die Landstraße von dem Weg vor der Villa trennte.

»Der Ruf zum Sammeln lautet: *Mokili ebende*[4]«, fügte der Stabsfeldwebel hinzu. »Habt ihr gehört? Gut, Bewegung!«

Baestro sang ohne Überzeugung. Die Männer neben ihm skandierten ein ewig wiederholtes Siegeslied. Nach ein paar Minuten Stimmübungen waren die hundert Mann wie elektrisiert. Manche deuteten sogar Schritte eines Kriegstanzes an. Gegenüber, am Sitz der PND, waren die diensthabenden Soldaten jetzt hellwach. Ängstlich kamen Makanda Rachidis Männer heraus, um sich nach dem Anlass für den Jubel zu erkundigen. Die Besucher provozierten sie mit Gebrüll und Fußestampfen. Die Gliederpuppen waren dabei, ihre Gage zu verdienen. Sie waren fast im Gleichklang. Die Gruppe wogte vollkommen wie eine Flüssigkeit und blieb doch kompakt. Ruckartig pulsierend hoben und senkten sich die Arme wie eine Grafik digitaler Töne. Alles war perfekt. Sie taten fast schon zu viel des Guten. Gegenüber bewegte sich nichts. Die Stimmen kamen in Fahrt, der Gesang erreichte seinen Höhepunkt, als Baestro wie in einem Traum bemerkte, dass die Typen, die er ganz vergessen hatte, aus den Geländewagen stiegen, den Arm von

---

4. Eine Welt aus Stahl, eine unbarmherzige Welt.

einem schwarzen Etwas verlängert. Dann sah er, dass sie Waffen trugen. Der eine seine Uzi, der andere eine automatische Pistole, er sah sie durchladen, auf die Villa zielen und unter höllischen Detonationen feuern. Die Schüsse lösten schlagartig Panik und Verwirrung aus. Der hundertköpfige Trupp programmierbarer Hampelmänner zerstreute sich in seine Einzelteile. Baestro und sein Bruder Gaucher setzten zur Flucht in eine Richtung an, die sie selbst noch nicht kannten. Alles war in Auflösung begriffen. Wie Ameisen unter dem Fuß eines Menschen.
Durch die gebrüllten Fragen hindurch erklang der Ruf zum Sammeln: »*Mokili ebende! Mokili ebende!*« Innerhalb weniger Sekunden drängten sich die abtrünnigen Puppen erneut zusammen und liefen auf den Urheber des Schreis zu, einen Offizier, wie es schien. Im selben Augenblick gab dieser einen kurzen Befehl, und ein Bleihagel zerriss die Luft. Baestro spürte, wie sein Herz zersprang. Der Beschuss aus nächster Nähe hatte zwei Kameraden neben ihm niedergemäht. Gaucher war nicht mehr zu sehen. Panik machte Baestro blind und taub, als wäre er bereits anderswo. Seine Lebensbahn hatte eben ihren höchsten Punkt erreicht. Seine Hoffnungen und Wünsche lagen von nun an hinter ihm. Er war schon nicht mehr von dieser Welt. Verzweifelt schlug er einen Haken nach rechts, rannte besinnungslos, glaubte sogar einen Moment lang zu fliegen, in Wirklichkeit hatte ihm einer von Makanda Rachidis Anhängern ein Bein gestellt. In der nächsten Sekunde wurde die Sonne verdeckt. Vor ihm stand ein Mann in dunkler Uniform, mit dunklem Barett und unsichtbaren Augen, der sich auf sein Gewehr stützte, während das darauf aufgepflanzte Bajonett in seiner Seite wühlte. Von der Klinge in den

Staub genagelt, betrachtete Baestro die tiefschwarze Masse vor dem unermesslichen Himmel, die sich über ihn beugte und ihn hier und jetzt tötete.

Das ehrwürdige Taxi schlängelte sich mit Vollgas durch den Verkehr auf dem Boulevard Lumumba, wobei es sich alle Mühe gab, die Schlaglöcher zu umfahren, die dem Verwundeten hart zusetzten. Baestro lag auf der Rückbank, sein Kopf auf den Knien seines Bruders. Ganz nah an seinem Ohr murmelte Gaucher ihm besänftigende Worte zu. »*Ba gagner ngai*[5]«, brachte Baestro in einem verzweifelten Seufzer hervor. »Mich hat's erwischt.« Mit der Hand versuchte Gaucher, das Blut zu stoppen, das in langsamen, aber unerbittlichen Stößen aus der Seite seines Bruders floss. Das Taxi raste zum Allgemeinen Krankenhaus.

Wie durch ein Wunder war Gaucher kurz nach dem Bajonettstoß wieder aufgetaucht und hatte Baestro befreien können. Er hatte es geschafft, dass sein Bruder aufstand und humpelnd zum Boulevard hinüberrannte, wo sie in ein wohlwollendes Taxi hatten einsteigen können. Sie kamen am Krankenhaus an und wurden ziemlich schnell versorgt. Nun wurde ihnen klar, dass es auf beiden Seiten Schwerverletzte gegeben hatte. Anhänger beider Lager, die ihre Verwundeten begleiteten, stießen in den Krankenhausgängen laute Drohungen aus und gestikulierten wild herum. Es herrschte ein unbeschreibliches Chaos. Ein junger Arzt nahm sich ihrer an. Zwei Pfleger brachten Baestro auf einer Trage in einen erbärmlichen OP mit verdächtigen Spuren an den Wänden. Man legte ihn auf einen OP-Tisch. Von den Gängen her waren immer dringlichere Schreie zu hö-

5. Mich hat's erwischt.

ren. Der Arzt wurde unruhig und schickte einen der Pfleger hinaus, um nachzusehen, was los war. Mit entsetztem Blick kam der Mann zurück, um sie zu warnen, Makandas Männer waren auf der Suche nach den Verletzten des anderen Lagers, um ihnen den Rest zu geben. Hastig öffnete der Doktor ein niedriges Metallschränkchen und befahl Gaucher und Baestro, sich hineinzuzwängen.

»Beeilt euch, es geht um euer Leben!« Mithilfe der Pfleger schafften sie es, den Verletzten und seinen Bruder in das Schränkchen hineinzubekommen. Die beiden jungen Männer fanden sich in völliger Finsternis wieder. Baestro spürte schmerzhaft, wie sein Herz tiefer schlug als sonst, auf Höhe der Wunde. Lange Minuten verstrichen, und bald hatte er nicht einmal mehr die Kontrolle über seinen Kiefer, der sich wie unter dem Druck zweier unerbittlicher Ambosse verkrampfte. Sein Körper wurde von immer stärkeren Spasmen geschüttelt, die Gaucher zu unterdrücken versuchte, indem er den Körper des Bruders ganz fest an seinen presste. Baestros Zustand verschlechterte sich rapide und unwiederbringlich. Durch die dünne Trennwand hindurch erreichten sie von draußen der Lärm der Gewalttätigkeit und die Schreie der verängstigten und misshandelten Männer.

»*Ba gagner ngai*«, flüsterte Baestro noch einmal, bevor er einen letzten Atemzug tat. Nach den Stunden, die sie aneinandergeschmiegt in dem Kabuff verbracht hatten, spürte Gaucher, wie aus dem Körper seines Bruders langsam die Wärme wich und die Leichenstarre unumstößlich einsetzte. Baestro starb in einem Eisenschrank inmitten chirurgischer Geräte, korrosionsbeständig und kalt wie die Staatsräson.

Makanda Rachidi sah bekümmert aus. Er hielt sich das Mobiltelefon tieftraurig ans Ohr wie einer, der vorhat, sich gleich eine Kugel durch den Kopf zu jagen. Er kürzte die Unterhaltung mit ein paar gebrummelten Dankesworten ab. Nachdem er aufgelegt hatte, kehrte der legendäre Kampfgeist auf sein Gesicht zurück. Den lieben, langen Tag hatte er auf eilfertige Beileidsbekundungen geantwortet. *Das Massaker von Limete*, wie seine Gefolgsleute und die Presse die Geschichte bereits betitelten, hatte seine Partei ins Scheinwerferlicht gebracht. Etwas, das als Lächeln durchgehen mochte, erhellte einen Moment lang seine Züge. Der Vorfall war ein Wendepunkt für seinen neuen politischen Kurs. Endlich würde er die Glaubwürdigkeit bekommen, die er in den Augen der Nation brauchte. Zwei Märtyrer, gefallen auf dem Feld der Ehre, niedergemäht von den Schergen des Staates, das war mehr als genug, um sein angeschlagenes Image aufzupolieren.
Sein politischer Werdegang war extrem chaotisch verlaufen, worin er den Schwankungen von Makandas Standpunkten folgte. In einem Land, das die Korruption zum Regierungsstil erhoben hatte, war die Drohung, die öffentliche Ordnung zu stören, bislang ein ebenso subtiles wie lukratives Spiel, das Makanda perfekt beherrschte. Er brauchte bloß ein wenig aufzumucken, und der Präsident beeilte sich, ihn mit Geld zum Schweigen zu bringen. Das hatte bisher ziemlich gut funktioniert, neuerdings aber setzte sich die sogenannte »Zivilgesellschaft« durch und entwickelte sich zu einem unumgänglichen Faktor innerhalb der neuen politischen Konstellation, wodurch das Spiel komplizierter geworden war.

»Dieses verfluchte Volk, die sollen uns doch einfach machen lassen!«
Makanda lümmelte seinen massiven Körper noch bequemer auf das breite Sofa. Sein riesiges, eckiges Gesicht war von kleinen Kratern übersät und erinnerte an eine Oberfläche nach dem Durchzug einer Naturkatastrophe der Kategorie Meteoritenschauer. Gerade eben strahlte es Zufriedenheit aus. Makanda stieß ein leises Grollen aus wie ein satt gefressenes Raubtier. Seine Hand wanderte zu den Zeitungen auf dem Tischchen und las stolz die mehrspaltigen Schlagzeilen auf allen Titelseiten. *Das Blut der Märtyrer für die Demokratie! Die Staatsgewalt hat wieder zugeschlagen!*
»Was für ein phänomenaler Einfall!« Natürlich dachte er an die Anstrengung, die es ihn gekostet hatte, die Gunst der Öffentlichkeit und der Presse zu gewinnen. Er fand, dass er die neue Karriere, die sich ankündigte, voll und ganz verdient hatte. Makanda warf einen Blick auf seine Armbanduhr. Er musste sich fertigmachen. Die Journalisten hatten ihn kontaktiert, er hatte wichtige Erklärungen für die Zukunft des Landes abzugeben.

Die Trommeln hatten die ganze Nacht geschlagen. Das Grundstück mit der NGO, auf der Mutter Bokeke Iyofa lebte, wurde von den Freunden und Bekannten des verstorbenen Baestro überrannt. Alle beklagten das Schicksal. Warum war er bloß zu dieser Demonstration gegangen, fragten sich manche. Das war das Risiko, das man einging, wenn man bei solchen Sachen mitmachte, meinten die Realisten. Aber keiner von ihnen begriff, was überhaupt passiert war. Gaucher, der Einzige, der ihnen mehr hätte sagen können, war niedergedrückt, vom Schmerz überwältigt. Niemand wagte es, ihm Fragen zu stellen, und von sich aus sprach er nicht. Nach etlichen Spekulationen wurden sie allmählich vom Schlaf übermannt, und die Unterhaltungen verebbten.

Celio Matemona brauchte nicht gegen den Schlaf zu kämpfen. Er versuchte, im Geiste das tragische Ende seines Freundes nachzuspielen. Jene letzte Damepartie, sein Zögern, bevor er zu jener dubiosen Demonstration gegangen war, die Erklärungen der Politiker, den ganzen Tag lang. Sie waren selbstverständlich darauf bedacht gewesen, das Ereignis für sich auszuschlachten. Hinzu kam, dass die Freunde zu einer Totenwache ohne Leiche gekommen waren. Denn die Familie des armen Baestro hatte seine Überreste aus der Leichenhalle des Krankenhauses nicht abholen können: »Unmöglich, Anordnung des Stadtgouverneurs«, hatte man ihnen gesagt. Die Menschen waren trotzdem gekommen und hatten ihn vor einem leeren Bett beweint. Im Laufe der Nacht waren die Trauertänze, die langen Diskussionen und die Klagen allmählich der Schläfrigkeit gewichen. Ein kraftloses Feuer erhellte die erstarrten Gestalten, in die nur Bewegung kam, um eine allzu aufdringliche Mücke zu verscheuchen.

Nachdem Celio mit den Gefährten der Nacht einen Kaffee getrunken hatte, kehrte er am frühen Morgen in seine Wohnung zurück, die zwei Minuten entfernt war. Er bog links ab und betrat ein Grundstück, auf dem ein großes, hangarähnliches Gebäude thronte, das man das »Dickicht« nannte. Zu dieser frühen Stunde war noch niemand vor dem Gebäude zu sehen, außer zwei jungen Frauen, von denen die eine den Platz aus gestampfter Erde fegte und die andere hockend in die Glut eines kleinen, eisernen Kohlenbeckens blies. Celio sprach die Hockende an.

»Ndenge nini Sido?[6]«
»Kommst du von Baestros Totenwache?«, fragte sie mit zärtlicher Stimme.
»Ja, so ungefähr, wir haben uns mit einer Wache ohne ihn begnügen müssen. Anscheinend sind Geier mit seinen Überresten beschäftigt.« Trauer und Wut überwältigten den jungen Mann. »Ich versuche, mich noch etwas auszuruhen, Sido. Wir sehen uns später.«
Celio verstand sich gut mit dem jungen Mädchen. Normalerweise sagte er ihr gern etwas Verführerisches, aber heute Morgen war ihm nicht nach Unterhaltung, und er war zu müde, um ihr alles zu erklären: das Fehlen von Baestros Leiche, das halbe Staatsbegräbnis, das die Präsidentenpartei für ihn veranstalten wollte, die Ausschlachtung der Geschichte durch die Presse und die Führungsriegen der Parteien. Verbittert trat er über die Schwelle des Gebäudes, das sein trautes Heim beherbergte.
Für ein Zuhause war das »Dickicht« ein recht ungewöhnlicher Ort. Es war ein Hangar, aber etliche Gänge durchzogen die ausgedehnte Fläche im rechten Winkel, sodass Dutzende von Zimmerchen entstanden, die von etwas mehr als mannshohen Kartonwänden begrenzt wurden. Diese Kammern waren höchstens sechs Quadratmeter groß, ein einfacher Vorhang diente als Tür. Jedes Abteil beherbergte eine Familie. Petroleumlampen sorgten für die schwankende Beleuchtung. Ein wimmelndes Völkchen wohnte hier mitten im Herzen des schicken Gombe-Viertels. Noch waren nicht alle aufgestanden. Muskulöse junge Burschen gingen von einem Zimmer zum nächsten über die Flure, die mei-

6. Wie geht es dir, Sido?

sten mit einem Badetuch über der Schulter. Der überraschendste Anblick waren Gestalten, die sich am Boden fortbewegten wie große, fantastische Insekten. Behinderte, die im Stadtzentrum betteln gingen, Waisenkinder, die Parias der urbanen Illusion hatten sich hier mit Frauen, Kindern und der Energie der Verzweiflung zusammengeschlossen. Sie hatten sich diesen aufgegebenen Hangar angeeignet, bis die Stadt ihn ihnen schließlich überließ.
»Celio, ich brauche dich, du musst mir helfen, Papiere auszufüllen«, bat ihn ein Einbeiniger mit zahnlosem Lächeln.
»Celio, die Soldaten haben meinen Mann schon wieder verhaftet. Du musst mit mir zum Kommandanten gehen«, sagte eine junge Frau.
»Alter Mathematix, ich brauche ein paar knackige Zeilen auf Französisch für meinen Lehrer«, sagte ein Junge mit nacktem Oberkörper.
Celio war der Intellektuelle von nebenan oder zumindest hielt man ihn dafür. Er diente als Anwalt, Schlichter, Schreiber und Gelegenheitsnotar. Er für sich allein war ein komplettes Büro. Tagtäglich trugen seine Leidensgenossen ihm ihre Klagen vor oder baten ihn, in diese oder jene Angelegenheit einzugreifen. Celio war aufgewachsen wie sie, er war Waise unter Waisen. Wenn er aber über ein gewisses geistiges Rüstzeug verfügte, dann weil er, wie er behauptete, ernsthafte Studien hatte betreiben können. Stimmen tat das nicht. Sein Schicksal hatte das Glück gehabt, den Weg wohlwollender Menschen zu kreuzen, die ihm die Chance gegeben hatten, eine gewisse Ausbildung zu absolvieren und das Gymnasium abzuschließen, aber an der Universität war es finanziell eng geworden. Celio hatte sich ganz normal ins erste Studienjahr eingeschrieben, dann aber die

Auditorien als blinder Passagier besucht. Angesichts der Stunden, die er dort verbracht hatte, beschloss er irgendwann, dass er auch ohne ein Diplom Hochschulabsolvent der Mathematik und Physik war. Jeder bastelt sich seine Legende, wie er kann und aus dem, was er hat.

Celio folgte einem der Gänge aus Pappzimmern zu seinem eigenen. Die meisten Bewohner schliefen noch. Es war erst sechs Uhr morgens, und die Sonne war eben erst aufgegangen. Einige wuschen sich. Mütter kümmerten sich um ihre Kinder. Hier und da wurde Celio von einem begeisterten Hallo begrüßt.

»Celio, *nkolo makambo*[7]!«

»Celio, Doppel-*mitu*[8]! Elektronisch und mechanisch!«

»Celio, der große Boss!«

Celio nahm dieses Lob gleichmütig entgegen. Trotz seiner prekären gesellschaftlichen Stellung war er sich seiner selbst und seiner Zukunft gewiss. Seine Neuronen entwarfen unentwegt Erfolgsstrategien. Wie Millionen von Kinshasaern war er davon überzeugt, dass die Zukunft ihm gehörte. Dass auch er eines Tages den großen Glamour erleben würde. Celio Matemona hatte jedoch einen gewaltigen Trumpf. Er hatte es geschafft, den labyrinthischen Geist eines Pythagoras, Einstein oder Thales zu erfassen. Daraus schöpfte er ein sicheres Gefühl der Überlegenheit.

Aber das alles war nichts als Theorie. Denn in der Zwischenzeit griff in der Bevölkerung der HUNGER um sich und brachte verheerenden Schaden. Mit der Unerbittlichkeit

---

7. Meister der Geschäfte.
8. Doppelkopf.

eines zweiköpfigen Pythons gewann er schleichend Boden. Wie ein bissiges Reptil nistete er sich in den Bäuchen ein und schuf völlige Leere um sich her. Seine Opfer hatten gelernt, seine Herrschaft zu ertragen. Zu Tagesbeginn, wenn er sich noch nicht bemerkbar machte, dachte man kaum an ihn, man war von der mühseligen Arbeit gefangen genommen, die einem ja eigentlich zum Essen und damit zu einer Gnadenfrist verhelfen sollte. Man gab vor, ihn zu vergessen, aber die Angst blieb, jeden Augenblick. Am frühen Nachmittag wurde es schwieriger, wenn die glühende Sonne den Wasserverlust des Körpers beschleunigte. Das Tier, das seit langem die Eingeweide verdrängt hatte, machte sich bemerkbar, schwächte den Stoffwechsel, nährte sich von Muskelfleisch und anderen lebenswichtigen Substanzen. Man war gezwungen, von den eigenen mageren Reserven zu zehren. Vor Anstrengung zitterten die Glieder, die Hände wurden feucht und kalt, das Herz neigte dazu, verrückt zu spielen. Um das Tier zu besänftigen, brachte man ihm zu Ehren kaltes Wasser als Opfer dar. Das hielt jedoch nicht lange vor, denn gleich darauf verlegte es sich auf das Gehirn und andere Organe, welche Willen und Kampfgeist beherbergen. Man geriet in Versuchung zu bitten und zu betteln. Manch einer ging sogar zum Flehen über, denn die Bestie erdrückte mit ihrem schuppigen Bauch so kostbare Dinge wie Stolz und Selbstachtung. Sie war allgegenwärtig und allmächtig. Das Verb »Hunger haben« wurde nicht mehr konjugiert. Auf die Frage, wie es einem ging, lautete die Antwort: »Nzala!« – »HUNGER!«. Der Python war zu einer festen Größe des Alltags geworden.

Aber obwohl seine Gesichter so wenig einnehmend waren und er solchen Abscheu hervorrief, ließen sich, wie es hieß,

Abbildungen von ihm im Ausland für viel Geld verkaufen. Auf die Art versuchte der HUNGER, salonfähig zu werden. Man berief sich auf ihn, um sich zu rechtfertigen, um für ein schweres Vergehen mildernde Umstände zu bekommen. Der HUNGER war maßgeblich an der Absolution des Einzelnen beteiligt. Das war im Übrigen auch der einzige Nutzen, den man sich von ihm erhoffen konnte. Davon abgesehen wirkte er zerstörerisch wie ein Gift, das den Körper zur idealen Beute für Malaria und Bilharziose machte. Er hinderte seine Opfer daran, sich rasch zu vermehren, indem er die Kindersterblichkeit erhöhte. Um ihn zu ertragen, musste man psychologisch gewappnet sein, weil er auch das moralische Empfinden und andere ebenso hohe Werte erstickte. Diejenigen, die sich widersetzten, hielten sich leicht für Helden oder Heilige. Die anderen verleugneten ihre Überzeugungen, um von den täglichen Qualen erlöst zu werden, und nahmen bei der Ausübung ihres Amtes Schmiergelder an. Das prüde junge Mädchen vergaß seine gute Erziehung und wurde liederlich. Der Lehrer schüttelte gegen ein paar Geldscheine Moral und Ethik ab. Der Soldat pfiff auf den militärischen Kodex und wurde zum plünderungswütigen Raubtier.
Jeden Tag machte der HUNGER neue Punkte. Er schlängelte sich ohne Unterschied in die Familien und hinterließ Tod und Verzweiflung. Er machte die Herzen hart. Mit seinen rauen Schuppen rieb er ab, was an Hoffnung noch übrig war. Um die Konten des Präsidenten der Republik zu schonen und die Zahlungsbilanz des Internationalen Währungsfonds auszugleichen, hatten die Kinshasaer ein System entwickelt, mit der Unersättlichkeit des Monsters mit dem doppelten Schlund umzugehen. Vor allem durften die

Reserven der Sühneopfer nicht zu schnell erschöpft werden. Zu diesem Zweck hatten sie den Tag in *Gongs*, das heißt Mahlzeiten, eingeteilt. Schon vor geraumer Zeit hatte man den *Einzigen Gong* eingeführt, der gegen Abend eingenommen wurde, wenn ein Wunder geschehen war und sich der widerliche Python für diesen Tag zum Großmut entschlossen hatte. Hierauf folgte die Ära des *Wechsel-Gongs*. Die eine Hälfte der Familie aß am einen Tag, die andere wartete bis zum nächsten und so weiter. Gewiss, der Kampf war hart, aber solange die Schläge über der Gürtellinie geführt wurden, blieb er alles in allem fair. Der Internationale Währungsfonds applaudierte vor so viel Kampfesgeist. Er beglückwünschte sich zu der körperlichen Kondition der Bewohner von Kinshasa, zu ihrem Anpassungsvermögen, vor allem aber zu ihrer Fähigkeit einzustecken, wenn das Tier im Magen zuschlug. Die widerliche Hydra hielt das Volk trotz seiner ohnmächtigen Versuche, sich aufzubäumen, mit Gewalt in Schach, indem sie tief in den Eingeweiden ihre Ringe zusammenzog, den Todeskampf der Opfer verlängerte und sich Tag für Tag in ihrem Triumph suhlte, endlos wie die Ewigkeit, finster und geheim.

II

Apologie der Subtraktion

Wie der Kosmos hatte auch Celios Begeisterung für die Mathematik einen Ursprung. Er war so um die zehn Jahre alt gewesen, als er sein erstes Buch entdeckte. Einen ziemlich ramponierten Schmöker in olivgrünem Einband, der den Titel *Kurzer Abriss der Mathematik für die Sekundarstufe* trug und von einem gewissen Kabeya Mutombo zusammengestellt war, eine Ausgabe von 1967. Das Werk war der einzige Besitz, der ihm von seinem verstorbenen Vater Cyprien Matemona geblieben war, und Celio hatte es sorgsam aufbewahrt wie eine Reliquie. Das Buch war mehr als altersschwach. Um den heutigen Tag zu erleben, hatte es mehrere Restaurierungsversuche über sich ergehen lassen müssen, aber um nichts auf der Welt hätte der junge Mann sich von ihm trennen können.

Als kleinem Jungen war es ihm ziemlich dröge vorgekommen. All die Dreiecke, die von in alle Richtungen strebenden, durchgezogenen oder gestrichelten Linien durchkreuzt wurden, brachten ihn bei seinem Versuch, irgendetwas zu begreifen, vollkommen durcheinander. Winkel, die imstande waren, ohne ersichtlichen Grund auf 180° hochzuheizen, ließen ihn eher kalt. Und was sollte man von Zeichen halten, die einander aufs Dach stiegen, sich summierten oder vermehrten, und das mit Buchstaben, die in keinem normalen Alphabet vorkamen? Außer seinem emotionalen Wert hatte der Band keinen Nutzen. Mit dieser Einstellung bewahrte Celio ihn zwei, drei Jahre auf, bis zu dem Tag, als er beim zufälligen Aufschlagen Folgendes las: *Jeder Körper, der in eine Flüssigkeit getaucht wird, erfährt von unten nach oben eine Kraft, die dem Gewicht des Volumens der verdrängten Flüssigkeit entspricht.* Der Satz traf ihn wie eine Offenbarung. Er war so einleuchtend! Seine Begriffe hallten in ihm wider wie Worte göttlichen Ursprungs. Er überflog die Seiten, um mehr zu erfahren, und hatte eine Erleuchtung. Er, der keine Eltern mehr besaß und niemanden, der ihm nahe genug stand, um ihn durchs Leben zu geleiten, entwickelte seine Überzeugungen nun ausgehend von dem, was in dem Lehrbuch geschrieben stand. Mit den Jahren verstärkte sich sein Vertrauen in das Buch noch. Im zweiten, der Geometrie gewidmeten Teil erfuhr er, dass *zwischen Kreislinie und Tangente keine Gerade passt*, dass man aber *durch den Berührungspunkt eine unendliche Zahl von Kreislinien ziehen kann.* Dies hatte Balsam auf die Wunde des jungen Mannes geträufelt und ihm neue Horizonte eröffnet. Manchmal, wenn er seine Mitmenschen hatte beurteilen müssen, war es für ihn sogar nützlich gewesen zu erfahren, dass *zwei Pyramiden mit gleicher Basis und Höhe dasselbe Volumen besitzen, unabhängig davon, ob sie gerade oder schräg sind.* Das Aussehen zählte nicht, man musste in der Lage sein abzuschätzen, was sich im Innern befand, genau wie bei den Menschen.

Der Schmöker enthielt Wahrheiten, aus denen Celio einen Großteil seiner Lebensphilosophie schöpfte. Er wurde zu

einer Art Zauberbuch, das es vermochte, ihm Türen zu wunderbaren Welten aufzustoßen. Alles war darin zu finden, man brauchte nur zwischen den Zeilen zu lesen. Diese Erkenntnis rief in ihm einen maßlosen Wissensdurst hervor. Durch das Werk glaubte er, eine Art von Initiation zu erleben. Selbstverständlich wollte er mehr erfahren über diese verrückten Genies, die Urheber der Theorien, die ihm solches Vergnügen bereiteten. Er bemühte sich, die Vision eines Thales von Milet zu verstehen, der davon überzeugt gewesen war, dass das Wasser das erste Element in der Kosmogonie war. Er wollte die irrwitzigen Ideen Albrecht Dürers erfassen, der die Mathematik mit der Malerei verknüpft und geometrische Konstruktionen wie die Archimedische und die Logarithmische Spirale entwickelt hatte. Von ganzem Herzen strebte er danach, mit René Descartes' Methode eins zu werden, wenn dieser das Denken über alles stellt und sich der Mathematik nur bedient, um sein eigenes Denken auf die Probe zu stellen. Es war für Celio von existenzieller Bedeutung, sich mit Max Planck zu identifizieren, der den Begriff der Quanten ans Licht gebracht hatte, eine bizarre Welt, an deren Kohärenz sogar er selbst zweifelte. Über dieses Rüstzeug zu verfügen, war, so dachte er, als könne man das Universum mit dem Zeigefinger antippen und bekomme als Zugabe die unendlichen Möglichkeiten, die diese Situation eröffnete.
Aber die Theorie war nicht alles, auch essen musste man. Es war ein schöner Tag, und er hatte gut angefangen. Die Sonne, die mit voller Wucht auf den Boulevard du 30 juin knallte, machte Celio bewusst, dass es nicht immer leicht war, dauerhaft in Einklang mit seinen Prinzipien zu leben. Trotzdem rief sich der junge Mann noch rasch einen ma-

thematischen Lehrsatz zum Thema Kundenwerbung in Erinnerung und schob dann den schweren Flügel der gläsernen Drehtür an. Er hatte keinerlei Schwierigkeit, die diversen Sicherheitskontrollen zu passieren, bevor er in der Kühle des Fahrstuhls stand, der ihn in die oberste Etage des ultramodernen Gebäudes beförderte.

Mit der Zeit hatte Celio es geschafft, dass man ihn kannte und genoss so ziemlich überall in der Stadt freien Zutritt. Trotz seiner fadenscheinigen Jacke und seiner Schuhe, deren Leder nur dank der dicken Schicht Schuhcreme, mit der er sie jeden Morgen einwichste, zusammenhielt, hatte er sich schließlich durchgesetzt. Schon lange hatte er die Kunst erworben, die passende Antwort für pingelige Sekretärinnen und barsche Empfangschefs parat zu haben. Da er von sehr mittelmäßiger Statur war, neigte er dazu, das Kinn so hoch wie möglich emporzurecken, was ihn gut einen halben Zentimeter größer machte und ihn ein klein wenig nach großem Herrn aussehen ließ. Überdies beherrschte er die Kunst, ein paar Phrasen von sich zu geben, die das Fassungsvermögen einer gewöhnlichen Intelligenz überstiegen, was dazu führte, dass seine Gesprächspartner sich sehr schnell wie gemeine Kellerasseln fühlten und ihrem Generaldirektor umgehend eine so erlauchte Persönlichkeit vorstellen wollten. Seine Stunde war noch nicht gekommen, aber Celio war von seiner Überlegenheit auf ziemlich vielen Gebieten überzeugt. Der Lift stoppte mit elegantem Glockenspiel im 18. Stock. Der junge Mann ließ sich von einer Sekretärin mit spitzen Brüsten beim Generaldirektor melden.

»In unserem Bestreben, die Benachteiligten der Stadt zu unterstützen, vertrauen wir auf Ihren Sinn für Solidarität etc. etc.« Gewissenhaft spulte Celio den Rest seiner Rede herunter. Es war seine dritte am heutigen Tag. Fast immer die gleiche. Und praktisch jedes Mal läutete sein leerer Magen mit einem nicht enden wollenden Knurren das Ende seines Satzes ein. Der junge Mann war es leid, sein Elend von Büro zu Büro zu schleifen. Celio Matemona alias »Celio Mathematix« war übrigens Vorsitzendes Vorstandsmitglied und einziger Angestellter einer kleinen, ordnungsgemäß bei der betreffenden Abteilung des Ministeriums eingetragenen NGO. Dank ihrer kleinen Organisationsstruktur trat er direkt an Ministerien, staatliche Gesellschaften und große Firmen heran, wo er Schecks einsammelte, die er bei einer katholischen Organisation einzahlte, einer Kongregation, welcher eine Person angehörte, an der er sehr hing: Pater Lolos, sein Wohltäter. Während Celio auf seine noch nicht recht definierte zukünftige Karriere wartete, hatte er die NGO gegründet, zum einen aus Solidarität mit seinen verwaisten und körperlich behinderten Brüdern, zum anderen aber auch, um Pater Lolos, dem er auf ewig dankbar war, bei seiner Aufgabe zu unterstützen.

»Sie werden immer auf unsere Unterstützung zählen können, Monsieur Matemona. Es soll nicht heißen, die Banken seien weniger großzügig als andere.«

Den Worten folgte ein dicker Scheck. Mit der Zeit hatte Celio aufgehört, das Siegesgefühl zu verspüren, das er bei seinen ersten erfolgreichen Bittgängen empfunden hatte. Er faltete das kleine Stück Papier sorgsam zusammen, steckte es in seine Brieftasche und verabschiedete sich dankend.

Als Celio aus der klimatisierten Luft trat, hüllte ihn die Hitze des Boulevards ein. Es musste halb eins mittags sein.

Am Horizont, ganz am anderen Ende des Boulevards, brachte der Widerschein der Sonne die Formen zum Tanzen wie das zuckende EEG eines Schizophrenen im Delirium. Alle spiegelnden Oberflächen waren wie flüssiges Quecksilber. Celio taten die Augen weh, vor allem aber hatte er Hunger. Sein leerer Magen spielte seinem Sehvermögen Streiche. Was ihn nicht daran hinderte, die Gestalten der schönen Sekretärinnen, die zahlreich und elegant ihre Pause genossen, zu mustern. Durst hatte er auch. Er dachte an Pater Lolos und fand, es wäre eine gute Idee, ihn besuchen zu gehen und dabei die Schecks zu überreichen, die er in den letzten Tagen gesammelt hatte. Er wandte sich zur Haltestelle mit den Bussen nach Kintambo, wo eine dichte Menschenmenge auf die nächste Fahrt wartete. Er musste sich vorkämpfen, um einen Platz im Sammeltaxi zu ergattern. Der altersschwache Lieferwagen ertrug das Gewicht von mindestens dreißig Personen. Wer Glück hatte, saß zusammengequetscht auf einem über zwei Backsteine gelegten Brett, die Geschmeidigeren standen unter die Wagendecke geduckt und draußen hingen die Furchtlosen an einer Karosserie, die sich gefährlich nach rechts neigte. Das Fahrzeug startete in einer Wolke aus beißendem Rauch und bahnte sich im Zickzack einen Weg durch den tosenden Verkehr des Boulevards.
Bald erreichten sie die Haltestelle Kintambo-Magasin, die Kreuzung zu den Vierteln Bandalungwa und Binza, wo die Fahrzeuge sich im Gedränge gegenseitig die Vorfahrt streitig machten. Celio ging zu Fuß weiter bis zum Séminaire Jean-XXIII. Als er den Bereich gleich hinter der roten Ziegelsteinkirche betrat, spürte er die Ruhe und den Frieden, die den Stätten des Nachdenkens und der Meditation eigen

sind. Celio kam gerne hierher, nicht nur, um Pater Lolos zu sehen, sondern auch wegen der Atmosphäre des Ortes. Niedrige Bauten bildeten vorne ein Rechteck, in dessen Mitte ein von Fettpflanzen umgebener Springbrunnen stand, der die Luft angenehm erfrischte. Weiter hinten beherbergte eine Reihe von Gebäuden die Klassenräume und die Schlafsäle. Daran schloss sich linker Hand ein Garten an, der sich bis zum Horizont erstreckte und gerade eben von strohhutbewehrten Seminarschülern mit Spaten und Rechen bearbeitet wurde. Celio wandte sich dem Gebäude rechts zu, von dem er wusste, dass er dort Pater Lolos finden würde.

Pater Lolos war Mathematiklehrer und unterrichtete auch ein wenig Philosophie. Celio und er kannten sich noch aus Lubumbashi in der Provinz Katanga. Der Priester hatte begonnen, sich für den Jungen zu interessieren, als dieser zwölf war und auf die weiterführende Schule kam. Sehr rasch hatte er an dem Jungen mit der ernsthaft erwachsenen Miene eine Begabung für das analytische, deduktive und logische Denken entdeckt. Und so hatte er ihn mit Interesse und Neugier begleitet. Später hatten diese sich zu einer echten Zuneigung entwickelt, die ihn endgültig mit dem Heranwachsenden verband. Lolos beneidete ihn um die Lebhaftigkeit seines Geistes, die sich unter einer vollendeten Gelassenheit verbarg. Abgesehen von der Ausgeglichenheit teilte er mit seinem Schützling den geradlinigen Geist, der ihn befähigte, die Funktionsweise von Handlungen und Interaktionen zu begreifen und die verschlungenen Geheimnisse der Mathematik zu erfassen.

Durch eine der zahlreichen Türen, die auf den Innenhof gingen, hörte der junge Mann laute Stimmen. Ein Seminarschüler stürzte entgeistert und Entschuldigungen stammelnd aus einem der Büros.

»Geh mir aus den Augen!«, brüllte Lolos. »Wem willst du diesen Mist auftischen? Jammerlappen! Noch nicht mal imstande, eine Gleichung zweiten Grades zu lösen!« Der Priester ließ sich manchmal ein wenig gehen. Er hatte das, was man landläufig einen starken Charakter nennt. Nun bemerkte er seinen Besucher.

»Celio, mein Sohn, was führt dich her?« Und nachdem er den jungen Mann umarmt hatte, trat er ein wenig zurück, um ihn besser anschauen zu können. Sein düsterer Blick hellte sich auf. Obwohl er schon seit geraumer Zeit die Sechzig überschritten hatte, machten den grauen Haaren auf seinem Kopf noch schwarze Strähnen den Platz streitig. Ein grobschlächtiges Gesicht überragte den stämmigen Körperbau des Mittelmeerbauern.

»Bonjour, ehrwürdiger Pater. Ich bin gekommen, um dir ein paar Schecks zu bringen und bei der Gelegenheit Hallo zu sagen.«

»Du hättest dich nicht extra hier heraus bemühen müssen«, erwiderte Pater Lolos gutmütig. »Die Fahrt ist mühsam, und du hättest die Schecks bei der Kongregation in der Stadt einzahlen können. Sei's drum, ich bin froh, dich zu sehen. Komm rein! Hast du was gegessen?« Celio brauchte nicht zu antworten, Pater Lolos zog ihn schon zu einem Refektorium.

»Nimm Platz«, sagte er und wies auf einen bereits gedeckten Tisch. Eine Schale mit in Bananenblättern gedünstetem Fisch und Reis standen in der Mitte des Tisches. Celio entdeckte auch Schafskäse und Röllchen aus Weinblättern, kleine Speisen aus Griechenland. Der junge Mann trank einen großen Schluck eiskaltes Wasser, das Pater Lolos ihm eingegossen hatte. Er spürte, wie sich die Kühle in seinem ganzen Körper ausbreitete. Auch der Schweiß, der ihm auf der Stirn stand, wurde kühl und verschaffte ihm geistige Besänftigung.

»Ich habe vor zwei Tagen einen Freund verloren, ehrwürdiger Vater. Unter entsetzlichen Umständen.«

Seit Lolos in Afrika war, und vor allem in den letzten Jahren, hatte er sich an Todesmeldungen gewöhnt, aber nach einem Blick auf das Gesicht seines Schützlings spürte er, dass es dieses Mal bedeutungsvoller war als sonst. Er stellte den Teller, den er in der Hand hielt, vor Celio ab und wartete darauf, dass dieser weitersprach.

»Er hat es nicht verdient zu sterben, jedenfalls nicht so. Er hieß Baestro. Wenn du die Zeitungen gelesen hast, seit gestern redet man über nichts anderes. Baestro war völlig unbekannt, er hat erst sterben müssen, damit man ihn aus seiner Anonymität herausholt.«

»Wer ist ›man‹, Celio?«, fragte Pater Lolos sanft.

Celio wusste nicht, was er antworten sollte. Wer profitierte von Baestros Tod? Mit seinem Übertritt vom Leben zum Tod war Baestro plötzlich zu einem interessanten Produkt geworden. Das perfekte Opfer der Gewalt von Opposition oder Staatsgewalt, je nachdem. Zu Lebzeiten war er so gut wie nutzlos gewesen, in recycelter Form dagegen schien er vortreffliche Dienste zu leisten.

»Ich lese nur selten die Zeitung, Celio. Du weißt doch, die Arbeit hier füllt meine Zeit ganz aus. Du weißt auch, dass die Geschichten der Welt nichts als Schmerz bedeuten, weswegen du und ich uns an die Welt der Abstraktion halten.«

»Hier geht es nicht um ein Konzept, ehrwürdiger Vater, du weißt, wovon ich rede.«
Pater Lolos versuchte, die richtigen Worte zu finden, um ihn zu trösten. Er wusste, dass Celio darüber hinwegkommen würde. Er hatte anderes Leid, andere Enttäuschungen erfahren. Dies hier würde seinen Panzer nur noch dicker machen. Der Kleine war wie der Baobab, dem es dank seines geschmeidigen, schwammartigen Holzes gelingt, das Wüten des Sturmes gleichsam aufzusaugen, was seine Wurzeln stärker werden lässt, sodass er höher als alle anderen wachsen kann. Der alte Priester sprach mit seinem Schützling vom Leben und vom Tod, vor allem aber vom Leben. Celio kannte sich mit diesen Dingen aus. Trotzdem hörte er Pater Lolos zu, wobei er in seinen Kenntnissen nach Mitteln suchte, das Unendliche zugänglicher zu machen, leider ohne auf eine zufriedenstellende Lösung zu kommen.

Gonzague Tshilombos Sinne waren geschärft. Jetzt ging es darum, aus den Ereignissen, die sich in Limete zugetragen hatten, maximalen Profit zu schlagen. Er stand vor seinem riesigen Schreibtisch und analysierte mit weit ausgestreckten Armen die vor ihm ausgebreiteten Zeitungen, wie man Generalstabskarten studiert. Die Tageszeitungen berichteten, was er schon wusste. Ein Toter und zwei Schwerverletzte in den Reihen der Präsidentenanhänger. Der Tote hieß – das las er auf einem Stück Papier nach – Lofombo Bolenge alias »Baestro«. Im gegnerischen Lager zählte man zwei Todesopfer. Eine traurige Bilanz, aber in den kommenden Tagen würde sie mit Gold nicht aufzuwiegen sein. Gonzague Tshilombo war Generaldirektor des Informations- und Planungsbüros, welches direkt der Präsident-

schaft der Republik unterstellt war. Diese neue Abteilung war unmittelbar nach Einleitung des Demokratisierungsprozesses gegründet worden. Trotz seines Allerweltstitels und seiner Nullachtfuffzehn-Funktion als Generaldirektor hatte Tshilombo in Wirklichkeit sehr viel weitreichendere Befugnisse, als es scheinen mochte. Seine Aufgabe bestand darin, im höheren Interesse der Präsidentenpartei Informationen zu sammeln und zu verbreiten, und zwar mit allen Mitteln, die er für richtig und notwendig hielt. Er war niemandem außer dem Präsidenten Rechenschaft schuldig. In Wahlperioden wie der kommenden würde er eine entscheidende Rolle spielen. Wenn er für diesen Posten ausgewählt worden war, dann aufgrund seiner markanten Charakterzüge, die dafür elementar waren: seiner Fähigkeit, alle möglichen Situationen und komplexen Ereignisse zu kondensieren, seiner Hartnäckigkeit und vor allem seines Festhaltens an Ideen und seiner Treue zu den Menschen. Die Ideen waren freilich seine eigenen, und seine Treue zu den Menschen beschränkte sich bislang auf die Person des Staatschefs.
Der Präsident schätzte seine Schnelligkeit, ja manchmal Brutalität bei der Umsetzung ausgefeilter Strategien. Er beglückwünschte sich zu einem Mitarbeiter, der trotz seines nüchternen Auftretens von so überbordendem Ideenreichtum und von fast freimaurerischer Verschwiegenheit war.
Von den schrecklichen Ereignissen zu lesen, schien Tshilombo nicht weiter nahezugehen. Sein Gesicht verriet nicht die geringste Emotion. Mit dem Zeigefinger rückte er vorsichtig seine goldgefasste Brille zurecht, ein Zeichen intensiven Nachdenkens.
Gonzague Tshilombo ging mit seinen Gefühlen und auch seinen Gesten sparsam um. Seine elegante Erscheinung –

heute trug er einen hellen, sehr gut geschnittenen Anzug über einem himmelblauen Oberhemd und eine malvenfarbenen Krawatte – duldete keine überflüssige Geste. Seine Statur machte Eindruck. Geschmeidig, aber robust. Ein kleiner Bürstenschnauz brachte die nötige Portion Strenge. Seine Analyse stand. Oppositionelle hatten, beseelt von ihrem charakteristischen Hass, eiskalt drei Parteianhänger umgebracht, die gekommen waren, um ihre Treue zu den Werten der Republik zu bekunden. Ein Toter, zwei Schwerverletzte. Ein Held war im Namen der Sache auf dem Feld der Ehre gefallen. Er würde dafür sorgen, dass das so unter die Leute kam. Tshilombo drückte den Knopf eines kleinen Apparats auf seinem Schreibtisch. Eine weibliche Stimme erklang.

»Angèle, bitte schicken Sie mir Bamba.«

Kaum war der Befehl gegeben, stand Stabsfeldwebel Bamba Togbia auch schon in Habachtstellung vor dem Schreibtisch seines Chefs.

»Wie ist der letzte Stand bezüglich des ermordeten Parteigängers?«

Bamba erstattete Bericht.

»Obwohl die Familie ein großes Geschrei veranstaltet hat, konnten wir den Leichnam in Gewahrsam nehmen, Chef. Wir haben noch am selben Abend das Nötige veranlasst. Als die Familie nach dem Zwischenfall beim Leichenschauhaus eintraf, haben wir ihr deutlich gemacht, dass die Partei sich um ihre Kinder kümmert, sogar über den Tod hinaus.«

Gonzague Tshilombo wischte den Kommentar mit einer Handbewegung beiseite.

»Egal. Und weiter?«

Etwas verärgert fuhr Bamba fort:
»Chef, die Tante von Lofombo Bolenge, den man Baestro nennt, war beim Sitz der Partei und hat ein Riesentheater veranstaltet. Sie hat gedroht, wiederzukommen und ihren Neffen jeden Tag zu beweinen, wenn man ihr die Leiche nicht aushändigt. Chef, sie hat sich die Haare ausgerissen und sogar gedroht, ihren Pagne auszuziehen und dadurch alle zu verfluchen«, fügte er besorgt hinzu.
»Das reicht!«, unterbrach ihn Tshilombo. »Ich werde, was diese Tante betrifft, das Nötige veranlassen. Ist sie die einzige Verwandte, die er in Kinshasa hatte?«
»Nicht wirklich, Chef! Ich habe ein bisschen im Krankenhaus herumgeschnüffelt, und scheinbar hat ihn bis zum Schluss jemand begleitet, der jetzt verschwunden ist. Seine Identität konnte ich nicht feststellen.«
»Das ist alles?«
»Jawohl, Chef!«
»Gut, lass mich jetzt.« Bamba wandte sich mit einer perfekten Kehrtwendung um und verließ den Raum.
»Alles ist bereit für das Begräbnis des Märtyrers, es wird grandios«, dachte der Direktor des Informations- und Planungsbüros. »Die Geschichte darf auf keinen Fall hochkochen. Ich werde dieser Tante persönlich einen Besuch abstatten.« Er nahm noch ein Blatt Papier vom Schreibtisch und las: *Bokeke Iyofa, geboren in Boende am 24. April 1951, Zivilstand: Witwe, Beruf: Hausmeisterin.*

Der Alte Isemanga räumte seine letzten Waren in einen kleinen Metallkoffer, den er mit einem Vorhängeschloss sicherte. Er rief Mboyo und Boketshu, die in der Nähe spielten, damit sie die Waren in ihr Haus brachten. Dort bewahrte er seine Besitztümer sicher auf. Er hatte heute ein wenig getrödelt. Die Sonne war schon untergegangen, und er hatte noch einen langen Weg bis nach Selembao, wo er wohnte. Der Verkehr hatte stark nachgelassen. Die arbeitende Bevölkerung strömte aus den ans Stadtzentrum grenzenden Geschäftsvierteln. Celio, Gaucher und ein paar Freunde unterhielten sich unter einer 35-Watt-Glühbirne angeregt bei einem Damespiel. Es waren da: Mutter Bokekes ältester Sohn Patrick, genannt Trickson, Celio Matemona genannt Celio Mathematix, der junge Vertrauensmann Sera Sera, Richard der Bourgeois sowie der, den man Face ya Yézu[9] nannte, weil sein Gesicht eine solche Güte ausstrahlte. Die jungen Leute provozierten den Alten Isemanga, der mit einer Flut von Worten konterte, worin es um den Generationenkonflikt ging, um den Respekt, der gleichzeitig mit dem Hirn flöten ging, und darum, dass er in seinem Alter keine Zeit zu verschwenden hatte an gerontophobe und außerdem strohdumme Rotzlöffel, deren Kopf die gleiche Form hatte wie das Fortpflanzungsanhängsel ihrer Erzeuger.

»*Tika biso makelele*[10]«, schimpfte Mutter Bokeke ihn aus. Der Alte hörte auf zu reden. Nicht etwa, weil die Frau es verlangt hatte, sondern weil ein großer Geländewagen vor dem jetzt leeren, wackeligen Tischchen hielt. Dem Wagen folgte kurz darauf ein großer Mercedes S-Klasse mit getönten Scheiben, der von zwei weiteren brandneuen Geländewagen eskortiert wurde. Isemanga fragte sich, was das für ein Boss war, der, von einer so großen Eskorte begleitet, hier Zigaretten kaufen kam, als er in dem ersten Gefährt

9. Jesus-Gesicht.
10. Hör auf, hier herumzukrakelen.

den Militär in Zivil erkannte, der schon einmal da gewesen war: Stabsfeldwebel Bamba Togbia. Dieser stieg aus und ging auf Mutter Bokeke zu. Murmelnd sprach er sie an, worauf sie verlegen antwortete. Bamba drehte sich zu den Autos um, deren Motoren noch immer liefen. Die jungen Leute beobachteten die Szene, während das Damespiel anlässlich eines von mehreren Geländewagen eskortierten grauen Mercedes ruhte.
Mehrere Männer stiegen aus den Fahrzeugen und verteilten sich zwecks Observation auf dem Grundstück und entlang des Gehwegs. Dann öffnete sich die hintere Tür des Mercedes, und ein Kaimanlederschuh von beträchtlicher Größe erschien. Gonzague Tshilombo war gekommen, um Mutter Bokeke zum Tod ihres Neffen Trost zu spenden.
Verwirrt gab diese sich sichtbare Mühe, ihn würdig zu empfangen. Sie wies ihm einen weißen Gartenstuhl aus Plastik, der in einiger Entfernung zu den indiskreten Ohren stand, und setzte sich selbst auf einen kleinen Hocker. Die Zwillinge blieben taktvoll im Hintergrund, sie waren erstaunt, dass ihre Parzelle tatsächlich von einem dieser Typen besucht wurde, denen man nicht direkt in die Augen sieht, außer sie kommen im Fernsehen.
Tshilombo machte es sich so bequem wie möglich.
»Mamma«, begann er ohne Umschweife, wobei er sich über sie beugte, um sie besser zu hypnotisieren, »Mamma, *nayaki pamba te*[11]. Wenn ich heute hier bin, dann weil uns ein Sohn grausam entrissen wurde.« Auf diese Worte stieß Mutter Bokeke einen Schrei aus und hob die Arme zum Himmel. Tränenströme rannen aus ihren Augen. Sie wein-

11. Mamma, ich bin nicht wegen einer Lappalie gekommen.

te mit erhobenem Gesicht, den Himmel zum Zeugen nehmend. Unter herzzerreißendem Schluchzen erzählte sie, wie ihr armer Baestro nach Kinshasa gekommen war, dieser Stadt aller Verdammnisse und voller Politiker, die Kinder töteten. Die Worte sprudelten nur so aus ihr heraus, sie wollte wissen, warum das grausame Schicksal sich ihren lieben Neffe ausgesucht hatte. Sie fragte, wie sie seiner Mutter, ihrer Schwester im fernen Boende, die Nachricht überbringen sollte. Sie klagte über die horrenden Kosten, die man für das Begräbnis und die Trauerzeit aufzubringen hatte. Sie war nicht zu bremsen. Aber dies war nur der erste Teil ihrer Vorstellung. Plötzlich zog sie ein anderes Register. Wie Schreie aus dem Herzen stieß sie die entscheidenden Fragen hervor: Wer hatte die Leibesfrucht ihrer Schwester getötet? Weshalb war ihr geliebter Neffe gestorben? Warum hinderte man sie daran, seine Leiche zurückzuholen? Bevor er selbst weich wurde, fiel Tshilombo ihr ins Wort.

»Mamma, ich habe dich gehört. Sag nichts mehr, ich habe dich gehört. Du sollst wissen, die Partei hat noch nie eines ihrer Mitglieder vergessen. Sei versichert, eine Untersuchung ist im Gange. Die Schuldigen werden in Kürze bestraft. Der Präsident der Republik verfolgt die Angelegenheit höchstpersönlich und aus nächster Nähe. Aber bevor Licht in diese Sache kommt ...« Tshilombo unterbrach sich, beugte sich noch weiter vor, um die Komplizenschaft, die sie von nun an verband, zu unterstreichen, und fuhr fort:

»Der Präsident und ich zählen auf deine vollkommene Diskretion. Vor allem darf sich diese Geschichte nicht herumsprechen. Das Andenken unseres Kindes wurde schon genug von dubiosen Politikern missbraucht. Antworte auf keinerlei Fragen, die man dir vielleicht stellt. Vor allem, wenn sie von Leuten kommen, die du nicht kennst, Journalisten zum Beispiel. Vor denen muss man sich in Acht nehmen, du sagst ihnen etwas, und sie schreiben etwas ganz anderes. Baestro war Teil der Familie unserer politischen Bewegung. Eine Familie muss zusammenhalten. Lofombo Balenge genannt Baestro zählt von nun an zu den Helden der Nation genau wie Lumumba und Konsorten. Deshalb werden wir ihm ein Begräbnis ausrichten, das seiner würdig ist. Neider werden versuchen, sein Opfer als unnötig hinzustellen. Aber sag mir einmal, sein Bruder, der ihn begleitet hat, wurde doch nicht verletzt, hoffe ich?«

»Ach, Gott sei Dank, wenigstens er hat es geschafft und ist zurückgekommen. Was hätte ich denn der Familie gesagt, wenn ich meine beiden Neffen verloren hätte?«

Tshilombo war jetzt sicher, dass jemand den jungen Märtyrer begleitet hatte. Es gab also jemanden, der alles gesehen und gehört hatte. Gar nicht schön.

Stabsfeldwebel Bamba Togbia, der in der Nähe stand, versuchte, sich nichts von dem, was im Schutze der Dunkelheit gesprochen wurde, entgehen zu lassen. Der Generaldirektor des »BÜROS« und Mutter Bokeke sprachen noch eine gute Viertelstunde miteinander. Die Silhouetten der Leibwächter zeichneten sich vor der Umgebung ab. Das Damespiel hatte seit langem jedes Interesse eingebüßt, die jungen Leute schwiegen. Die Zwillinge saßen abseits auf der Erde, ihre runden Augen auf den großen Mann geheftet. Der stand schließlich auf, um sich zu verabschieden, und zog aus der Innentasche seiner Jacke ein Bündel Geldscheine hervor, das er Mutter Bokeke hinhielt. Mit beiden Händen und gekrümmtem Rücken zum Zeichen des Respekts und der Dankbarkeit nahm sie das Geld in Empfang.

Celio Matemona beobachtete die Szene von Weitem. Dieser Besuch musste etwas mit Baestros Tod zu tun haben. Das also waren die Leute, für die sein Freund gestorben war. Wer hätte gedacht, dass eine Persönlichkeit dieses Formats sich einmal hier blicken lassen würde, um auf einem Gartenstuhl mit Mutter Bokeke zu plaudern! Dieser Todesfall wirbelte mächtig Staub auf, fand der junge Mann. Was hatte dieser Typ hier zu suchen? Sein Gesicht sagte Celio zwar nichts, aber in Anbetracht seiner beeindruckenden Eskorte musste er einer mächtigen und obskuren Dienststelle angehören, die direkt der Präsidentschaft unterstellt war, denn in diesem Land verteilte allein der Präsident die Rollen. Als Bevollmächtigter der Gemeinschaft der Bedürftigen im Viertel konnte es Celio nicht kalt lassen, was da vor seinen Augen geschah. Die Statur der Leibwächter hatte ihn bis jetzt davon abgehalten, einzugreifen und Mutter Bokekes Interessen zu verteidigen, aber als er sah, wie der Würdenträger ihr gönnerhaft ein gewöhnliches Bündel hinhielt, beschloss er zu improvisieren.

»Entschuldigen Sie, bitte.«

Gonzague Tshilombo drehte sich um und stand Celio Matemona gegenüber, dem Vermittler, Anwalt und Gelegenheitsnotar der ganzen Gemeinschaft. Gonzague Tshilombo betrachtete den Typen, der sich vergeblich bemühte, ihn von der Höhe seiner mittelmäßigen Statur herab zu mustern. Er konnte seine Gesichtszüge im Halbschatten nicht deutlich erkennen, aber er sagte sich, dass sein Blick das war, was man arglos nannte.

»Für den Fürsten«, begann Celio, »liegt mehr Weisheit darin, den Namen des Geizigen, der womöglich Schimpf, aber keinen Hass gebiert, zu tragen, als, um sich den Na-

men des Freigebigen zu erwerben, eines Tages mittellos zu sein und von allen gehasst zu werden. In jenem Falle jedoch wird der Fürst meiden, was ihn gewöhnlich macht wie, sagen wir, irgendeinen Chef. Jedes Mal, wenn der Fürst dieses meidet, wird er sein Werk getan haben.«
Da Celio dem nichts mehr hinzuzufügen hatte, ließ er es bei diesem Zitat bewenden und fixierte freimütig sein Gegenüber. Tshilombo schien erst ein wenig aus dem Konzept gebracht, dann aber legte er nach kurzer Überlegung noch einmal so viele Scheine auf den Stapel und trat ab. Inmitten seiner Leibwächter fragte er sich, was das für ein Kauz sein mochte, der aus dem Stegreif Machiavelli zitieren konnte. Zugegebenermaßen mit gewissen Abwandlungen, aber trotzdem.

»Hast du das gehört?« Gonzague Tshilombo wandte sich an Stabsfeldwebel Bamba Togbia, der vom Geländewagen auf den Vordersitz des Mercedes umgestiegen war. »Hast du gehört, was diese Mutter gesagt hat? Sieh mal, Bamba, was sich vor zwei Tagen ereignet hat, ist ein politisches Lehrstück. Ich fasse zusammen. Das BÜRO hat gemäß seiner Kommunikationsstrategie eine friedliche Demonstration vor dem Sitz einer Oppositionspartei organisiert.« Tshilombo schien laut nachzudenken. Im Takt der vorüberziehenden Straßenlaternen warf sein Brillengestell Lichtreflexe ins Innere der Limousine.
»Ganz nach Wunsch unserer Gegner, die sich jedem Dialog verschließen, ist diese Demonstration unglücklicherweise aus dem Ruder gelaufen, und wir haben den Verlust eines Aktivisten zu beklagen.« Tshilombo setzte eine betrübte Miene auf, dann fasste er sich wieder.

»Du musst eines wissen, Bamba: Ein solcher Verlust ist bei dieser Art von Plan kein echter Verlust. Ich würde sogar sagen, er ist ein Gewinn. Um dir darüber klar zu werden, brauchst du bloß die Zeitungen zu lesen. Aber wir werden uns nicht auf unseren Lorbeeren ausruhen. Man muss das Kupfer schmieden, solange es heiß ist.«

Der Wagen glitt still über den Asphalt. Während Bamba von den weichen Ledersitzen aus die Stadt betrachtete, befiel ihn ein Gefühl der Unwirklichkeit. Der eigentümliche Geruch der Klimaanlage und die Kühle im Wagen versetzten ihn in eine andere Dimension. Auf dieser Seite gab es den reinen Luxus. Draußen war das Gewühl des Tages einem intensiven nächtlichen Treiben gewichen, das vom Schein der Petroleumlampen untermalt wurde, die schimmerten, als hätten die Sterne am Firmament Kinshasa zu ihrem Ruheort erkoren. Tshilombo räusperte sich.

»Bamba, medientechnisch gesehen ist diese Operation ein voller Erfolg. Der einzige Haken ist dieser Zeuge, der Bruder von diesem Baestro. Ein Zeuge bleibt ein Zeuge.« Tshilombo ließ den Satz einige Sekunden im Schwebeflug, um seine Worte gut auf das Gehirn seines Gegenübers einwirken zu lassen.

»Stabsfeldwebel Bamba, ich zähle auf dich, um uns von dieser Sorge zu befreien, ich gebe dir freie Hand. Ich will nicht wissen, wann oder wie du vorgehen willst, ich zähle auf dich. Hast du mich verstanden?« Bamba antwortete nicht. Der Mercedes passierte einen Kreisel, ließ den Volkspalast links liegen und rollte weiter nach Matonge. Von Zeit zu Zeit drangen Klänge von Gitarrensolos gedämpft durch die dicken Wände des Fahrzeugs, um darin Spuren wehmütiger Fröhlichkeit zurückzulassen. Der von den Geländewagen eskortierte Mercedes hielt am Kreisverkehr Victoire. Bamba stieg aus, verabschiedete sich von seinem Chef und stand in der Hitze von Matonge. Er ging zur Rue Kanda-Kanda, in der er wohnte, kam an dem kleinen Jakarta-Markt vorbei und blieb stehen, um ein paar gegrillte Hühnchenstücke zu kaufen.

Bamba Togbia wohnte in einem kleinen, komfortablen Haus. Er lebte nicht etwa deshalb allein, weil er die Einsamkeit besonders schätzte, sondern weil Frau und Kinder in seiner Heimatstadt Gemena, im Norden des Landes, geblieben waren. Die sieben Jahre, die er nun schon in Kinshasa war, hatte er sie nur selten gesehen. Das Leben als Soldat erlaubte es definitionsgemäß nicht, über sein eigenes zu verfügen. Schon viel zu lange schlug er sich als Söldner ohne Sold durch. An allen Kriegen innerhalb, aber auch außerhalb des Landes hatte er teilgenommen. In Biafra ums Öl, auf Seiten der Regierungsarmee, in Angola gegen den Kommunismus, im Tschad, um Gaddafis Expansionsdrang einzudämmen. Seine Versetzung nach Kinshasa war nur eine weitere Etappe auf seinem langen Parcours. Jetzt, da er in den Fünfzigern war, begann sein von den Jahren bei der Armee gestählter Panzer Risse zu zeigen. Der neue Auftrag, den Tshilombo ihm erteilt hatte, war eindeutig. Entführung plus anschließendes Verschwindenlassen. Auf einmal mehr oder weniger kam es schon nicht mehr an. Allerdings machte sich dieses Mal ein quälendes Unbehagen in ihm breit. Bamba schob eine Kassette in den Radiorekorder, und Papa Wembas Stimme erfüllte das Wohnzimmer mit den Worten des großen Stervos Niarcos:

Bainaka ngai po nazalaka vedette
Bainaka ngai po nazalaka jeune premier
Lisano na baninga, ngai nalingaka, mama
Bwale na ngai, bisengo ya basusu.[12]

Wieder einmal fragte sich der Sänger, warum die Welt von so unendlich vielen Dreckskerlen bevölkert war, die einem das Leben schwer machten.

Bamba fühlte sich in seiner 3-Zimmer-Wohnung wohl. Er bedauerte lediglich, dass seine Familie nicht auch davon profitieren konnte. Er hatte allen modernen Komfort: 17-Zoll-Fernseher, vierstufiger Schwenkventilator mit eingebauter Lichtorgel, elektrische Wanduhr mit Stundenschlag, direkt aus Schanghai, und eine Gefriertruhe Marke Whirlpool-Klon, die einen Großteil des Wohnzimmers einnahm und den Nachbarn, die keine besaßen, das Leben erleichterte. Der Unteroffizier wurde im Viertel respektiert und gefürchtet, weil niemand wusste, was genau er tat, nur, dass er beim Militär war und nie Uniform trug. Was für einen Soldaten ja schon beunruhigend genug war. Bamba wickelte die Hühnchenstücke aus, holte einen Teller und Besteck aus einer supermodernen Resopalkommode und fing an zu essen.

Jemanden auszuschalten, war für ihn schon lange kein Problem mehr, aber die Jahre waren ins Land gegangen, und er hatte keine Lust mehr darauf. Seine vier Kinder waren jetzt groß. Er wollte sie endlich in aller Ruhe genießen. Für sei-

12. Man hasst mich, weil ich ein Star bin / Man hasst mich, weil ich ein junger Held bin / Ich find es toll, mit den Kumpels Spaß zu haben / Aber mein Leiden macht einigen Freude.

nen neuen Chef Gonzague Tshilombo, der letztendlich nur ein gemeiner Ziviler war, Dienst zu tun, störte ihn darüber hinaus gewaltig, auch wenn er nur wenig über ihn wusste. Er durchschaute ihn nicht wirklich. Was ihm aber am meisten zu schaffen machte, war, dass dieser Neffe, sein zukünftiges Opfer, noch ein halbes Kind war. In seinem Geist prallten diese verschiedenen Faktoren aufeinander, und die *chikwangue*[13], die er hinunterzuschlucken versuchte, hatte jetzt die gummiartig fade Beschaffenheit von menschlichem Fleisch. Er spuckte sie in das Packpapier und schob das Essen beiseite. Er griff in eine Schublade des Resopalschranks und holte einen Kuli und ein Schulheft heraus. Er schlug es auf, notierte das Datum, dann schrieb er sorgfältig: *Operation »Mokili ebende« (Fortsetzung): Vorgehen Zeuge X 1.) Überwachung organisieren 2.) Subjekt entführen, wann und wo nötig 3.) Notlösung durchführen.* Punkt. Er klappte das Heft zu und räumte es zurück, dann beschloss er, auszugehen und ein, zwei Bier zu trinken, um nicht weiter nachdenken zu müssen.

Die zu dieser Uhrzeit noch sanfte Sonne verstärkte die Kontraste an den wilden Ufern des breiten Stroms, der sich ganz hinüber bis nach Brazzaville erstreckte. In der Ferne sah man Fischer auf ihren Pirogen die Netze auswerfen. Die dunkle Oberfläche war glatt. Sie kräuselte sich leicht unter der frischen Brise. Sie wirkte ruhig, ein trügerischer Schein, da die gefährliche Strömung hier Wellen hervorrief, weiß und träge wie bleiche Sirenenarme. Der Gefreite Landu ging immer gerne zum Ende des Rasens, der den

13. Maniokbrot.

Strom von der Rückseite des BÜROS trennte. Sein Chef, Stabsfeldwebel Bamba Togbia, war noch in Papieren und Berichten vergraben. Er bereitete die heutige Mission vor. Der Job hier war ziemlich lässig, dachte Landu. Ein kleines Team, und man musste nur selten Bericht erstatten. Bamba und er waren sich auf dem Stützpunkt von Kitona, in der Nähe von Matadi, begegnet. Der Stabsfeldwebel war mehrere Monate lang sein Ausbilder gewesen, er hatte ihm alle Techniken beigebracht, wie sie in Israel und Ägypten gelehrt wurden. Landu empfand große Bewunderung für ihn.
»Gefreiter Landu!« Bambas raue Stimme erhob sich gebieterisch.
»Mein Kommandant!« Landu war ein junger Soldat mit großem Ehrgeiz und stolz darauf. Mit flottem Schritt trotz seiner Muskelmasse ging er auf den Hintereingang der Villa zu. Bamba saß an seinem Schreibtisch.
»Gefreiter Landu, wir haben einen Sonderauftrag, es geht heute los.«
»Mein Kommandant, hast du schon einmal gesehen, dass ich einen Auftrag ablehne? Ich stehe zu Befehl! Ich, ich weiß, dass man mit dir, mein Kommandant, nie umsonst auf Mission geht, es gibt dabei immer was zu verdienen.« Erpressung gehörte zu Landus Tagesgeschäft.
»Diesmal nicht, Landu, wir werden nichts dazuverdienen, die Zielperson hat keinen müden Franc«, musste Bamba ihn sogleich enttäuschen. »Fangen wir am Anfang an. Was wir brauchen, ist Me-?!«
»Methode, mein Kommandant.«
»Gut!«, pflichtete der Stabsfeldwebel ihm bei. »Aber wir werden damit anfangen, die Zielperson zu lokalisieren. Dann fahren wir fort mit einer Be-?«

»Beschattung!«
»Perfekt!«, geruhte der Unteroffizier zuzustimmen. »Mach dir nichts draus, bevor wir die Mission starten, will ich deine Bedürfnisse befriedigen. Vorher machen wir noch eine kleine Spritztour in die Stadt, auf eigene Rechnung.«
Aus einer Schublade holte Bamba außer zwei Walkie-Talkies Marke Motorola noch eine Glock 9mm, die er sich unters Hemd schob. Der Gefreite Landu griff nach einer Mini-Uzi, die er unter seinem Sitz im Wagen versteckt lassen würde.
Der marineblaue Geländewagen streifte durch die Stadt wie jene großen Katzen, die man sinnigerweise Raubkatzen nennt. Der Wind strich über den rasierten Schädel des Gefreiten, der mit fester Hand das Lenkrad hielt. Das Fahrzeug patrouillierte jetzt »Wall Street«, das Viertel der Geldwechsler. Auf den Gehwegen verhandelte eine große Zahl von Männern und Frauen den Kauf und Verkauf von Devisen aller Art. Angesichts der Schwierigkeit der Banken und des Staates, die für den Import notwendigen Devisen zu beschaffen und zu verteilen, hatte sich naturgemäß ein Schwarzmarkt entwickelt, was den Sturz der Kurse beschleunigte und günstige Bedingungen für die Geldwäsche schuf.
Die augenfällige Illegalität bot gewissen Haifischen wie Landu und Bamba die Gelegenheit, diese Finanzmakler der besonderen Art, die am Straßenrand ihre Geldscheinbündel wie Bauklötze übereinandertürmten, ein wenig »auszuquetschen«. Vor dem rosa Gebäude der italienischen Botschaft schlug Landu das Lenkrad ein.
»Da, mein Kommandant! Die beiden da vorne, unter dem großen Baum!«

Landu hatte ein paar Geldwechsler etwas abseits entdeckt, die beim Laufen von ihren mit Geldbündeln vollgestopften Reisetaschen behindert wurden. Das Fahrzeug heulte auf, machte einen Satz, der Motor auf vollen Touren. Die beiden Geldwechsler zeigten keine Angst, als sie Bambas Militärausweis und Landus Uzi sahen, die der Gefreite zur Schau trug. Da das Business, das sie betrieben, vollkommen illegal war, fanden sie es im Grunde normal, ab und zu eine kleine Gebühr zu entrichten. Mit den Taschen voller Geldscheine fuhren die beiden Soldaten zum Gombe-Viertel, auf der Suche nach Gaucher, genannt »die Zielperson«.

Sie parkten in der Nähe der NGO, die sich mit allem und nichts beschäftigte. Bamba hatte seinem Untergebenen etwas ausführlicher erklärt, was er von ihm erwartete. Da Landu im Gegensatz zu ihm selbst beim Alten Isemanga noch ein Unbekannter war, würde er dort herumhängen. Landu sollte herausfinden, wie Gaucher seine Zeit verbrachte, und den günstigsten Moment abpassen, um ihn zu entführen. Bamba übergab ihm eines der beiden Walkie-Talkies.

Die Überwachung dauerte trotzdem ein paar Tage. Die Entführung hätte nach Sonnenuntergang im Viertel selbst stattfinden können, aber abends verließ Gaucher das Grundstück nie. Auch am Tag entfernte er sich nicht weit. Seit dem Zwischenfall von Limete und dem Tod seines Bruders Baestro war er wie einer, der von einer Schlange gebissen wurde und davonläuft, sobald er den Schwanz einer Eidechse sieht. Das Drama hatte ihm alle Lebenslust genommen. Alles machte ihm Angst.

Landu gab vor, dass er im Viertel einen Job als Leibwächter hatte. Mit seiner Statur wäre es ihm schwergefallen, sei-

nen Stand als Militär zu verbergen. Man sah ihn oft in der Gegend, wie er einen Fleischspieß essen ging, eine Limonade trank, eine Unterhaltung anfing. Währenddessen saß Stabsfeldwebel Bamba irgendwo im Viertel im Geländewagen und erwartete geduldig den Anruf auf dem Motorola, welcher den Countdown auslösen würde.
Früher hatte er diese Stunden im Versteck geliebt, wenn Anspannung und Konzentration zu einem Cocktail wurden, den er vor der Aktion voll auskostete. Zu seiner Zeit hatte er diese Stunden im Hinterhalt, wenn er sich wie ein lauernder Leopard fühlte, gemocht. All das war heute nur noch Routine. Er war schon zu lange bei der Armee. Er hatte dort seine ganze Jugend, sein ganzes Leben verbracht. Mit kaum vierzehn war Bamba rekrutiert worden. Er war ein Kind, als der Rausch des Todes ihn erfasste, und sehr früh hatte man ihm die Fähigkeit genommen, zwischen Gut und Böse zu unterscheiden. Man hatte ihm sein Gewissen amputiert, und er war geworden wie jene, die ein Glied verlieren, aber weiterhin Schmerzen haben, wo nichts mehr ist.
Die militärische Ausbildung ist bei Kindern nicht dieselbe wie beim erwachsenen Soldat. Die Ausbildung des Kindersoldaten erfolgt durch Angst und extreme Vergeltung. Damals, im Jahr 1964, setzte die Rebellion den Kongo in Brand. Die Stadt Gemena, in der Bamba mit seinen Eltern lebte, war zur Rückzugsbasis geworden, von der aus der Nachschub zur Front geschafft wurde, die sich von Stanleyville zu der einen Autotag entfernten Lisala-Region verschoben hatte. Man musste die Rebellion und den Kommunismus stoppen. Ein ununterbrochener Strom von C-130-Transportflugzeugen mit dem Stern der amerikanischen Luftwaffe setzte seine Ladungen an Waffen, Muni-

tion und Scharen diverser Truppen ab: die ersten kongolesischen Fallschirmjäger mit ihren roten Baretten und belgische, französische, britische und südafrikanische Söldnertruppen. Eine ganze Horde verrückter Krieger, die die fruchtbare Fantasie des jungen Bamba Togbia nährte.

Gemena sah bald aus wie eine Garnisonsstadt. Es war nicht mehr jene sonnendurchglühte Stadt, wo es zur Mittagszeit nur noch die streunenden Hunde wagten, der brütenden Hitze mitten auf der Hauptstraße zu trotzen. Gemena sah den Aufzug der Jeeps, die in alle Richtungen über die Avenuen rasten und brandeilige Nachrichten zu überbringen schienen. Seine Bevölkerung war explodiert. Überall waren bewaffnete Männer. Die Schenken wurden von grölenden, ungehobelten Haudegen gestürmt. Ein Phänomen, das die rasche Vermehrung der Mädchen, die bereit waren, sich zu verkaufen, nach sich zog. Dialekte aller Art gingen nun auf den entlegenen Marktflecken der Provinz Équateur nieder.

In diesem Tumult fing Bamba an, die Schule zu schwänzen und regelmäßig das Hotel »Gute Herberge« zu besuchen, wo die Kampfmaschinen einquartiert waren. Er kam, um ihre Siegerallüren mit den harten Blicken zu bewundern und sich unter dem grün-braunen Kaleidoskop der malträtierten Uniformen zu berauschen. Er liebte es, heimlich die Handhabung der Waffen verschiedener Kaliber und Modelle zu beobachten. Er hatte seinen Spaß am unheimlichen Zischen der zurückgleitenden Verschlüsse, am Geruch des Öls, mit dem man die automatischen Gewehre pflegte. Mehr brauchte es nicht, um ihn zu überzeugen, als er erfuhr, dass eine Aushebung stattfand. Er vergaß seine Familie und machte sich älter, als er war, genau wie die meisten Jungen, die sich an jenem Tag gemeinsam mit ihm verpflichteten, zum größten Nutzen des Oberfeldwebels Pelengamo Personne, einem Ausbilder mit radikalen und unfehlbaren Methoden.

Man hatte sie in ein Militärcamp gebracht. Dort ließ Oberfeldwebel Pelengamo Personne sie für den körperlichen Teil seiner Unterweisung kriechen, rennen und Palisaden hochklettern. Was den psychologischen Teil betraf, erinnerte Bamba sich noch an das Gesicht des Ersten von ihnen, der irgendwann vor einer Wand aus Baumstämmen stand und vor lauter Erschöpfung nicht mehr die Kraft hatte, die Arme zu heben. Oberfeldwebel Pelengamo Personne gab ihm ein zweites Mal den Befehl. Vor den stumpfsinnigen Augen des blutjungen Rekruten blitzte etwas an der rechten Wade des Oberfeldwebels auf, wo eine kurze Machete befestigt war, und durchschnitt den Hals des Kindes, das in einer Blutfontäne zusammenbrach. Die gierige Erde saugte den roten Strom auf, der stoßweise aus seiner glatt durchtrennten Halsschlagader schoss. Den Rest des Tages mussten die kleinen Soldaten trainieren, mit Blick auf den Leichnam ihres Kameraden, der mit verrenktem Kopf dalag, umgeben von einem großen, in den Sand gravierten, schwarzen Glorienschein. Niemand hatte es danach noch gewagt, die Befehle des blutrünstigen Ausbilders zu missachten, der ihnen eines beibrachte: Die körperliche Stärke ist nichts. Allein der Wille zählt. Stabsfeldwebel Bamba atmete tief ein, schloss die Augen und legte den Kopf zurück, um die Erinnerung, die sich darin eingegraben hatte, auszulöschen.

»Mein Kommandant! Mein Kommandant! Over!«, knisterte es aus dem Motorola neben ihm auf dem Sitz.

Heute war Landu am späten Nachmittag auf dem Grundstück von Mutter Bokeke aufgekreuzt. Gaucher schien

endlich doch einmal weggehen zu wollen. Nach dem endlosen Nachmittag beim Damespiel hatte er sich von Trickson die Haare schneiden lassen. Er hatte geduscht und sich fürs Ausgehen umgezogen. Er trug eine schwarze Jacke mit weißen Stickereien, Versace-Imitat, eine von Yohji Yamamoto signierte schwarze Hose und an den Füßen J.-M.-Weston-Schuhe mit Dreifachsohle. Aufgetrieben hatte er das alles über ein kompliziertes Netzwerk aus Beziehungen und dank seines wachsamen Auges. Der Bauch mochte leer sein, aber Eleganz musste sein, koste es, was es wolle. Endlich verließ Gaucher das Grundstück und ging in Richtung der nahe gelegenen Kreuzung am Boulevard du 30 juin.
Landu folgte ihm unauffällig bis an die Haltestelle der Busse zu den Vierteln Bandal und Matonge. Der junge Militär schaltete das Motorola an und gab dem in der Nähe parkenden Bamba durch, dass er ihn an der Ecke des Boulevards abholen sollte. Kaum war Gaucher an der Haltestelle angekommen, als auch schon ein Taxi-Bus unter dem Geschepper seiner malträtierten Karosserie daherbretterte. Die Passagiere hatten gerade einmal Zeit auszusteigen, bevor sich ein Schwarm von mindestens vierzig Personen um die wenigen freien Plätze stritt.
»Makala, Makala!«, schrie der Schaffner des Minibusses, während er sich an der Seitentür festklammerte. Mit den Ellenbogen bahnte Gaucher sich einen Weg in das überfüllte Fahrzeug.
»Steig ein!«, schrie Bamba Landu zu, der daraufhin in den Geländewagen sprang.
Sie fuhren in angemessenem Abstand zu dem Minibus. Die beiden Militärs hatten vor, den jungen Mann zu schnappen, sobald er sich einen Augenblick von den anderen ab-

sonderte. Der kleine Bus setzte Gaucher an der Haltestelle Bandal ab. Zu Fuß ging dieser die Avenue Kimbondo hinunter. Bamba und Landu, die am Rand der großen Verkehrsader parkten, sahen dem jungen Mann hinterher, der eine elegante, kleine Wohnung nicht weit von ihnen betrat. Die beiden Männer nahmen wieder die Haltung lauernder Raubtiere an.

Die Nacht brach langsam herein, und ein sepiafarbener Schleier legte sich über die Szenerie aus schmucken Häusern, Geschäften und Gruppen von Mangobäumen, die ihre Äste vor den dunkelroten, von orangefarbenen Lichtstreifen durchschnittenen Wolken erhoben. Die schwebenden Staubsäulen wirkten wie ein besonders exquisiter optischer Effekt. Bamba zog seine Waffe, die ihn störte, heraus und schob sie ins Handschuhfach. Landu war ausgestiegen und diskutierte mit einem Reifenreparateur, der sich am Rand der Avenue niedergelassen hatte. Der alte Soldat machte es sich auf seinem Sitz etwas bequemer und schloss die Augen.

Der praktische Teil der Ausbildung nach Oberfeldwebel Pelengamo Personne beinhaltete eine einzige Lektion. Hierzu schaffte man die Kindersoldaten per Lastwagen direkt an die Front bei Bumba. In den vergangenen zwei Monaten war der Krieg fortgeschritten, inzwischen befand man sich bereits in der Phase der Säuberungsaktionen. Der Oberfeldwebel hielt das für eine gute Gelegenheit, der Ausbildung der Kleinen den letzten Schliff zu geben. Hunderte von Rebellen waren gefangen genommen und in der Mowaso-Ebene zusammengetrieben worden. Kaum angekommen, hatte der Oberfeldwebel seinen Schützlingen erklärt, was er von ihnen erwartete: Jeder von ihnen sollte fünf Gefangene per Stichwaffe hinrichten und so zum ersten Mal den Akt des Tötens kennenlernen. Die Gemarterten saßen in Unterhosen auf dem Boden, die Ellenbogen auf dem Rücken zusammengebunden. Keiner von ihnen hoffte auf irgendeine Gnade. Ihre unter der glühenden Sonne gebeugten Rücken glänzten wie lächerliche Schutzschilde.

Im Halbschatten des Fahrzeugs versuchte Bamba Togbia, die blutigen Bilder auszulöschen, indem er sich die Stirn heftig mit der linken Handfläche rieb. Das beruhigte ihn ein wenig. Seine Augen waren wie verglimmende Kohlen in der Dunkelheit. Aus den zahlreichen Bars ringsum ergossen sich die dumpfen Bässe des *ndombolo*[14]. Junge Burschen mit lässigem Gang und Mädchen mit durchgedrücktem Kreuz schienen eine endlose Modenschau abzuhalten. Landu diskutierte immer noch mit dem Reifenreparateur. Der junge Gaucher war aus dem kleinen Haus getreten, um in Gesellschaft eines Mädchens, so lang und dünn wie eine Liane, in einem der zahlreichen Straßencafés Platz zu nehmen.

Der Abend rückte vor, und auf der Straße herrschte immer mehr Betrieb. Irgendwann begleitete Gaucher das junge Mädchen zurück bis vor ihre Haustür und ging seelenruhig auf den Geländewagen zu.

»Landu, steig ein!«, schrie Bamba.

Gaucher ging an ihnen vorbei. Dann bog er zum Bandal-Kreisverkehr ab. Das große Fahrzeug fuhr an und drehte, um ihm zu folgen.

»Vor dem Kreisel schnappen wir ihn uns«, sagte Bamba. »Das ist die beste Stelle, maximale Dunkelheit.« Landu war

---

14. Tanz, der die Haltung des Gorillas nachahmt.

bereits hinter die Sitze geklettert und öffnete eine der hinteren Türen. Der Wagen scherte vollständig auf die andere Straßenseite aus und überholte Gaucher. Landu sprang aus dem fahrenden Auto, packte den Arm des jungen Mannes und bog ihn ihm hinter den Rücken. Mit der Uzi in der linken Hand stieß er ihn in den Wagen. Bevor Gaucher irgendetwas hätte begreifen können, erhielt er einen Schlag ins Kreuz, der ihn lähmte.

Die Wange gegen den Metallboden des Fahrzeugs gepresst, versuchte er wieder zu Sinnen zu kommen. Der gegen seine Schläfe gedrückte Lauf der Waffe erschwerte dies. Er konnte seinen Körper nicht daran hindern zu zittern. Hin und wieder zerschnitt der Lichtstrahl einer Straßenlaterne die Dunkelheit. Panik hinderte ihn am Denken. Wohin brachte man ihn? Das sah nach einer Entführung aus. Aber was hatte er getan? Diese beiden Typen waren am Tag von Baestros Tod mit dabei gewesen. War jetzt er dran? In seinem Kopf hatte die Angst ein Niemandsland geschaffen, das von allen Seiten von Finsternis belagert wurde. Der Geländewagen verließ Banda mit Vollgas. Bei Kintambo-Magasin bogen sie nach links ab und fuhren geradeaus, vorbei am Séminaire Jean XXIII. Gaucher, der von Landus Schuh am Boden festgenagelt wurde, versuchte zu sprechen, aber der beharrliche Druck des MG-Laufs zwang ihn zum Schweigen. Der Motor des leistungsstarken Fahrzeugs ließ seine gut geölten Ventile spielen. Sie fuhren am Camp Tshatshi vorbei. Etwas weiter bogen sie rechts ab nach Kinsuka, wo der Fluss in einem Wutanfall den Felsen zerstoßen hatte, um stromauf und stromab seine Vorherrschaft zu behaupten.

Gaucher wurde aus dem Fahrzeug geschleppt. Die Soldaten brachten ihn in das Dickicht am Rande des Wassers. An der aufgewühlten Oberfläche des breiten Stroms tauchten die Felsen auf. Man hatte den völlig falschen Eindruck, trockenen Fußes nach Brazzaville hinüberlaufen zu können. Landu ging nervös um Gaucher herum, der jetzt im Schlamm kniete. Als dieser im Auto Bamba wiedererkannt hatte, war ihm klar geworden, dass ihn nichts Gutes erwartete. Gaucher redete weinend zu sich selbst. Ein einziger, stets gleicher Satz in seiner Muttersprache, immer wieder: »*Woyoke iseï o, woyoke iseï!* Alter, *yokela ngai mawa!*[15] Verzeih mir, Alter, verzeih mir!« Stabsfeldwebel Bamba betrachtete die Szene, als wäre er nicht beteiligt an dem, was da vor sich ging. Landu hatte bereits den Verschluss seiner Waffe klicken lassen. Vor allem, um sein Opfer zu beeindrucken, denn Landu wusste, dass sie den Grünschnabel mit der Stichwaffe erledigen mussten. Gauchers unverständliches Gemurmel hallte dem Stabsfeldwebel merkwürdig durch den Kopf. Die Stimme des jungen Mannes vermischte sich darin mit anderen Stimmen, die er anderswo gehört hatte, vor langer Zeit. Schweiß lief ihm übers Gesicht und zwang ihn zu blinzeln.

»*Woyoke iseï o, woyoke iseï!*« Immer wieder sprach Gaucher jene Worte, die Bamba einst auf der Lichtung bei Bumba gehört hatte.

Unablässig hatte sein fünfter und letzter Gefangener diese flehentliche Bitte wiederholt, bis zu dem Augenblick, als der blutjunge Bamba ihn unter Schreckensschreien zum Schweigen bringen musste. Eine purpurne Dämmerung hüllte die Mowaso-Ebene in einen blutigen Schleier. Der grausige Hinrichtungsreigen war bis Sonnenuntergang wei-

---

15. Lomongo und Lingala für: »Hab Mitleid mit mir!«

tergegangen. Zum ersten Mal erlebte der junge Rekrut den vergeblichen und fürchterlichen Widerstand des Fleisches gegen den Vorstoß des Metalls und die allerletzten lächerlichen Gebärden des Gefangenen, um der Klinge, die eindringt und aufschlitzt, zu entkommen. Dies hatte ihm ein für alle Mal beigebracht, die Befehle und Anordnungen des Oberfeldwebels Pelengamo Personne, die das Wehklagen der Gepeinigten unnütz machten, blind zu befolgen. Die Ströme von Blut hatten das Gras ringsum, die Erde, den Horizont, den Himmel befleckt. Seit damals war in Bamba Togbias Kopf der quälende Ruf *»Woyoke iseï!«* nie mehr wirklich verstummt.
Landu spürte bei seinem Kommandanten eine Art Zögern. Rasch zog er einen Dolch unter dem Hosenbein hervor.
»Mein Kommandant, lass ihn mich abstechen!«, sagte er, die Waffe bereits waagerecht an den Hals des armen Gaucher gelegt. Bamba befreite sich aus dem krankhaften Traum, in dem er feststeckte. Flink packte er den Gefreiten am Handgelenk.
»Warte!«, stieß er keuchend hervor. In seinem Kopf herrschte heilloses Durcheinander. Rote Blitze zuckten vor seinen Augen.
»Warte!«, sagte er noch einmal in dem gemäßigten Ton, den man anschlägt, um ein noch ungezähmtes Tier zu beruhigen. Es war, überlegte er, nicht nötig, den Jungen zu töten. So verängstigt, wie er war, stellte er von nun an keine Gefahr mehr dar. Wenn man ihm die Dinge ruhig auseinandersetzte, würde er, davon war Bamba überzeugt, nie im Leben verraten, was er an jenem denkwürdigen Tag der Konfrontation in Limete gesehen und gehört hatte. Stabsfeldwebel Bamba zog Landu beiseite. Gaucher hatte sich

nicht bewegt, auf Knien kauerte er in der Dunkelheit, er war bereits anderswo.
Bamba erklärte dem Gefreiten, dass es keinen Sinn hatte, den jungen Mann zu opfern. In seinem jetzigen Zustand würde er schnell begreifen, dass er gut daran tat zu verschwinden. In einem so großen Land würde das kaum sonderlich schwierig werden.
»Aber Chef, wir haben unsere Befehle erhalten.«
»Die Befehle gebe ich. Vertrau mir, dieser Junge macht uns keinen Ärger mehr, sieh ihn dir an.« Bamba brauchte nichts weiter zu sagen, seine Autorität hatte genügt, um den stürmischen Landu zu beschwichtigen.

Die drei Männer saßen wieder im Wagen. Die Dunkelheit legte sich bleiern über die Gedanken, die sie beschäftigten. Keiner von ihnen hatte seit ihrem Aufbruch vom Flussufer ein Wort gesagt. Gaucher hatte den Deal sehr wohl begriffen. Er durfte sich nirgends mehr blicken lassen. Er musste sich in der Stadt quasi auflösen. Bamba hatte ihm klargemacht, dass er nie wieder zu Hause aufzutauchen hatte. Er musste alle vergessen: seine Tante Bokeke, seine Cousins, seine Freunde. Wenn er den Befehl nicht beachtete, würde er sich selbst zum Tode verurteilen und auch seine Wohltäter Landu und Bamba in Gefahr bringen. Gaucher brauchte keine zweite Erklärung. Er erinnerte sich urplötzlich daran, dass er einen entfernten Onkel hatte, der in Masina in der Vorstadt wohnte. Er versicherte ihnen, dass er sich dort in der Menge verflüssigen würde, zu neunzig Prozent unsichtbar und biologisch abbaubar. Er erinnerte sie daran, dass die Bevölkerung von Masina so zahlreich war, dass man das Viertel »Volksrepublik China« nannte.

Stabsfeldwebel Bamba befahl Landu, am Straßenrand zu halten. Der breite Boulevard Lumumba führte nach Masina, zum Flughafen und dann weiter Richtung Bandundu. Nach den Glühwürmchen zu urteilen, die nichts anderes waren als die unzähligen Petroleumlampen der Händlerinnen, hatte die Nacht die allgemeine Geschäftigkeit nur wenig gedrosselt. Bamba wandte sich zu Gaucher um, der hinten saß, und befahl ihm auszusteigen. Es war noch nicht Mitternacht, und innerhalb von nicht einmal zwei Stunden war die Zukunft des jungen Mannes auf den Kopf gestellt worden.

Als die Dreifachsohlen seiner J.-M.-Weston-Schuhe den von der Glut des Tages noch aufgeheizten Asphalt berührten, kam Gaucher augenblicklich wieder zu sich. Er klopfte sich, so gut es ging, den angetrockneten Matsch von der Hose. Mit der flachen Hand glättete er die Schöße seiner Jacke mit den gestickten Motiven à la Versace und bereitete seine Rede an den entfernten Onkel vor, mit der er sein so spätes und unverhofftes Kommen erklären würde. Auf diesen unwiderruflichen und unumkehrbaren Entschluss hin folgte er mit flatternder Jacke und im Gleichschritt ein paar Joggern im Boxer-Outfit, die einer hinter dem anderen im Eiltempo geradewegs nach Masina, dem volkreichen Masina, liefen.

III

Der Aufstieg der Hypotenuse

Eingesunken in das weiche Leder des Mercedes empfand Gonzague Tshilombo eine vage Unzufriedenheit, ja so etwas wie Frustration. Die Euphorie über den Erfolg der Limete-Sache hatte sich wieder verflüchtigt. Der Vorfall erhielt in der Bevölkerung und in den politischen Kreisen nur noch wenig Kommentare. Trotzdem, er hatte etwas Entscheidendes erreicht: Makanda Rachidis Partei wurde als echte Oppositionspartei anerkannt. Mit Märtyrern, die auf dem Feld der Ehre gefallen waren, konnte seine Glaubwürdigkeit nicht mehr infrage gestellt werden. In Anbetracht der neuen politischen Umwälzungen und der vielleicht kommenden Wahlen passte es gut in Tshilombos Pläne, wenigstens eine große Partei unter seinem Kommando zu haben, um sie im richtigen Moment nach seinem Gutdünken agieren zu lassen.

Tshilombo liebte es, an dieser Übergangsperiode teilzuhaben. Es gefiel ihm sehr, solch privilegierte Augenblicke zu erleben, in denen das Know-how von Männern wie ihm gebraucht wurde. Er war nicht nur Experte für Verdunkelungsoperationen, sondern auch Spezialist in der Sonderdisziplin »einen Balken im Auge des anderen platzieren, ohne dass der Splitter, der schon drin ist, herausfällt«, unschätzbare Eigenschaften für die Indoktrinierung und Desinformation, denn darin bestand seine wahre Aufgabe und die des Informations- und Planungsbüros. Er machte es sich in seinem Stuhl noch bequemer und korrigierte die Bügelfalte seiner Hose. Die Übergangsphase begünstigte allerhand Aktionen, insbesondere die Unterwanderung der Parteien, die Infiltrierung der Medien und die Ablenkung der Bevölkerung. Das war in mehrerer Hinsicht klasse. Alles war vorübergehend: die Regierung, die Institutionen, das Gewissen der Menschen. Das musste man nutzen.

Die Klimaanlage, die die Luft im Auto kühlte, stimmte ihn noch optimistischer, als sie vor seinem Haus im Villenviertel des Institut Pédagogique National ankamen. Noch bevor Bamba hupte, glitten die beiden Torflügel auseinander und gaben den Weg frei zu dem weitläufigen und gepflegten Garten, der die imposante, weiße Villa umgab. Der Mercedes hielt vor dem Eingang. Der Stabsfeldwebel stieg eilig aus, um seinem Passagier die Wagentür aufzuhalten.

»Bring den Wagen zum Waschen. Gegen Abend kommst du wieder und holst mich ab. Ach ja, das hier ist für dich«, sagte Tshilombo und reichte ihm ein Bündel Geldscheine.

Wie gewohnt ließ Tshilombo, als er über die Schwelle seines Hauses trat, einen großen Teil seiner Sorgen hinter sich. Er ging in einen geräumigen, hellen Innenraum, bestehend aus einem großen Esszimmer, das von einem langen Tisch mit avantgardistischem Motiv beherrscht wurde. Dahinter ging ein Panoramafenster auf einen Innenhof hinaus, in dem ein kleiner Springbrunnen und zahlreiche Grünpflanzen für Kühle sorgten. Linker Hand folgten die zwei Salons eines l-förmigen Raumes aufeinander. Die Wände zierten zeitgenössische Gemälde mit charakteristischen Spruchbändern, die Titel trugen wie *Der Kampf der Rivalinnen* oder *Ezaleli ya ba zweites Büro*[16] und deren gesellschaftssatirische Szenen sich in ebenso nuancierten wie strahlenden Farben entfalteten. Ein Selbstbildnis von Chéri Samba zeigte den Meister an der Decke sitzend, er schien sich zu sagen, dass die Welt alles in allem nicht ernst zu nehmen war. Auf einem Ölgemälde der Malerin Moseka Yogo Ambake mühte sich ein riesiger Elefant an der übrig gebliebenen Rinde eines Baumes ab, auf dessen Wipfel das Volk mehr recht als schlecht zu überleben versuchte und seine Toten beweinte. Eine Parabel auf die Macht, die kein Erbarmen kennt. Eine große Skulptur aus goldbraunem, bläulich oxidierendem Kupfer, ein Werk des Bildhauers Tamba, stand auf einem Sockel in der Mitte des Raumes und trennte die beiden Salons voneinander. Die Bodenfliesen aus weißem Marmor verstärkten den Eindruck von Eleganz und gutem Geschmack, der an diesem Ort vorherrschte.

»Guten Tag, Chef!« Es war Félicien, der Hausangestellte. »Chef, ich brauche Geld für die Schule. Sie drohen, die Kinder rauszuwerfen, wenn ich nicht zahle. Außerdem kann meine Frau nicht mehr auf den Markt verkaufen gehen, die Soldaten haben ihre Gewerbekarte eingezogen, und sie muss zahlen.«

»Ja, ja, ja«, unterbrach Tshilombo ihn. »Dein Gehalt reicht wohl nicht mehr? Ich habe dir doch erst neulich einen Vorschuss gegeben.«

»Sie wissen ja, jeden Tag wird alles teurer, wie soll man da mithalten, Chef?«

---

16. Das Betragen der Mätressen [Mit dem »deuxième bureau« bzw. »zweitem Büro« wird in Kinshasa die Geliebte eines verheirateten Mannes bezeichnet (Anmerkung der Übersetzerin)].

»Gut, ich sehe dich nachher, geh jetzt. Bring mir lieber was zu trinken.«

Tshilombo warf seine Aktentasche auf ein großes Sofa aus gelbem Leder und ging zu einer elegant geschwungenen Stereoanlage hinüber. Er legte eine Platte Chick Corea auf und drückte eine Taste. Eine verhangen vielschichtige Musik erfüllte den Raum. Tshilombo konnte sich an *Romantic Warrior* nicht satthören. Al Di Meola, dessen subtiles Gitarrenspiel kristallklare Klänge niederperlen ließ. Stanley Clarke, der mit seinem intelligenten Bass eine mittelalterliche Stimmung schuf, während Lenny White mit seinen Tomtoms dem Ganzen den warmen Herzschlag verlieh.

Tshilombo genoss die Musik, während er auf dem Sofa sein Bier schlürfte. Er drehte sich um. Eine Wolke teuren Parfüms ging der Ankunft der heimkehrenden Madame Tshilombo voran, der ihre junge Cousine Kapinga folgte. Seine Frau Odia trug einen leuchtend rosa Pagne, der sich wunderbar an ihre Hüften schmiegte. Tshilombos Blick verweilte dort, bevor er wieder zum Gesicht und den Augen emporwanderte, die trotz der zwei gemeinsam verbrachten Jahrzehnte in ihm stets aufs Neue eine angenehme Überraschung auslösten. Madame Tshilombo war in der Tat von großer Schönheit. Groß, schlank, mit mandelförmigen Augen, die noch immer imstande waren, ihren Mann aus dem Gleichgewicht zu bringen. Jedes Mal, wenn er sie ansah, spürte er eine dunkle Erregung. Ein Gefühl, stark genug, um es mit Liebe zu verwechseln. All die Jahre hatte er sich damit begnügt, und immer, wenn er an sich zweifelte, brauchte er sie nur richtig anzusehen, und sein Herz fing erneut Feuer. Odia hatte es verstanden, aus dieser Situation Profit zu schlagen, denn zum Kapitel dauerhafte Liebe hat-

te sie seit langem eine klare Meinung. Als sie sich kennengelernt hatten, war er ein ziemlicher Schürzenjäger gewesen. Ein gut aussehender Mann, charmant und zudem mit Qualitäten ausgestattet, die nur sichtbar wurden, wenn er eine Erektion hatte – Tshilombo gefiel den Frauen. Da er trotz allem eine gute Partie war, hatte sie ihn in dem Glauben geheiratet, mit der Zeit werde er, von ihr in Bann geschlagen, schon ruhiger werden. Und vielleicht wäre es ja auch so gekommen, aber die Macht der Gewohnheit war stärker, und so reihte er weiter Eroberung an Eroberung. Schuld waren diese Luder, die alles daransetzten, um ihn sich zu angeln, so lautete seine lasche Verteidigung. Seine Frau war vom Gegenteil überzeugt, und nach und nach verlor sie den letzten Glauben an seine Treue.
Sie ließ es sich nicht nehmen, ihn bei jeder Gelegenheit daran zu erinnern. Auch sie selbst hatte keine Zeit verloren. Rasch bekamen sie drei Kinder. Die ersten sechzehn Jahre verbrachte sie damit, sie großzuziehen, um nicht zu sehr an die Eskapaden ihres Ehemannes zu denken. Jetzt waren die Kinder groß und studierten in Brüssel unter der Aufsicht des ältesten Bruders. Da die Lage im Land mehr als unsicher war, hatten es die Tshilombos wie alle, die dazu die nötigen Mittel hatten, vorgezogen, ihre Sprösslinge weit fortzuschicken, unter eine gnädigere Sonne. Tshilombos Aktivitäten bei den Nachrichtendiensten hatten ihn später zu mehr Zurückhaltung gezwungen. Er war der Frauen nun überdrüssig und ernsthafter geworden. Bisweilen hatte er Rückfälle, allerdings nur aus Trotz. Denn zwischenzeitlich hatte Odia ihr Glück im Geschäftsleben versucht und kümmerte sich immer weniger darum, was ihr Gatte trieb. Dieser war vor allem dazu da, sie bei ihren geschäftlichen

Aktivitäten zu unterstützen, indem er ihr Genehmigungen und Devisen verschaffte. Dem Erfolg sei Dank widmete Odia sich immer stärker dem gesellschaftlichen Leben der Stadt. Galaabende, Wohltätigkeitsveranstaltungen, Versammlungen des Lions Club, ganz zu schweigen von den offiziellen Diners, an denen ihr Ehemann anwesend zu sein hatte. Ihre Schönheit machte aus ihr einen äußerst gern gesehenen Gast. Da die Kinder weit weg waren, beschäftigte sie sich allmählich immer mehr mit sich selbst. Tshilombo, von ihrem Erfolg ein wenig überfordert, begann, die bittere Frucht der Eifersucht zu schmecken. Eine etwas zu männliche Stimme am Telefon, eine nicht ganz astreine Reise, und sein Geist fing an zu arbeiten, produzierte unaufgefordert verdächtige Szenen und schlüpfrige Bilder. Da er auch nicht den leisesten Verdacht gegen Odia erhärten konnte, verhielt er sich still und betrachtete sich als einen von seiner Frau vernachlässigten Märtyrer. Zwischenzeitlich gab Odia ihm so deutlich zu verstehen, dass er nichts weiter war als ein Dreckskerl und ein Hurenbock, dass ihn Schuldgefühle beschlichen und sich in ihm festsetzten. Was Odia bewusst ausnutzte. Jedes Mal, wenn sie eine heiklere Sache brauchte, ritt sie darauf herum, und hilflos stimmte Tshilombo allem Möglichen zu, womit er es seiner Frau ermöglichte, ihre Geschäfte beachtlich zu erweitern. Ihren Alltag verbrachten die beiden in einem gegenseitigen Misstrauen, für das sie keinen greifbaren Anlass hatten.
Kürzlich hatte Odia aus ihrer Heimatprovinz Kasai eine junge Cousine kommen lassen. Kapinga, dreiundzwanzig Jahre alt und nach Sitte der Baluba[17] noch Jungfrau, leiste-

17. Volksgruppe des Kasai (Provinz in Zentralkongo).

te ihr Gesellschaft, da sie von ihren Eltern nach Kinshasa geschickt worden war, um dort zur Schule zu gehen und eine gute Partie zu machen wie ihre große Schwester Odia, die die ganze Familie unterhielt. Odia war sich durchaus bewusst, dass Kapingas vor Frische strotzende Schönheit womöglich einen Einfluss auf die Libido ihres Ehemannes haben würde. Daher hatte sie das Mädchen gleich zu Beginn gewarnt, ihn nicht allzu viel anzulächeln. Er war ein Dreckskerl und zu allem fähig. Andererseits hatte sie mit dieser Situation etwas in der Hand, um ihn am Gängelband zu halten, denn er wusste, dass sie wusste, woran er dachte, wenn er das junge Mädchen ansah. Sie brauchte es, dass er sich dauernd schuldig fühlte. Auf die Weise kontrollierte sie ihn, und vielleicht war es auch ihre Art, ihn zu lieben. Als ewigen Schuldigen.

»Hallo, Liebling«, sagte sie und strich ihrem Mann mit dem Finger über die Wange. »Kapinga, bring doch bitte das alles hier in mein Schlafzimmer.«

»*Mbote semeki.*[18]« Die Arme voller Pakete, durchquerte das junge Mädchen mit feierlich wiegendem Gang den Salon. Wie jeden Tag hatte Odia, nachdem sie von ihren Terminen zurück war, Kapinga von der Schule abgeholt.

»Willst du etwas essen?«, erkundigte sie sich. »Es steht was im Ofen, ich bin gleich da.« Und sie verschwand in Richtung der Schlafzimmer.

»Im Büro alles in Ordnung?« Ihre Stimme hallte durch den Flur. Wie aus weiter Ferne. Tshilombo fing an zu reden, aber da seine Worte keine Antwort erhielten, hörte er von

---

18. Guten Tag, Schwager.

selbst wieder auf, wie ein Fahrzeug, dem auf ebener Strecke das Benzin ausgeht.
»Hast du an mich gedacht?« Odia war zurückgekommen.
»Was?«, fragte Tshilombo.
»Ich hatte dich gebeten, deinen Freund im Ministerium wegen meiner Freistellung anzurufen. Hast du es gemacht?«
Verflixt, stimmt ja, dachte Tshilombo. Er hatte es schon wieder vergessen. Seit drei Tagen erinnerte sie ihn daran. Er musste schleunigst jemanden beim Zoll erwischen.
»Ich hatte keine Zeit, Liebling. Ich kümmere mich heute Nachmittag darum.«
»Keine Zeit? Ich frage mich, was du den ganzen Tag über treibst. Du weißt, dass ich diese Papiere so schnell wie möglich brauche. Meine Ware trifft bald ein. Und wie, bitte schön, soll ich sie dann verzollen? Also wirklich, man kann sich einfach nicht auf dich verlassen«, fügte sie hinterhältig hinzu. Tshilombo machte sich ganz klein, er hatte zu seiner Verteidigung kein Argument, das vor seiner Ehefrau standgehalten hätte. Sie ging aus dem Raum und ließ ihn mit jenem undefinierbaren, aber vertrauten Gefühl zurück, das sie ihm über die Jahre hinweg eingeimpft hatte.

Stabsfeldwebel Bamba Togbia saß am Steuer des gewaschenen und polierten Wagens, auf dem Weg nach Binza-Ozone, um das Unumgängliche zu tun. Die Zeit war gekommen, seiner Zukunft einen Schubs zu geben. In Bambas archaischem Geist hielt zwar der Herr unser Gott höchstpersönlich die Schicksalsfäden in der Hand, aber heimtückische Ahnen machten sich einen bösen Spaß daraus, die schöne göttliche Ordnung zu stören, um Schaden anzurichten und uns ein Leben voller Missgeschicke aufzuzwingen. Um ge-

wissen Kreaturen des Jenseits Paroli zu bieten, war es manchmal nötig, auf Vermittler zurückzugreifen, die als Einzige in der Lage waren, allzu verwickelte Situationen zu entwirren.
Als er in Binza-Ozone ankam und die Straße nach Matadi verließ, steuerte er den Mercedes in eine nicht asphaltierte Straße unterhalb einer Hochspannungsleitung. Die Wohnungen waren hier selbstverständlich anarchisch angeordnet und tauchten in keinem Städtebauplan auf. Die Landflucht hatte ganze Stadtteile dieser Art aus dem Boden sprießen lassen. Die Häuser waren winzig, in aller Eile zusammengezimmert. Mauern aus bloß liegendem Leichtbaustein machten die Landschaft eintönig. Der Sand überall ließ das Viertel zur leichten Beute der Erosion werden. Die kürzlich gepflanzten Bäume waren noch jung und schwach. Strom bekam man kaum, und das trotz der Hochspannungskabel, die die Bewohner von ihren riesigen Masten herab verhöhnten, welche in regelmäßigen Abständen bis zum großen Fluss hinunter aufeinanderfolgten.
Eine Vielzahl von Menschen niederer sozialer Stellung lebte hier. Dienstboten und Karrenschieber. Kohlenverkäuferinnen und Brotausträgerinnen. Hilfsarbeiter und Lastenträger aller Art. Straßenräuber und illegale Engelmacher. Deserteure und die *mingando*[19] genannten Mongo-Huren. Das Gemenge förderte Anonymität und Illegalität. Diesen Ort hatte der alte Mbuta Luidi gewählt, um dem Hexerberuf nachzugehen, der darin bestand, Macht, Geld, gegebenenfalls Liebe sowie alles, was zu diesen Ingredienzien dazugehörte, frei Haus zu liefern, wobei man nebenher und rein zufällig die Seele seines Nächsten auffraß.

---

19. Klan der Bamongo.

Sein Haus lag am Ende eines Weges gegenüber einem aufgegebenen Friedhof mit einem Dutzend Gräbern und hinter einem Rinnsal, das den kleinen Pfad dorthin versperrte. Stabsfeldwebel Bamba Togbia stellte den Mercedes in der Nähe ab und beauftragte drei Knirpse, die mit einem Ball aus Lumpen und Gummistreifen kickten, ihn zu bewachen. Er ging den Pfad zu Mbuta Luidis Hütte hinunter.
Einen Hexer aufzusuchen, war in Bambas Familie seit jenem Tag strikt verboten, als einer der Vorfahren wegen seiner Ausschweifungen und seines Neides in ein Krokodil hineingelockt worden war, in das er sich daraufhin verwandelt hatte, um Menschen zu töten und sich ihre Frauen und ihren Besitz anzueignen. Seit damals war es den Mitgliedern der Familie unter keinem Vorwand mehr erlaubt, sich an einen Hexer oder anderen Fetischisten zu wenden. Der Stabsfeldwebel hatte bei gewissen diskreten und dringenden Angelegenheiten schon mal die Dienste von Mbuta Luidi in Anspruch genommen, allerdings aus rein beruflichen Gründen. In dieser Hinsicht meinte er, eine stillschweigende Übereinkunft mit dem Jenseits zu haben. An wen konnte er sich denn sonst wenden, wenn er um jeden Preis einen Flüchtigen oder irgendeinen politischen Gegner finden musste? Mbuta Luidi beherrschte die Kunst, das Suchgebiet auf einen Häuserblock genau einzugrenzen. Wer außer ihm konnte mithilfe von Gebräuen aus einem finsteren Kessel so sicher und mit einem Fingerzeig unter ein paar Fotografien das Gesicht eines mutmaßlichen Putschisten heraussuchen? Mbuta Luidi war der Einzige, er war unfehlbarer als der Papst.
Heute aber würde der Stabsfeldwebel dem Hexer einen persönlichen Fall antragen, von dem die Sicherheit seiner wei-

teren Existenz abhing. Seit einiger Zeit war Bamba trübsinnig. Er hatte es satt, hierhin und dorthin im Land versetzt zu werden, von einer Garnison zur nächsten. Obskuren Nachrichtendiensten zugeteilt zu werden und Aufgaben zu erfüllen, zu denen er immer weniger stehen konnte. Die abgebrochene Hinrichtung des jungen Gaucher war dafür bezeichnend. Alles, worum er den Hexer bitten wollte, war ein wenig Ruhe, ein gemütlicher Routinejob, kurz, eine Funktion innerhalb der Armee: Kraftstoffverwalter in einem Militärlager, Attaché bei einer Beschaffungsstelle der Landesverteidigung zum Beispiel. Ein Posten, bei dem er sich mittels Schmiergeldern eine Gehaltszulage sichern konnte. Das war es, was er Mbuta Luidi zu unterbreiten gedachte, dem von Songololo bis Mbanza-Ngungu als gemeinnützig anerkannten Großmeister der Hexerei.
Als Bamba die wackelige Tür aufstieß, schienen ihn die Augen des Hexers, der mit bloßem Oberkörper in dem kleinen Raum saß, zu fragen: »Warum hast du so lange gewartet, um zu mir zu kommen?« Bamba hatte so etwas wie eine böse Vorahnung. Nichtsdestoweniger trat er über die Schwelle und schloss sorgfältig die Tür hinter sich. Die Behausung war winzig. Der einzige, fensterlose Raum wurde in der Mitte von einem Vorhang geteilt, hinter dem sich sicher ein Bett verbarg. Den vorderen Teil möblierten, wenn man so sagen konnte, zwei Bierkisten, die als Sitzgelegenheiten dienten, und auf einer von ihnen saß Mbuta Luidi. Links stand ein Regal, auf dem sich allerlei Zeug stapelte: finstere Statuetten, Phiolen mit ekelhaften Mixturen und Gegenständen, Pflanzenbündel voller unheimlicher Kräfte. Eine einzige Petroleumlampe, zusammengebastelt aus einer Kondensmilchdose Marke Carnation verbreitete spärliches

Licht. Der Rauch hatte die Wände ein für alle Mal schwarz gefärbt und einen beißenden Geruch hinterlassen, der die Ausdünstungen von organischen Überresten, giftigen Pflanzen und Tierbälgen überdeckte, die der Soldat überall im Halbdunkel erahnte.

»Setz dich«, sagte Mbuta Luidi und wies auf die Kiste ihm gegenüber. Zwischen ihnen auf dem Boden aus gestampfter Erde brannte ein Feuer, die Glut schimmerte rötlich wie Magma. Bamba platzierte sein Hinterteil vorsichtig auf der Kante der Bierkiste, sein Oberkörper so stocksteif wie die Diagnose »positiv«.

Der Hexer besaß jene Art Äußeres, das schon in jungen Jahren alt wirkt und mit dem Alter immer mehr einer Mumie im besten Gesundheitszustand gleicht. Sein Körper sah trocken und zäh aus wie jene dürren Bäume, die mitten in den ariden Savannen wachsen. Auch seine Körperform war eigentümlich: Der Rumpf saß auf einem Gerippe, das keinem bislang bekannten Skelett ähnelte, die Schultern schienen abgehobelt, nicht vorhanden.

Wie ein Frosch, dachte Bamba. Der vorstehende, kleine Bauch und die mageren Beine, die ein altes Lendentuch bedeckte, verlängerten den Mann nach unten hin.

Der Kopf stand dem Rest in nichts nach. Den Ansatz seiner abszessartig gewölbten Stirn durchzog eine tiefe Furche, als sei sein Kopf bei einem nächtlichen Hexensabbat vom Blitz getroffen worden wie einst Kain am Anfang der Welt. Sein starrer Blick hatte davon einen glühenden, leeren Glanz bewahrt.

»Ich wusste, dass du heute kommen würdest«, sagte er. »Lass mich raten, warum.« Er griff nach einer als Teller dienenden halben Kalebasse, aus der er schwarz glänzende, daumennagelgroße Körner schöpfte. Er warf die Körner in die Schale zurück.

»Du musst wachsen, um dich entfalten zu können«, sagte er, nachdem er die Lage der zurückgefallenen Körner studiert hatte. »Sag mir, was genau du willst! Was ich hier lese, sagt mir, dass du nicht gekommen bist, um irgendeinen Staatsfeind zu finden. Du bist wegen etwas anderem hier, verschweig nichts, sag mir alles.« Der Stabsfeldwebel wagte sich behutsam vor. Der alte Hexer beugte sich zur Feuerstelle hinunter, seinen Gesprächspartner von unten her musternd. Mit seinen wurzelartig gekrümmten Fingern holte er ein Pulver aus dem Schatten und warf es in das Feuer, das sofort mit langen, gelben Flammen wieder aufloderte. Mbuta Luidi begann mit seiner Messe.

»Du kennst mich«, brachte Bamba hervor. »Um dir die Wahrheit zu sagen, ich bin heute nicht dienstlich hier. Ich bin gekommen, um dir ein Anliegen vorzutragen. Es ist nicht viel, worum ich bitte. Ich muss lediglich ein neues Leben anfangen.« Der Alte stieß einen Seufzer aus und stellte einen rußigen Kessel aufs Feuer. Während er seine Vorbereitungen traf, schien er sich kein einziges Wort des Soldaten entgehen zu lassen. Bamba führte sein Alter an, seinen Wunsch, ein Familienleben zu haben und seine Kinder wiederzusehen, die Notwendigkeit einer ruhigeren Arbeit und schließlich sein Bestreben, einen Posten in der Armee zu bekommen.

»Ich kann dich, wenn du willst, zum Oberst machen, alles hängt von deiner Motivation ab, das heißt: Was bist du bereit, dafür aufzugeben?« Beim Wort »Oberst« durchfuhr Bamba ein kalter Schreck. Bloß keinen zu hohen Dienstgrad! Er hatte sich gehütet, dem Hexer von der Geschichte

mit dem Vorfahren, der im Körper eines Krokodils festgesteckt hatte, zu berichten. Er hatte ihm absichtlich nichts von dem Verbot erzählt, das seine Familie getroffen hatte und das es ihm untersagte, sich aufzuhalten, wo er sich eben jetzt aufhielt.
»Nein, ich will nicht Oberst werden. Alles, was ich will, ist ein kleiner Posten bei der Armee. Etwas bei der Versorgung, wo ich mir ein bisschen was dazuverdienen kann.«
»Gut, ich werde die Ahnen befragen, dann lasse ich dich wissen, was sie wollen.« Mbuta Luidi warf ein paar Pflanzen in den dampfenden Kessel. Aus dem Schatten neben sich zog er wieder etwas hervor, diesmal sah es aus wie eine Affenpfote, wenn es nicht etwas ganz anderes war. Er tauchte das verdächtige Körperglied in den Kessel und besprengte bestimmte Richtungen des Raumes. Dabei murmelte er leise Worte, die wie Befehle klangen. Mit den Dämonen zu sprechen, verlangt selbstverständlich eine gewisse Autorität. Er nahm erneut die Kalebasse, schüttelte die Körner darin, spuckte in das Gefäß und beugte sich lange darüber, wobei er wohl auf eine Antwort wartete, die tief aus der Erde aufzusteigen schien.
Für einen Moment, der Bamba wie eine Ewigkeit vorkam, blieb der Alte regungslos und aufmerksam sitzen. Bambas Herz schlug wie wild. Die Antwort fiel, erbarmungslos und ohne von dem Rauchschleier abgeschwächt zu werden, der jetzt den Raum erfüllte, aber seltsamerweise weder die Augen noch den Hals reizte.
»Die Ahnen sind wütend«, leierte Mbuta Luidi herunter. »Vor allem einer von ihnen. Er muss ein Problem gehabt haben. Ein ernsthaftes Problem. So eine Art Verkeilung. Niemand hatte Mitleid mit ihm. Er wurde immer nur kritisiert.

Sein Leiden im Jenseits ist unermesslich.« Bamba dachte natürlich an seinen Vorfahr.

»Dieser Vorfahr kann trotzdem von drüben aus die Dinge für dich regeln, aber er braucht ein Opfer. Du musst ihn erlösen. Du musst mir einen Gegenstand bringen, der einem Menschen gehört, der dir lieb und teuer ist. Wenn du einverstanden bist, bring mir nächstes Mal den besagten Gegenstand mit. Das ist das einzige Mittel, um den Zorn dieses Ahnen zu besänftigen, sodass du bekommst, was du dir wünschst.« Der Alte richtete seinen bizarren Oberkörper auf und starrte Bamba fragend und mit schräg gelegtem Kopf an. Ohne eine Antwort abzuwarten, fügte er hinzu:

»Bring mir nächstes Mal auch einen Hahn mit, einen ganz schwarzen. Sein Blut wird die Ahnen milde stimmen. Und komm besser bei Nacht ...«

Als Bamba ins helle Tageslicht hinaustrat, versuchte er, sich mit dem Gedanken aufzumuntern, dass er eben die Welt der Finsternis gestreift hatte.

»Ich hätte diesen Schritt niemals tun dürfen«, warf er sich vor. Er kannte die Beschönigungen der Hexer. Der Gegenstand eines geliebten Menschen stand in Wirklichkeit für dessen Seele. Das Federvieh für sein Leben. Um sich zu trösten, sagte Bamba sich, dass die Würfel sowieso gefallen waren. Wer mit dem Jenseits verhandelt, macht keinen Rückzieher. Mit eingezogenem Kopf ging er zum Mercedes zurück, buchstäblich wie erschlagen. Seine Gestalt erinnerte in diesem Augenblick an einen Geier im akuten Depressionsschub. Die Kinder, die das Auto bewachten, weigerten sich, die Geldscheine, die er ihnen hinstreckte, anzunehmen, sie wussten, woher er kam, und hatten seine verstörte Miene gesehen.

»*Toboyi tozua kindoki!*[20]«, riefen die Kleinen im Chor. Bamba hielt das Geld wie einen Obolus hin, aber die Knirpse waren schon über alle Berge und nahmen dem Militär so die Möglichkeit zur Sühne.

Gonzague Tshilombo ging durch die lange, luxuriöse Ladengalerie des Hotels Continental von Kinshasa. Elegante und parfümierte Menschen schlenderten lässig umher und genossen die Zeit. In den Schaufenstern lagen Luxusartikel aus, frisch importiert aus den Hauptstädten der Mode.
Er liebte es, nach einem ausgefüllten Tag in diesem komfortablen Ambiente entspannen zu können. Das Continental war nicht nur der perfekte Ort, um sich mit Luxusgütern einzudecken, es war in der Stadt auch der Ort der anspruchsvollsten Gastlichkeit, wo sich die Privilegierten mit Vorliebe trafen und auch präsentierten. Wer geschäftlich in Kinshasa zu tun hatte, musste hier absteigen. Touristen aber lockte die Hauptstadt kaum an. Sie war vor allem dem Business der hohen und diskreten Gewinnspannen vorbehalten. Noch der Preis des kleinsten Hotelzimmers überstieg haushoch das Jahresgehalt ohne bezahlten Urlaub eines kleinen Staatsbediensteten.
Tshilombo ging zum Zeitungsladen und wählte aus dem großen Sortiment internationaler Tageszeitungen und Zeitschriften. Daraufhin schritt er durch die große Empfangshalle, wobei er zwei, drei Mal mit einem Kopfnicken grüßte. An der Rückseite des Hotels wandte er sich zum Rand des Swimmingpools gegenüber der Terrasse. Gäste, hauptsäch-

20. Wir wollen nicht verhext werden!

lich Paare, saßen hier und da an den Tischen. Er suchte sich einen abseits gelegenen Tisch und winkte einem Kellner, der sofort mit dem Notizblock in der Hand auf ihn zulief.

Der Direktor des Informations- und Planungsbüros vertiefte sich in die Nachrichten aus aller Welt. Seine Gedanken gingen auf Wanderschaft, zerpflückten, analysierten und verglichen die Artikel anhand seiner eigenen Kenntnisse der Weltpolitik. Er liebte es, das Gelesene zu sezieren. In diesem ganzen Durcheinander von Territorien, politischen Führern und lautstarken Deklarationen stachen für ihn jedoch die Worte »internationaler Druck« hervor. Tshilombo verzog unwillkürlich das Gesicht. Es waren furchterregende Worte, die so manchen zum Einknicken gebracht hatten und mit denen sich nun auch seine Nation auseinandersetzen musste. Das Land stand im internationalen Vergleich auf unterster Stufe. In den Schlagzeilen der Zeitungen tauchten ständig die gleichen Worte auf: *Gescheiterter Demokratisierungsprozess*, *Verletzung der Menschenrechte*, *Embargo erneuert.* Der Druck kam von allen Seiten, er war furchtbar, die ausländischen Emissäre gaben sich bei der Präsidentschaft die Klinke in die Hand.

Aber obwohl der ungeheure internationale Druck eine fast unüberwindliche Hürde darstellte, gelang es einigen vom Schicksal auserwählten Männern doch, der öffentlichen Meinung zum Trotz Breschen in das Bollwerk des Unverständnisses zu schlagen. Immer schon hatte Tshilombo die Entschlossenheit gewisser Machthaber beeindruckt. Er bewunderte ihre echte Tugend, in der weder Angst noch Mäßigung Platz hatten; und ihren Willen, denn allein der Verzicht auf jedwede vorgefertigte Ideologie befähigte sie, die pseudophilosophischen Hindernisse, die sich vor ihnen auftaten, hinwegzufegen. In ihnen wohnte die wahre Entäußerung von den Dingen der Welt. In ihnen wohnte der echte Mystizismus. Er fühlte sich diesen Männern verbunden, deren innerste Überzeugung und Antriebskraft das Räderwerk all der Konflikte auf der Welt in Gang setzte. Er identifizierte sich mit den Männern, die mit ihrem kreativen Know-how die komplizierten Skizzen der Finanzgeometrie entwarfen. Er wusste, dass er aus dem gleichen Holz geschnitzt war wie sie. Jene Männer, die mit ihrem Wissen die Schalthebel der politischen und strategischen Allianzen kontrollierten und bewegten. Er war einer von ihnen, er, Gonzague Tshilombo.

»Wie geht es Ihnen, mein Lieber?« Als Tshilombo sich umdrehte, stand vor ihm ein Mann mit leutseligem Blick: Rechtsanwalt Kalamba, ein renommierter Jurist, den er mehrmals bei Präsidentendiners getroffen hatte und der ihm herzlich die Hand reichte. Er wurde von einem steif wirkenden jungen Burschen begleitet, dessen Garderobe schon bessere Tage gesehen hatte, aber dessen argloser Blick ihm vage bekannt vorkam.

»Celio Matemona, ein Freund«, sagte Kalamba und wies auf den Besagten. Die beiden setzten sich an den Nebentisch. Tshilombo vertiefte sich wieder in seine Zeitschriften.

Um den Pool herum war wenig los. Ein paar Schönheiten lagen da und sonnten sich auf bunten Badetüchern. Die Leute, die diese Art von Etablissement besuchten, waren eben erst aus der Siesta aufgewacht. Es waren jene friedlichen Momente, bevor man in ruhig gewordenen Büros die Arbeit wieder aufnahm, ohne das Gedränge der Mitarbeiter, Klienten, Bittsteller. Es war die Stunde, in der die Führungskräfte heikle Verhandlungen führten. Es war auch die

Stunde, in der sich Chef und Direktionsassistentin unter vier Augen und ohne Zeugen vor ausgeschalteten Bildschirmen trafen.
»Lieber Herr Rechtsanwalt, wissen Sie, was Leonardo festgestellt hat? Wenn Sie zwei Steinchen in nicht allzu großem Abstand voneinander in dieses Becken werfen, bilden sie konzentrische Kreise, die sich vergrößern und dann kreuzen, ohne sich in ihrer Ausdehnung gegenseitig zu behindern. Die Kreise bleiben bis zuletzt intakt, zerstören sich nicht gegenseitig. Und das, Herr Anwalt, bedeutet: Was auch immer Sie bei einem Gerichtsverfahren tun, die Entscheidungen, die zwischen Ihnen und Ihrem Gegner notwendigerweise fallen, gehen allein von der Institution aus und haben daher nur einen begrenzten Einfluss auf Ihren Widersacher, da dieser die Mittel hat, das Ganze ewig in die Länge zu ziehen. Schauen Sie sich also anderweitig um, jenseits dessen, was das Strafgesetzbuch bietet. Greifen Sie auf dem Boden des Gesetzes an, aber intervenieren Sie gleichzeitig an anderer Front. Vergessen Sie dieses Schwimmbecken, vergessen Sie das Strafgesetzbuch, suchen Sie anderswo. Auf seinen Konten zum Beispiel, in seinem Privatleben, was weiß ich. Suchen Sie die Stelle, wo Sie Druck ausüben können, wo es wehtut.«
Tshilombo drehte sich zum Tisch von Rechtsanwalt Kalamba um. Er betrachtete den Burschen, der ihm gegenüber saß, jetzt aufmerksamer. Na sicher, am Tonfall und an dieser Art, die Sätze zu artikulieren, hätte er gleich den Typen wiedererkennen müssen, den er bei Mutter Bokeke Iyofa getroffen hatte. Der mit dem Machiavelli-Zitat. Was hatte der an einem Ort wie diesem hier zu suchen? Tatsache, er begleitete einen der brillantesten Rechtsexperten Kinsha-

sas. Vielleicht war er einer dieser »*mukala*« genannten Mädchenkuppler, die von gewissen Prominenten in Anspruch genommen wurden, aber er redete nicht wie sie, und was er sagte, entsprach sehr genau Gonzague Tshilombos eigenen Ansichten. Das verwirrte ihn. Er machte dem Kellner ein Zeichen und gab noch eine Bestellung auf. Sein Blick irrte lange über die klare Oberfläche des Schwimmbeckens, schweifte über das Wasser, bläulich wie eine Lagune des Pazifiks, blieb jenseits davon einen Moment lang an einer grandiosen Kurve hängen, die von einem gelben Tanga in Szene gesetzt wurde, und tauchte wieder ein in die globalen Schandtaten auf Hochglanzpapier.

Unten beim Fluss, im üppigen Garten des Informations- und Planungsbüros, beobachtete der Gefreite Landu neugierig ein Chamäleon, das auf einem für sein Gewicht allzu zarten Zweig versuchte, die Balance zu halten. Der junge Soldat musterte das Tier unschlüssig. Obwohl es sich, wie manche behaupteten, unsichtbar machen konnte, wohnte Landu im Augenblick nur einem undeutlichen Wechsel der Farbe bei, die in ein grünliches Braun umschlug und an den Hinterbeinen ein wenig ins Türkisblau hinüberspielte. Landu konnte sich im Übrigen nicht daran erinnern, in seinem Leben jemals ein unsichtbares Chamäleon gesehen zu haben. Aber wenn man alles glauben wollte, was die Weißen erzählten ...
Er ließ das Tier mit den Glubschaugen in Frieden und sah zu seinem Chef und Kommandanten Bamba Togbia hinüber, der seinen Gedanken nachhing, während er mit einer alten Zeitung in der Hand im Schatten des angebauten Schuppens saß, in dem die Dienstwagen untergestellt wa-

ren. Landu machte sich Sorgen. Seit einiger Zeit, nicht direkt nach der Geschichte am Fluss, aber kurz danach, hatte sich sein Stabsfeldwebel verändert. Er war melancholischer geworden, nachdenklicher. Das ging jetzt schon ein paar Wochen so, und seine Laune besserte sich nicht. Landu hatte schon fragen wollen, was los war, aber als kleiner Bruder musste er anstandshalber warten, bis der Ältere davon anfing. Trotzdem hatte er den Entschluss gefasst, ihn später auszuhorchen.

In der Villa saß Gonzague Tshilombo an seinem Schreibtisch, ebenfalls in Gedanken versunken. Seit ein paar Tagen nahm ein Projekt in seinem Kopf Gestalt an. An jenem Abend war er noch länger am Pool des Continental geblieben. Kurz nach 18:00 Uhr waren Rechtsanwalt Kalamba und sein Gast aufgestanden und hatten ihn im Weggehen gegrüßt. Um 18:30 Uhr war die Sonne untergegangen. Gegen 19:00 Uhr verließen die letzten Hotelgäste die Terrasse. Gonzague Tshilombo blieb im Halbdunkel allein zurück und betrachtete die ebene Fläche des Schwimmbeckens. Um 19:15 Uhr stand er auf und ging zu den großen Zementkübeln mit Zwergbananen hinüber. Er hob zwei gleich große Kiesel auf und warf sie unauffällig und nicht allzu weit voneinander entfernt ins Wasser. Sobald die Steinchen auftrafen, bildeten sich an der Oberfläche harmonische und konzentrische Rillen, die sich zu den Beckenrändern hin ausbreiteten. Als die beiden von den zwei Kieseln ausgelösten Bewegungen aufeinandertrafen, ignorierten die Kreise sich hochmütig und setzten ihr perfekt aufeinander abgestimmtes Ballett fort.

»Ich muss den Kerl fragen, wer dieser Leonardo ist«, hatte der Generaldirektor prompt gedacht.

Von jenem Abend an nahm sein Projekt, um den Einfluss des BÜROS auf das politische Leben des Landes auszuweiten, endgültig Form an. Mit Routinearbeit kamen sie nicht mehr weiter. Es war an der Zeit, den Geschäften mehr Substanz zu verleihen. Er war der Mann, der im Dunkeln agierte, und dort musste er auch bleiben, aber die Aktionen mussten spektakulärer werden. Dazu brauchte er einen Techniker, einen Theoretiker der politischen Strategie, den er selbst kontrollierte. Hauptsache, kein Politiker. Denen war nicht zu trauen. Er brauchte jemanden, der Ideen lieferte und sich was traute, weil er aus dem Nirgendwo kam. Er brauchte einen Mann mit einer gewissen Arglosigkeit, um der geplanten Mission den Geist des Idealismus einzuhauchen. Einen Mann, der in der Lage war, die intellektuellen Herausforderungen, die sich ihm stellen würden, anzunehmen, vor allem aber einen Mann, der aus einem armen, ja bettelarmen Umfeld stammte. Denn um die Menschen an sich zu binden, muss man in der Lage sein, sie zu beherrschen. Und was wäre, um seinesgleichen kontrollieren zu können, wirksamer, als in der Wüste sowohl das Wasser als auch das Kamel zu besitzen? Als seine Mitmenschen so hoch hinaufzukatapultieren, dass ihnen ganz schwindlig wird und sie gleichzeitig davor erschrecken, ins Nichts, ins Elend, in die existenzielle Unsicherheit zurückgestoßen zu werden. Eines ist dazu zwingend notwendig: Man muss sie heimlich, still und leise Aschenputtels Angst kurz vor Mitternacht spüren lassen.
Gonzague Tshilombo hatte sein Auge auf Celio Matemona geworfen. Dieser Typ aus dem Nichts schien allen Eignungskriterien zu genügen. Bei zwei Gelegenheiten hatte Tshilombo feststellen können, dass der junge Mann Schneid

und eine gewisse Intelligenz besaß. Jetzt ging es darum, den Burschen mit den Unschuldsaugen in seine neuen Funktionen einzuweisen, und schon bald würde der Junge unter seiner Leitung wahre Wunder vollbringen. Aber man musste mehr über ihn erfahren. Eine kleine Ermittlung würde genügen. Tshilombo drückte auf die Taste der Sprechanlage und bat Angèle, ihm Stabsfeldwebel Bamba hereinzuschicken.

»*Kwanga ya moninga, batiyaka yango miso te!*[21] Ihr habt euch fremde Ideologien unter den Nagel gerissen und wollt sie jetzt zu eurem Vorteil nutzen? Die Demokratie, wie ihr sie versteht, wird nie funktionieren!« Mit seiner Erklärung erntete der Alte allgemeines Protestgeschrei unter den Gästen, die sich um den *ligablo* der »Firma Isemanga« drängten. Da waren die üblichen Angestellten, die in der Gegend arbeiteten. Da war die junge Sekretärin, die von ihrem Chef sexuell belästigt wurde und unter seinem beharrlichen Drängen schließlich aus Verzweiflung seine zahlreichen Geschenke angenommen, in der Hauptsache aber noch nicht nachgegeben hatte. Da war der Familienvater, der es immer noch nicht schaffte, die Verschwendungssucht seiner jungen Zweitfrau zu bremsen. Die Jugendlichen, die regelmäßig herkamen und mit Mutter Bokekes ältestem Sohn Trickson befreundet waren, hatten ihre Bank näher herangeschoben, sodass das Damespiel nun am Straßenrand stattfand. Da waren Face ya Yézu, Richard der Bourgeois, der junge Vertrauensmann Sera Sera sowie der kleine Amisi, der hin und wieder vorbeischaute. Ein paar Fleisch-

21. Man schielt nicht nach anderer Leute Maniokbrot! (Lingala-Sprichwort)

spieße brieten auf dem Rost des Kohlenbeckens leise vor sich hin.
Der anbrechende Nachmittag ließ die Stadt einen Gang langsamer vorüberziehen. Nach dem Morgen mit seiner fiebrigen Jagd nach Geld stellte sich gegen zwei Uhr eine gewisse Lethargie ein. Da waren jene, die gegessen hatten und zufrieden die Erfolge ihres Tages verdauten, und jene, die nicht gegessen hatten, was nahezu die gesamte Bevölkerung der Stadt betraf, und sich jetzt ein wenig ausruhten, um den Kampf wieder aufzunehmen, nachdem sie einen großen Becher mit kaltem Wasser getrunken hatten, um den Hunger, der ihren Magen quälte, zu besänftigen.
»Die Demokratie klappt bei uns nicht, weil unsere Politiker Diebe und Räuber sind!«, behauptete der Bigamist. Der Alte Isemanga ließ sich nicht aus der Fassung bringen.
»Ja, glaubt ihr denn, dass es im Westen weniger Diebe und Räuber gibt? Nein. Wenn deren politisches System so halbwegs funktioniert, dann weil es aus ihrer eigenen Zivilisation hervorgegangen ist, das ist doch logisch. Wenn wir unser eigenes politisches Modell entwickeln wollen, müssen wir uns mehr auf unsere Wurzeln berufen, auf die Gesetze und Prinzipien, die vor der Ankunft des weißen Mannes in unseren Gesellschaften für Ordnung gesorgt haben. Im Übrigen wäre das alles nicht passiert, wenn die Missionare nicht gewesen wären.« Ein skeptisches Murmeln erhob sich aus der Runde. Unerschütterlich fuhr der Alte Isemanga in seiner Beweisführung fort.
»Wisst ihr, wie sich der erste Weiße in meiner Heimatregion Monkoto niedergelassen hat?« Da seine Zuhörer schwiegen, sprach der Alte weiter.

»Und wisst ihr, warum die Missionare alle gleich aussahen? Um uns hinters Licht zu führen!«, antwortete er selbst. Da sein Publikum ungläubig dreinschaute, erklärte Isemanga, was seine Väter ihm einst berichtet hatten.

»Die erste Expedition, die in diesem entlegenen Landstrich des Équateur eintraf, meine Kleinen, bestand wie üblich aus einem oder zwei Forschungsreisenden, ein paar Soldaten, Lastenträgern und einem Missionar an der Spitze der Kolonne, der stets einen grau melierten Ziegenbart, eine lange, weiße Soutane, Ledersandalen und einen Tropenhelm trug. Natürlich gerieten sie im tiefsten Wald in einen Hinterhalt, den meine Väter und Onkel gelegt hatten. Diese töteten die ganze Truppe mit wenigen gezielten Pfeilen. Hierhin, meine Kleinen!«, sagte er mit Nachdruck und zeigte auf seine Seite, unter dem linken Arm, in Herznähe.

»Wir haben sogar ein bisschen von diesem weißhäutigen und aufrecht gehenden Tier probiert. Aber da das Fleisch fade schmeckte, vergaßen wir den Zwischenfall rasch wieder. Monate später schickten die Weißen eine zweite Expedition, die dasselbe Schicksal ereilte. Aber, meine Kleinen, der Typ mit dem grau melierten Ziegenbart, der langen, weißen Soutane, den Ledersandalen und dem Tropenhelm war wieder da. Und wieder die gleiche Rede mit erhobenen Armen: ›Meine Brüder, meine Brüder!‹ Wir haben ihm keine zweite Chance gelassen und ihm einen Pfeil geschickt. Hierhin, meine Kleinen!« Und er zeigte noch einmal auf seine linke Seite.

»Dann kam die dritte Expedition. Wieder haben wir alle getötet, meine Kleinen, aber dieses Mal, als der Kerl mit Ziegenbart, Soutane, Sandalen und erhobenen Händen ›Meine Brüder, meine Brüder!‹ schrie, wurden meine Väter und Onkel über seine Unbesiegbarkeit stutzig und ließen ihn am Leben, damit er ihnen eine Erklärung gab. Er hat ihnen die Geschichte eines Juden erzählt, den er vertreten sollte und der schon damals noch schneller von den Toten auferstand als er selbst. In nur drei Tagen. Von da an, meine Kleinen, waren wir geliefert. Auf die Art hat sich die Kolonisierung in der Monkoto-Region Einlass verschafft, durch Falschheit und List.« Die Zuhörer brachen natürlich in schallendes Gelächter aus.

»Alter, du lügst!«

»Du übertreibst!«, beteuerten sie. Um ihnen seine Gleichgültigkeit gegenüber ihren spöttischen Bemerkungen zu beweisen, wandte sich der Alte Isemanga ab, schöpfte mit einem Löffelchen ein wenig Ingwermark aus einer Blechschüssel und bestrich damit die Fleischspieße, die über ihrer Schicht Kohlen brutzelten.

»Celio, *nkolo makambo!*[22]« Auf den Ruf eines der jungen Männer richteten sich die neugierigen Blicke auf ein Taxi, das eben auf der anderen Straßenseite anhielt. Celio Matemona stieg aus, ganz der Alte, aber in besser. Keine Frage, etwas war in seinem Leben geschehen. Alle Anwesenden, die ihn kannten, sahen es: Celio trug einen anthrazitgrauen Anzug mit drei Knöpfen, fabrikneu. An den Füßen neue Schuhe, Modell Church's, zum Schnüren, schwarz; um den Hals eine marineblaue Krawatte über einem hellblauen, groß karierten Oberhemd. Ein brauner Aktenkoffer in der Hand vervollständigte seinen Gentleman-Look.

»Celio Doppelkopf!«, rief Trickson.

---

22. Meister der Geschäfte.

»Mechanisch und elektronisch«, setzte Face ya Yézu nach. Seine Freunde beglückwünschten ihn schon jetzt lautstark zu allem, was ihm in den letzten Stunden widerfahren sein mochte. Während sie versuchten, seinen Blick zu ergründen, und sein Parfüm schnupperten, konnten sie feststellen, dass das Glück endlich seinen triumphalen Einzug im Leben von Celio Matemona, bekannter unter dem Spitznamen »Celio Mathematix«, gehalten hatte. Dass die neuen Schuhe und sein Anzug nach italienischem Schnitt nur der Beginn von etwas sehr viel Größerem waren. Und was spielte es da für eine Rolle, wie sein momentanes Glück beschaffen war! Celio hatte nichts zu verlieren und deshalb alles zu gewinnen.

»Was guckt ihr? Habt ihr noch nie Celio Matemona gesehen, oder was?«, fragte er streng. »Wisst ihr nicht, dass mich das, was ihr hier seht, seit langem erwartet hat? Dass die Unterlagen, die ich immer mit mir herumgetragen habe, für diese Aktentasche bestimmt waren? Dass ich nicht für nichts und wieder nichts so lange mit Pythagoras und seinem gleichnamigen Satz zusammengehockt habe? Aber jetzt erstmal eine klare Ansage: eine Runde Fleischspieße, Chikwangues und zu trinken für alle!«

»Oh, Celio!«, antwortete es im Chor. Die kleine Versammlung vergaß die Diskussion über die Demokratie und erging sich in Kommentaren und Fragen zu Celio Matemonas Großzügigkeit und seinem jüngsten Erfolg.

Auch wenn Celio bisweilen von Menschen, die ihn nicht gut kannten, für einen »Durchschlängler« gehalten wurde, so machte er im Moment doch Punkte. Alle, die um den *ligablo* herumstanden, waren von seinem neuen Outfit beeindruckt. Der junge Mann schien den Jackpot geknackt zu haben. Allerdings ist die Bezeichnung »Durchschlängler«, mit der ihn böse Zungen gelegentlich bedachten, nie ganz aus der Luft gegriffen. Wer so genannt wird, ist es irgendwo auch. Dabei ist jedoch Vorsicht geboten, denn der betreffende Zustand ist weder offenkundig noch dauerhaft, er hängt ganz einfach von den Umständen ab. Die Neigung zum Durchschlängeln hat auch nicht nur negative Seiten. Denn auch wenn der Durchschlängler als Gaukler, Schwindler und Opportunist gilt, so schlängelt er sich eigentlich nirgends heraus. Im Gegenteil, er ist jemand, der mit allen Mitteln Hindernisse überwindet, die Grenzen des Unmöglichen verschiebt, auf die gläsernen Decken pfeift. Mathematisch ausgedrückt, verstand Celio sich als positiven Durchschlängler und wurde zweifelsohne auch so wahrgenommen.

Nachdem die jungen Leute die scharfen Fleischspieße genossen und ihren Durst gestillt hatten, schoben sie Sitzbank und Damespiel zurück an ihren Platz im Schatten von Mutter Bokekes Hütte. Die Geschichte, die Celio ihnen zu erzählen hatte, war ja womöglich nicht für uneingeweihte Ohren bestimmt.

Gestern am späten Vormittag hatte der Geländewagen von Stabsfeldwebel Bamba ihn hundert Meter von hier aufgelesen. Celio hatte ein reines Gewissen, aber Landus durchdringender Blick hatte ihn beunruhigt. Und das umso mehr, als die Dinge seit Baestros Tod nicht mehr so eindeutig waren. Da war zuerst der Besuch des hohen Würdenträgers mit den Kaimanlederschuhen gewesen. Dann hatte man Gaucher nicht mehr auf der Parzelle gesehen. Und in der Zwischenzeit hatte die Tante einen zweiten Besuch des Staatsmannes erhalten. Sie sprach nur noch andeutungsweise vom Tod ihres Neffen und von Gauchers Verschwinden. Als hätte sie vor etwas Angst. Man glaubte zu wissen, dass sie überall herumgelaufen war und ihren Neffen gesucht hatte. Sie hatte, wie es schien, sogar die Gefängnisse und die Krankenhäuser abgeklappert, aber umsonst. Gaucher war ganz einfach verschwunden. Man hoffte nur, dass er eines Tages wieder auftauchen oder ein Lebenszeichen von sich geben würde.

Der Geländewagen brachte Celio nur bis hinüber zum großen Fluss ins Gombe-Viertel. Sie fuhren auf das Grundstück des Informations- und Planungsbüros. Bamba öffnete ihm wortlos den Wagenschlag und führte ihn in die Villa hinein. Man ließ ihn in einem Vorzimmer warten. Schließlich wurde er zu Gonzague Tshilombo geführt, der hinter seinem monumentalen Schreibtisch stand, mit ausgestreckter Hand und einem Willkommenslächeln auf den Lippen. Celio versuchte, den Blick hinter den Brillengläsern zu enträtseln, und drückte seinem Gastgeber die Hand, bevor er auf dem Stuhl, den dieser ihm anbot, Platz nahm.

Tshilombo sprach geradeheraus. Er erklärte ihm, dass es Zeit war, eine neue Generation in die Staatsgeschäfte einzuführen. Dass das Land die Energie seiner von Kompromissen noch unberührten Jugend nutzen musste. Dass der Präsident einen neuen Blickwinkel brauchte. Er sagte ihm, dass er auf ihn aufmerksam geworden war und ihn in sein Mitarbeiterteam aufnehmen wollte. Sein Platz war hier, als Berater. Um ihm klarzumachen, dass er Erkundigungen über ihn eingeholt hatte, sprach Tshilombo daraufhin über Celios Kontakte im Wohltätigkeitsbereich und mit wem er Umgang pflegte. Er erwähnte sogar Sido, die Gelegenheitsfreundin aus dem »Dickicht«, und selbstverständlich be-

richtete er ihm von Pater Lolos. Tshilombo beendete seinen Monolog mit der Bemerkung, dass er ihm eine Nacht gab, um über seinen Vorschlag nachzudenken, dann stand er auf.
»Wenn unser Angebot Sie interessiert, seien Sie morgen um halb elf hier«, sagte er und hielt Celio einen dicken, braunen Umschlag hin.
»Und ziehen Sie sich um.«

Celio war sich im Klaren darüber, dass der Chef ihm keine Zeit zum Nachdenken gelassen hatte und dass hinter dem plaudernden Mäuschen das Gebiss eines Krokodils lauerte, daher war Celio zu den Senegalesen von Matonge gestürmt, um seine Garderobe zu erneuern, mit der er sich am nächsten Tag um zehn Uhr fünfundzwanzig im Informations- und Planungsbüro einfand.
Er war von der gedämpften Atmosphäre des Ortes sehr beeindruckt. Es waren nur wenige Mitarbeiter da, zwei Sekretärinnen, ein paar junge Leute, die ihre Zeit vor Computerbildschirmen verbrachten, um Dokumente durchzusehen oder Berichte zu verfassen. Einige Militärs in Zivil, darunter Bamba und Landu, waren mit der Sicherheit und der Logistik betraut. Alles in allem ein Dutzend Personen. Er war wieder zum Chef geführt worden, der ihm Fragen zu seinem Studium gestellt hatte. Darüber kamen sie auf die Mathematik. Celio beschloss, Tshilombo für seine Ansichten zu interessieren und ihm eine Ahnung von der idealen Welt, in die er selbst sich versenkte, zu geben. Er wollte ihm begreiflich machen, dass alles darin einfacher war. Er hatte zwei Minuten, um es zu schaffen.
Wenn Celio in seinem Leben jemals den Durchschlängler hatte geben müssen, dann jetzt. Hier und nirgendwo sonst,

denn ein guter Durchschlängler ist, sobald er etwas vor allen anderen weiß, dazu in der Lage, die Situation zu seinem Vorteil zu nutzen. Wie bestimmte Zauberkünstler versteht er es, mithilfe eines Köders zu überzeugen. Der junge Mann fackelte nicht lang.

»Wissen Sie, wir Mathematiker hängen unser Herz nicht an materielle Dinge. Wir versuchen einfach, Objekte wie Punkte, Mengen und Räume zu untersuchen. Diese Realitäten sind nicht wie die meisten Gegenstände, die uns umgeben, sie sind von allem unabhängig: von der Kultur der Menschen, von der Energie ebenso wie von der Materie. Sie sind sehr viel stabiler als die physische Wirklichkeit. Darüber hinaus besitzen sie den Vorzug, jenseits der Grenzen von Zeit und Raum zu liegen. Im Grunde wie himmlische Wesen. Einige von uns haben sogar geglaubt, dass die physische Welt entsprechend der mathematischen Welt geschaffen wurde, können Sie sich das vorstellen?«

Tshilombo konnte sich gar nichts vorstellen. Worauf wollte dieser Kretin hinaus? Der Direktor blieb völlig ungerührt und versuchte, nicht den Faden zu verlieren, während der Kerl erzählte. Celio bemerkte seinen Zweifel. Er spürte die Unschlüssigkeit seines Publikums. Er wich auf ein Terrain aus, das für sein Gegenüber sehr viel beruhigender war.

»Aber hier im BÜRO haben wir es mit der menschlichen Materie zu tun. Vor ihr muss man sich in Acht nehmen, Herr Direktor, denn sie ist von allen Substanzen die flüchtigste. Wenn man jedes Individuum als isoliertes Atom begreift, läuft man dummerweise Gefahr, dass es sich in alle Richtungen auflöst. Dass es unkontrollierbar wird. Wirken wir daher lieber auf die Masse ein, die ihrerseits zu einem bestimmten Moment notgedrungen auf Wechselwirkun-

gen stößt, die sie in ihren Bewegungen einschränken. Unsere Aufgabe ist es dann, diese Wechselwirkungen wie in der Mathematik zu erforschen. Das Wie und Warum zu ergründen und Nutzen daraus zu ziehen. Die Information ist auf jeden Fall da und ermöglicht es uns, alles über die Masse zu erfahren, und das jederzeit.«
Tshilombo versuchte herauszufinden, ob da eine Falle war. Alles, was dieser Typ sagte, war verdächtig, aber stichhaltig. Es gab sogar Stoff zum Nachdenken. Bei diesem Jungspund würde man die Zügel kurz halten müssen, seine Gedanken gingen allzu seltsame Wege. Daher dauerte ihre Unterredung länger, als es die Form verlangte.
Im Anschluss daran verbrachte Celio den Nachmittag in Gesellschaft der anderen Mitarbeiter. Man zeigte ihm, worin die Arbeit bestand. Sie hatten den Auftrag, tagein, tagaus Informationen auf nationaler und internationaler Ebene zusammenzutragen. Diese Nachrichten wurden sortiert und, wenn möglich, zueinander in Beziehung gesetzt. Und zuletzt abgelegt. Die Ergebnisse dieser Übung standen ausschließlich dem Chef zur Verfügung. Er allein konzipierte und orchestrierte all diese Elemente. Celio hatte sehr schnell begriffen, dass das Informations- und Planungsbüro als Resonanzkörper für gewisse Informationen diente, die zu staatlichen Propagandazwecken weiterverwendet wurden. Das war zwar alles nicht ganz koscher, aber in keinem Augenblick konfrontierte Celio es mit seinen eigenen Überzeugungen. Die legte er vorerst auf Eis. Er stellte sich keine Fragen, weder zu der Arbeit, die er würde verrichten müssen, noch zu seinen Auftraggebern. Er hatte von nun an einen, wie es schien, festen Job, und das war das Wichtigste.

Welcher junge Mann träumte nicht davon, an seiner Stelle zu sein? Wenn der Lauf der Dinge die Menschen auf Irrwege führte, dann war man im Grunde nichts anderes als der Spielball des Schicksals. Bislang hatte selbiges für ihn nur die bitterste Not bereitgehalten. Sein Magen war zu lange leer gewesen, Celio hatte genug von der Armut und sparte sich seine Skrupel für andere Gelegenheiten auf. Hier bot sich ihm die Möglichkeit, seine kreativen Talente voll auszuschöpfen, und er hatte nicht die Absicht, sich diese Chance entgehen zu lassen. Er würde Verstand und Einfallsreichtum vereinen. Es war jetzt nicht der richtige Zeitpunkt, um auf Gonzague Tshilombo und die Aktivitäten des BÜROS moralische Maßstäbe anzulegen. Celio bemerkte allerdings, dass der Ehrgeiz die größte Stärke und zugleich größte Schwäche seines neuen Chefs war. Darüber hinausgehend wollte der junge Mann sich nicht die Mühe machen herauszufinden, was man von ihm verlangen würde, um diesen Ehrgeiz zu befriedigen.

Seinen ersten Tag brachte er damit zu, sich mit den Örtlichkeiten vertraut zu machen. Lernte Stabsfeldwebel Bamba und den Gefreiten Landu besser kennen. Von dem friedlichen Garten aus sah er lange auf den großen Strom hinaus. Um seine Euphorie und das Schwindelgefühl, das die neue Situation hervorrief, abzuschwächen, machte er seinen Geist frei und verbot sich, an seine Zukunft zu denken, so wie einer, der sich versucht fühlt, auf dem Wasser zu gehen, und seinen ganzen Willen zusammennehmen muss, um diesen inneren Drang zu bändigen. Darüber konnte er später immer noch nachdenken.

IV

Die schädlichen Algorithmen

Auf der Avenue Bokassa hatte sich ein Stau gebildet. Der Grund war ein Schlagloch auf der Fahrbahn, in dem man ein Zwergnilpferd hätte versenken können. Landu saß hinterm Steuer und fing an, sich aufzuregen. Die Regenzeit hatte vor Kurzem wieder eingesetzt und den erbärmlichen Zustand der Straßen in Kinshasa noch verschlimmert.

»Gebt mir die Akte Straßenbau, und dann sehen wir, wie sich diese Stadt verändern wird«, brauste Landu auf. »Als Erstes verhafte ich alle Unternehmer auf den öffentlichen Baustellen, diese Banditen, die am Asphalt sparen. Und ich lasse sie erst wieder frei, wenn alle Straßen repariert sind. Das ist doch nicht zum Aushalten, eine Schande ist das!«

Bamba dagegen schien die Frage nicht sonderlich zu berühren. Nach ein paar gekonnten Schlangenlinien ging es weiter, und sie bekamen wieder festeren Boden unter die Räder. Landu fixierte die Straßenmitte und sagte im Plauderton:

»Mein Kommandant, was hältst du von dem Neuen, den der Chef gerade eingestellt hat? Redet ja nicht viel, sieht aber ganz nett aus, oder?« Bamba brummte etwas Unverständliches. Landu fixierte die Straßenmitte noch intensiver. Das Ergebnis seiner Meinungsforschung war nicht eben brillant. Er atmete durch und sagte:

»Mein Kommandant, ich weiß, es geht mich nichts an, aber seit einiger Zeit sehe ich, dass du dir Sorgen machst, dass du zu still bist. Aber wenn es meinem Kommandanten nicht gut geht, wie kann es mir da gut gehen? Ich weiß schon, ich bin nur dein Kleiner, aber vielleicht, wenn du mir ein wenig erzählst, was dir zu schaffen macht, vielleicht kann ich dir dann helfen? *Mwana moke abetaka mbonda, bakolo mpe babinaka.*[23]« Bamba drehte sich zu dem Gefreiten Landu um, sah ihn einen Moment lang an und ließ seinen leeren Blick irgendwohin jenseits der Motorhaube wandern.

»Kleiner, im Leben muss man manchmal seine Grenzen akzeptieren.« Bamba redete, als spräche er mit sich selbst.

»Das Huhn frisst nur, was auch seinen Hals runter-«

»-geht, mein Kommandant!«

»Gut! Kleiner, ich glaube, ich habe etwas geschluckt, das zu groß für mich ist. Behalte gut in Erinnerung, was ich dir heute sage: Widersetz dich nie den Anordnungen der Ahnen.« Nachdem Bamba sich etwas entspannt hatte, erzählte er von dem Hexer Mbuta Luidi. Landu kannte den Kerl, er hatte ihn zusammen mit seinem Vorgesetzten besucht, als sie einmal auf der Suche nach einem Journalisten waren, der Verleumdungen über die Regierung und den Staatschef geschrieben hatte. Der Stabsfeldwebel berichtete ihm von den Forderungen des Hexers und von der Schwierigkeit, einen geliebten Menschen zu opfern. Natürlich dachte er

---

23. Wenn das Kind die Trommel schlägt, tanzen auch die Erwachsenen. (Lingala-Sprichwort)

dabei an seine Frau und seine Kinder. Er besaß zwar einige persönliche Dinge, die ihnen gehörten und die sie bei einem ihrer letzten Besuche in der Hauptstadt vor über zwei Jahren dagelassen hatten, aber er konnte sich nicht vorstellen, dem Hexer diese Gegenstände zu bringen, und er hatte keine Ahnung, wie er aus dieser Zwickmühle wieder herauskommen sollte.

»Mein Kommandant, dieser Hexer kommt aus meiner Heimatregion. Lass mich Erkundigungen über seine okkulten Techniken einziehen. Einer meiner Onkel ist Experte auf dem Gebiet, ich werde mit ihm darüber sprechen, aber keine Sorge, ich werde ihm nicht sagen, dass es um dich geht. Vielleicht finden wir ja eine Lösung für dein Problem.«

»Kleiner, man spielt nicht mit dem Jen-…?«

»Mit dem Jenseits, mein Kommandant.«

»Willst du, dass ich sterbe oder dass meine Ahnen mich verrückt werden lassen? Die Hexer sitzen am längeren Hebel. Ich an deiner Stelle würde diese Angelegenheit nicht auf die leichte Schulter nehmen.«

»Ich weiß, mein Kommandant, aber mein Onkel Ndombasi hatte viel mit diesen Leuten zu tun. Es wäre nicht das erste Mal, dass er ein Problem regelt. Entspann dich so lange. Wie wär's, sollen wir im ›How are you?‹ was trinken gehen? Wir sind hier ganz in der Nähe.« In diesem Moment hätte Bamba sich überallhin kutschieren lassen. Sein Pakt mit Mbuta Luidi drohte sowieso, noch viel weitreichendere Konsequenzen für ihn zu haben.

Noch am selben Abend ging Landu seinen Onkel mütterlicherseits besuchen. Nachdem er einen Knirps losgeschickt hatte, um zwei Bier zu kaufen, nahm er Ndombasi beiseite, um ihm das Problem seines Stabsfeldwebels auseinanderzusetzen. Er erzählte ihm von Mbuta Luidi, den der Onkel vom Hörensagen kannte. Er selbst stammte aus Kwilu-Ngongo, und der Mann war in der Region bekannt. Seiner Meinung nach war Mbuta Luidi kein Hexer der Art »Zwölf Böse«. Mit anderen Worten, er besaß nicht die zwölf Dämonen der Hexerei, stand in der Hierarchie also nicht ganz oben. Er war mächtig, aber er sah nicht alles, konnte nicht alles abwehren.

»Du könntest ihm seine eigenen Ohren als Opfergabe bringen, er würde es nicht merken«, vertraute ihm der Onkel an. »Was glaubst du, warum er sich in Kinshasa niedergelassen hat? Um das Zepter zu schwingen! Weil es bei uns sehr viel wirksamere Hexer gibt als ihn.« Der Onkel erzählte ihm noch mehr. Gemeinsam gingen sie die Möglichkeiten durch. Er gab ihm sogar einige Ratschläge. Der Onkel mütterlicherseits verschwand für ein paar Minuten in seinem Zimmer und kam mit einem Amulett an einer Schnur zurück, das er Landu übergab. Dieser würde es später am linken Bizeps unter dem Hemd festmachen, um sich selbst zu schützen, man wusste ja nie. Mit der Finsternis konnte man gar nicht vorsichtig genug sein, und das, was er zu tun hatte, barg Gefahren.

Am nächsten Tag im BÜRO berichtete Landu Bamba von seiner Unterhaltung mit dem Verwandten. Das verschmitzte Lächeln des jungen Soldaten beruhigte den Stabsfeldwebel. »Mein Kommandant, es ist noch nicht alles verloren, schon morgen bekommst du eine Lösung für dein Problem.«

Der Regen bildete einen durchscheinenden Vorhang auf den Scheiben des Geländewagens. Landu unterdrückte ein

Gähnen. Er hätte schon längst im Bett sein sollen, aber er hatte beschlossen, heute Nacht aktiv zu werden. Man musste diesem Hexer das Handwerk legen. Der junge Soldat mochte nicht, welche Macht diese Leute über andere hatten. Er wartete einen günstigen Moment ab, um Mbuta Luidi entsprechend dem Plan, den er mit seinem Onkel Ndombasi ausgeheckt hatte, einen Besuch abzustatten. Zum Glück konnte er den Wagen über Nacht behalten. Bamba hatte ihn nicht gefragt, was er damit vorhatte. Morgen wollte Landu ihn überraschen.

Der Gefreite hatte nicht weit von der Hütte des Hexers geparkt. Das Viertel war menschenleer, der Regen hatte den Nachtschwärmern, die sich noch hätten herumtreiben können, jede Partylaune ausgetrieben. Gegen zwei Uhr morgens ließ der Regen nach, wenn man das so nennen konnte. Landu fasste sich an den linken Arm, wo das Amulett festgemacht war und öffnete die Wagentür. Die heftigen Schauer zwangen ihn, den Kopf zu senken. Binnen einer Sekunde war er komplett durchnässt. Der Boden war schwer und rutschig, aber seine Rangers griffen gut. Überall rann das Wasser in Strömen, suchte sich eine Wagenspur, einen Tümpel, einen Rinnstein, in die es sich hineinstürzte. Der Gefreite ging den Weg zum alten Friedhof hinunter und fand die Hütte des Hexers. Der donnernd niedergehende Regen machte die Konturen unscharf. Der bleiche Mond war zu schwach, die Formen verschwammen. Der junge Soldat näherte sich dem Häuschen und ging darum herum. Er fand, was er gesucht hatte. Ein paar senkrecht aufgestellte Wellblechplatten bildeten eine Art improvisierte Duschkabine: den *kikoso*. Landu schlich sich hinein. Auf einem auf den Boden gelegten Mauerstein stand ein Plastikbecher mit einer biologischen Zahnbürste, die ein Lächeln auf das Gesicht des Soldaten zauberte. Er griff nach dem Gegenstand, einer Art Lakritzstange, wie sie nur noch von alten Leuten zum Zähneputzen verwendet wurde. Bevor er ging, schnipste er den Becher um, als wäre ein streunender Hund vorbeigelaufen. Das junge Kommandomitglied zog sich geordnet zum Geländewagen zurück, Mission erfüllt. Die auf den Boden trommelnden Regentropfen verwischten alle Spuren, die die Rangers des Gefreiten Landu hätten hinterlassen können.

Am nächsten Morgen fuhr er durch die Rue Kanga-Kanga, um Bamba abzuholen. Als er hupte, stand der Stabsfeldwebel schon bereit. Das Viertel wachte langsamer auf als gewöhnlich. Die Kühle des Regens, der die ganze Nacht niedergegangen war, verleitete so manchen, noch im Bett zu bleiben. Landu fuhr los und bog links in die Avenue Kasa-Vubu ein.

»Mein Kommandant, das hier hat mir mein Onkel für dich mitgegeben.« Landu legte das kleine Stück Holz, dessen eines Ende ziemlich oft als Bürste gedient hatte, auf das Armaturenbrett. Bamba betrachtete den Gegenstand misstrauisch und mit Widerwillen.

»Was ist das?«, fragte er.

»Ein Stöckchen zum Zähneputzen, hat mir mein Onkel gegeben. Du solltest dem Hexer doch den persönlichen Gegenstand eines geliebten Menschen bringen, oder nicht? Hier ist er.« Landu zeigte auf die unbekannte Bürste. »Kümmer dich nicht darum, wo das Ding herkommt. Onkel Ndombasi hat mir versichert, dass er es gut bearbeitet hat, du brauchst niemanden aus deiner Familie mehr zu opfern. Nur der Onkel weiß, woher das Ding stammt, dein

Hexer wird überhaupt nichts merken, er wird glauben, dass diese Bürste wirklich jemandem aus deiner Familie gehört, und er wird dir geben, was du willst.«
Alles in allem, überlegte Bamba, stammte Landu ja aus einer Region, in der die Hexerei fast schon als Wissenschaft galt. Landu hatte sicher recht, wichtig war jetzt, den Pakt mit dem Hexer einzuhalten. Was spielte es da für eine Rolle, wo das Stück Holz herkam? Er würde ein wenig abwarten und Mbuta Luidi in ein, zwei Wochen aufsuchen. Bis dahin musste er nur noch einen ordentlich schwarzen Hahn auftreiben, und sein Problem war erledigt.

Im Gombe-Viertel malte die Nacht tiefschwarze Schatten auf königsblauen Grund. Vor dem Hangar des »Dickichts«, in dem Celio und seine Freunde wohnten, warf ein Feuer aus Holzscheiten Funken ins Dunkel. Eine eindringliche Musik umhüllte die Stille. Sitzende Gestalten klatschten rhythmisch in die Hände. Eine hohl klingende Gitarre begleitete einen wehmütigen Gesang. Ein Querschnittsgelähmter war auf seine vier Gliedmaßen gestützt wie ein schreckhaftes Pferd und vollführte mit schlenkernden Bewegungen einen Tanz von ganz eigener Symmetrie. Ein anderer, ein Krüppel ohne Beine, schwang seinen Oberkörper wie ein wild gewordenes Pendel. Das Lied ging weiter, die Augen der Frauen, die die Gegenmelodien anstimmten, schlossen sich in Trance. Die Musik dehnte die Nacht aus. Die meisten Bewohner des Hangars hatten sich nach Hause zurückgezogen, zwischen die Wände aus Karton. Den Tag über hatten sie versucht, aus der Stadt herauszuholen, was herauszuholen war, mit allen Mitteln. Die in regelrechten Kommandos organisierten Behinderten hatten die Reichen beim Einkaufen bedrängt. Sie stürzten sich wie ein Hornissenschwarm auf ihre Beute. Schrien in einem fort um Mitleid, führten ihre verkümmerten Glieder vor, klammerten sich an Kleider und Taschen, setzten auf das Schuldgefühl. Die Taschendiebe waren den ganzen Morgen auf dem Großen Markt und in der Stadt aktiv gewesen und hatten in den ewigen Menschenmassen ihre Fingerfertigkeit unter Beweis gestellt. Die Spezialisten des Schmuckabreißens hatten ihre Beute schon längst bei irgendeinem westafrikanischen Schmuckhändler in Barumbu abgestoßen. Die fliegenden Händler und die Schuhputzer machten ihre Abrechnungen und träumten von künftigen Finanzanlagen. Die Prostituierten dagegen stolzierten noch über den Boulevard, sie waren sich ihres Jobs gewiss, die Männer sind, wie sie sind, daran würde sich so schnell nichts ändern.

Negative Zahlen, reziproke, irrationale und numerische Gleichungen, abgeleitete Rechnungen. Der Satz des Thales, die Begriffe der Trigonometrie. Geometrie im Raum, grundlegende Eigenschaften der Ebene, gerader Kreiskegel, Differenz zweier Vektoren. In der Abgeschiedenheit seines Kämmerchens blätterte Celio Matemona unter der tanzenden Beleuchtung behutsam in seinem *Kurzen Abriss der Mathematik für die Sekundarstufe* von Kabeya Mutombo in der Ausgabe von 1967. Hin und wieder glättete er mit vorsichtigem Druck die von der Zeit speckig gewordenen Seiten. Der junge Mann legte die Handflächen so achtsam auf, als wolle er ein letztes Vibrieren, eine allerletzte Botschaft des Werkes erspüren. Er kannte das Buch in- und auswendig. Hatte sich vorbehaltlos hineinversenkt, ganze

Nächte darin verbracht. Er hatte jedes noch so kleine Komma, jedes noch so banale Pluszeichen in sich aufgenommen und so intensiv angeeignet, dass der Inhalt buchstäblich in ihm lebte.

Die Lehrsätze und Definitionen darin waren für ihn wahre Orakelsprüche gewesen. Er hatte sie blind angewandt, sie benutzt wie Gewinnsysteme. Die komplizierten Grafiken und Schemata führten ihn zurück zu Erinnerungen so klar wie eine Diashow. Jedes Kapitel, jeder Paragraf, jeder Absatz enthielt eine lebenswichtige Lösung, einen spektakulären Umschwung und manchmal auch eine Enttäuschung. Durch das viele Blättern waren die Seitenränder des Buches abgenutzt und schartig geworden, die Ecken rund und brüchig.

Obwohl er es so sorgfältig behandelte, waren manche Seiten zerknittert, andere existierten ganz einfach nicht mehr. Ein Stück durchsichtigen und mit der Zeit vergilbten Klebestreifens lief quer über eine von ihnen. Celio erinnerte sich an jenes Zerreißen; daran, wie das Schulbuch von Bank zu Bank flog. Er hatte gegen die ganze Klasse kämpfen müssen, um es zurückzubekommen. Wegen seiner maßlosen Liebe für die Mathematik war der Junge oft die Zielscheibe der Hänseleien. Aber was konnte er dafür? Wenn das Universum in seiner ganzen Komplexität auf diesen Grundlagen funktionierte, warum sollte er, Celio, die Ausnahme sein? Wie dem auch sei, jetzt würde er die Vergangenheit wettmachen. Ob man es wollte oder nicht, er würde sein Wissen einsetzen, um die Aktivitäten des Informations- und Planungsbüros zu sublimieren, daran würde Tshilombo sich gewöhnen müssen.

An seine Arbeit zu denken, hielt Celio wach. Er hatte noch immer keinen präzisen Aufgabenbereich, und er brannte vor Ungeduld. Tshilombo hatte ihn seit ihrer ersten Unterhaltung nicht einmal mehr angesprochen. Wenn er wüsste, wie viel Zeit sie schon verloren hatten! Angesichts der Möglichkeiten, über die er verfügte, war Celio versucht, ihm zuvorzukommen. Die einzige Aktion des BÜROS, von der er bislang wusste, waren die von Tshilombo orchestrierten Versammlungen, deren letzte Baestro das Leben gekostet hatte. Nicht gerade glorreich. Es musste möglich sein, es besser zu machen.

Okay, eine Zeit lang mochte es so noch funktionieren. Die Bevölkerung würde sich wohl noch eine Weile von den Fernsehbildern aufgeheizter Aktivisten täuschen lassen, aber Ruhe garantierte das nicht. Es stand sehr schlecht um das Land. Überall gab es Spannungen. Die Bevölkerung war auf eine harte Probe gestellt und wurde ungeduldig, man riskierte den großen Knall.

Auf internationaler Ebene kamen von allen Seiten nichts als Drohungen. Man musste schnellstmöglich reagieren. Celio hatte da schon etwas im Kopf, aber die Idee musste sich noch ihren Weg bahnen. Im Moment ging es um eine einfache Gleichung ohne wirkliche Bedeutung:

$x = -y$

x seien sie, $-y$ seien wir

Ein einfaches Postulat, aber es gab noch Details, die er mit Tshilombo besprechen musste. Der Haken war Celios eigener Handlungsspielraum, denn dieser würde den nötigen Koeffizienten bestimmen. Was das Innenpolitische betraf, wurde die Opposition zum echten Problem. Die leeren Worthülsen der Politiker fingen an, Celios Intelligenz ernst-

haft zu beleidigen. Eigentlich durfte das BÜRO diese Dinge nicht ignorieren.
Langsam, aber sicher wuchs Celio in seine neue Rolle hinein. Es wurde ihm bewusst, dass er einen wichtigeren Part würde spielen können als die anderen jungen Leute, mit denen er zusammenarbeitete. Er konnte sich im Übrigen nicht vorstellen, welchen zusätzlichen Nutzen er im Team bringen sollte. Sicher war er nicht eingestellt worden, um wie seine Kollegen als Dokumentar zu arbeiten. Er wollte konkrete Aktionen in die Wege leiten. Die Zeit der Arbeitslosigkeit war vorbei. Endlich hatte jemand seine Fähigkeiten erkannt. Er begriff noch nicht ganz, durch welche Alchemie, aber jetzt war es eine Tatsache: Er arbeitete für die Präsidentschaft der Republik. Nun lag es an ihm, geschickt zu manövrieren, damit Celio Matemona alias Celio Mathematix schon bald im ganzen Land bekannt wurde.
»Du schläfst noch nicht?« Sidos samtweiche Stimme riss ihn aus seinen Überlegungen. »Bist du denn nie müde? Alle sind eingeschlafen, nur du, du bist noch auf.« Celio drehte sich zu ihr um. Sido hatte sich zum Schlafengehen bereit gemacht, sie trug nur noch einen auf Brusthöhe geknoteten Pagne. Er streckte seine Hand aus, die sich ganz natürlich auf die Wölbung ihres Rückens legte. Er atmete tief ein und ließ sich von dem würzigen Duft, den sie verströmte, berauschen. Das rief Dinge in ihm wach, die er lange vergessen hatte. Seit einigen Tagen fühlte er, dass neues Leben in ihn kam. Sido hatte sich nicht geirrt. Sie nahm neue Eigenarten an ihm wahr: Ehrgeiz, Hartnäckigkeit, Wut. Sie kam näher, wobei sie den Vorhang hinter sich fallen ließ, der den Raum hermetisch abschloss. Sie murmelte Celio etwas ins Ohr, das sie beide zum Lachen brachte. Sie flü-

sterten noch eine Weile, aber bald legte sich bedeutungsvolles Schweigen über die kleine Kammer. Und zu den Schatten, die die Petroleumlampe warf, gesellten sich zwei Silhouetten, die einander in der Nacht suchten und von denen eine der anderen ihren Willen aufzudrängen versuchte.

Der ununterbrochene Strom Tausender von Fußgängern auf ihrem Weg zur Arbeit war um diese Uhrzeit noch nicht versiegt. Aus Mangel an Transportmitteln oder Geld waren die Bewohner von Kinshasa gezwungen, in dieser gewaltigen Stadt die zehn, zwanzig Kilometer, die sie von ihrem Arbeitsplatz trennten, zu Fuß zurückzulegen. Manche kamen vom weit entfernten Stadtrand bis ins Zentrum, jenen mythischen Ort, den sie schon in ihren jeweiligen Dörfern heraufbeschworen hatten. Die schimmernden, ultramodernen Hochhäuser, die unzähligen Fahrzeuge, der scheinbar greifbare Überfluss hatten wie ein Zauber auf sie gewirkt, und jeden Morgen kamen endlose Menschenschlangen wie Ameisenheere, um dieser unersättlichen und grausamen Königin zu huldigen, die sich tagtäglich an ihren Träumen und ihren Hoffnungen nährte.
Der metallicgraue Mercedes glitt ungerührt dahin. Gonzague Tshilombo saß geistesabwesend am Steuer. In einer Ecke der Rückbank saß Kapinga und schmollte. Hin und wieder warf Tshilombo einen misstrauischen Blick in den Rückspiegel, aber seine Gedanken waren von seiner Arbeit gefangen genommen. Er dachte an diesen jungen Celio Matemona. Der Bursche war zwar etwas exzentrisch, aber Tshilombo war doch davon überzeugt, dass er die richtige Wahl getroffen hatte. Seine Intuition trog ihn selten, denn

er hatte einen guten Riecher, konnte Menschen einschätzen. Er hatte festgestellt, dass der Neue spielend leicht analysierte und dass er sich daher bestimmt gut eignete, Daten zu verarbeiten und gegebenenfalls zu interpretieren. Im musikalischen Sinne zu interpretieren natürlich. Tshilombo war auch davon überzeugt, dass das BÜRO mehr kommunizieren musste. An den sensiblen Fronten präsenter zu sein hatte.

»Das hast du mit Absicht gemacht«, stieß Kapinga von der hinteren Bank hervor. Tshilombo tauchte aus seinen Gedanken auf. Was wollte sie damit sagen?

»Wie bitte?«, fragte er in den Rückspiegel. Das junge Mädchen sprach mit verhaltener Wut.

»Das hast du mit Absicht gemacht, dass du mich vorhin im Bad überrascht hast.«

»In ›meinem‹ Bad, wenn ich dich daran erinnern darf. Wie mir scheint, gibt es neben deinem Zimmer ein Bad, das dir zur Verfügung steht. Da habe ich wohl das Recht zu fragen, was du in meinem zu suchen hattest.«

»Mir war danach, in Marmor zu baden, *semeki*. Ab und zu ist Marmor angenehm. Meine Haut liebt ihn.« Eine Erklärung, so gut wie jede andere.

Tshilombo war wütend. Ärgerlicherweise hatte er das junge Mädchen tatsächlich in seinem Badezimmer überrascht. Da seine Frau an diesem Morgen sehr früh das Haus verlassen hatte, war er es, der Kapinga jetzt zum Unterricht fuhr. Und das, obwohl er eines begriffen hatte: Je weniger er mit ihr zu tun hatte, desto besser für ihn.

Er wollte lieber nicht mehr daran denken, wie sehr er sich, als er die Tür zum Badezimmer aufgemacht hatte, von ihrer strahlenden Nacktheit hatte überwältigen lassen. Einen Moment lang hatte er mit stillstehendem Herzen ein Paar Brüste gesehen, hoch und fest wie Guaven. Unreife, saure Guaven. Ihre Haut, rötlich wie reines Kupfer, war von Wassertröpfchen bedeckt, die sie noch nicht abgetrocknet hatte. Als er unwillkürlich verfolgte, wie eines davon ihren Bauch hinunterlief, nahm ihr dichtes Schamhaar, tiefschwarz, abgründig und ein wenig auf die Schenkel ausufernd, seinen Blick vollständig gefangen. Kapinga stieß einen Schrei aus und drehte sich schamhaft um, wobei sie sich ein wenig vornüber beugte. Das war noch schlimmer. Während sie um jeden Preis den Anblick der harten, federnden Kugeln ihres Pos verhindern wollte, wanderte der Blick des Schwagers unglücklicherweise weiter nach unten. Zu jenem Schatten, wo die großen Lippen im scheinbaren Gegenlicht Knäuel dunkler, von Feuchtigkeit glänzender Blütenblätter bildeten. Tshilombo meinte, in Ohnmacht zu fallen. Trotzdem gelang es ihm, ein verspätetes »Oh, Pardon!« hervorzubringen und die Tür unter Aufbietung all seiner Beherrschung wieder zuzuziehen.

Er hatte beschlossen, den Zwischenfall nicht mehr zu erwähnen. Als sie vor der Schule ankamen, hielt Tshilombo dem jungen Mädchen ein Bündel Scheine als Taschengeld hin. Kapinga rührte sich nicht, sondern schmollte weiter. Tshilombo legte ein zweites Bündel darauf. Sie setzte ein exakt anderthalb Sekunden dauerndes Lächeln auf. Dann stieg sie aus und ging auf das Gebäude zu, wobei sie ihre Hefte in der einen Hand hielt und sich mit der anderen vergeblich bemühte, den Rock um ihre Hüften und Schenkel glatt zu streichen.

Im Büro angekommen, rief Tshilombo sofort Celio zu sich herein.

»Es wird Zeit, dass Sie Ihre wahren Aufgaben übernehmen«, eröffnete er ihm. Celio saß seinem Chef gelassen gegenüber. Tshilombo war wieder einmal erstklassig gekleidet. Er trug einen dunkelblauen, fein gestreiften Anzug mit drei Knöpfen, der seine Schultern vorteilhaft verbreiterte. Er schob sich die Brille auf der Nase zurecht.

»Zuerst einmal möchte ich Sie ins Bild setzen über die wahre Rolle des Informations- und Planungsbüros innerhalb der von der Präsidentschaft der Republik entwickelten Strategien. Sie müssen wissen, unser globales Ziel besteht keinesfalls darin zu informieren, wie Ihre bisherigen Aufgaben es Sie vielleicht haben glauben lassen. Uns geht es vielmehr um die Frage: Was können wir aus dieser oder jener Information, die in unserem Besitz ist, machen? Unsere Arbeit, mein lieber Celio, ist das Kommunizieren. Stets in angemessener Weise und stets im unmittelbaren Interesse des Präsidenten. Unsere Mission ist es, nützliche Nachrichten zu verbreiten. Mittels Informationen und im Rahmen unserer Möglichkeiten auf die Ereignisse einzuwirken.«

Celio war konzentriert. Endlich ging es ans Eingemachte. Sein Gehirn registrierte, wie die Dinge wirklich lagen. Tatsächlich hatte er schon im Dämmerlicht seines Schlafzimmers über das ein oder andere nachgedacht. Auch er hatte Bedarf zu kommunizieren.

»Denken Sie an ein spezielles Projekt, an dem wir von jetzt an arbeiten könnten?«, fragte er. Darauf hatte Tshilombo nur gewartet.

»Das Vordringlichste ist im Augenblick, die Bevölkerung zu beschwichtigen. Es gibt zu viele Unzufriedene, die man zum Schweigen bringen muss, das wirkt so langsam unordentlich. Wie Sie wissen, war die Regierung in letzter Zeit gezwungen, radikale Maßnahmen zu ergreifen, was eigentlich nicht allzu oft passieren sollte. Da ist es besser, in die Tiefe zu wirken.« In die Tiefe zu wirken, würde heißen, einen echten Demokratisierungsprozess zuzulassen, dachte Celio, aber es war weder der Moment noch der Ort, um darüber zu diskutieren.

»Im aktuellen Kontext müssten die Regierung und vor allem der Präsident ein starkes Zeichen setzen«, begann der junge Mann. »Man müsste wie in der Physik ein Phänomen erzeugen. In diesem Bereich hängt alles von den vier Prinzipien ab, die da sind: Bewegung, Gewicht, Kraft und Stoß. Mit etwas Arbeit lässt sich das ohne größere Probleme reproduzieren.«

»Na ja«, dachte Tshilombo laut.

»Ausgehend von einer harmlosen Information müsste man eine Art Riesenwelle erzeugen, die es vermag, die Bevölkerung in ein und dieselbe Richtung mitzureißen. Um einen Vorgang zu vervielfältigen, empfiehlt der *Kurze Abriss der Mathematik* von Kabeya Mutombo ganz klar die Exponentialfunktion, Chef. Das klappt am besten.«

»Ich kenne Ihren Kabeya Mutombo nicht, aber fahren Sie fort«, gestand Tshilombo ihm zu. Celio war euphorisch.

»Man bräuchte eine Art von Funktion, die einen einfachen Vorgang ins Unendliche verstärkt und gegebenenfalls eine Kettenreaktion erzeugt. Das bekannteste Beispiel einer Kettenreaktion ist, würde ich sagen, die Produktion von Kernenergie, Chef. Man fängt damit an, Uran-235 mit einem Neutron zu beschießen, welches den Urankern in zwei Fragmente teilt. Das ist die Spaltung. Danach geht alles selbsttätig weiter. Beim Zerfallen stößt der Urankern zwei, drei Neutronen aus, die ihrerseits andere Kerne zerle-

gen, die selbst wiederum Neutronen ausstoßen und so weiter. Die Menge an freigesetzter Energie ist unglaublich. Aber brauchen wir«, fragte Celio, »in unserem Fall ein Kernkraftwerk oder eine Atombombe? Der Unterschied liegt einzig in der Kontrolle, in der Stabilisierung.« Tshilombo schwieg immer noch, war in Gedanken aber ganz bei der Sache. Der Junge war wieder einmal dabei, ihn in eine seiner Spinnereien hineinzuziehen. Im Geiste versuchte der Direktor, Argumente zu finden, um den Gedankengang seines Beraters ein wenig zu bremsen, aber da er so gut wie nichts über die Details der Kernspaltung wusste, ließ er sich widerwillig mitreißen. Celio fuhr fort:
»In einem Kraftwerk kontrolliert man die Neutronenfreisetzung sehr genau. Da kann nichts schiefgehen. Und wenn es schief geht, bekommt man Tschernobyl, ganz einfach. In einer Bombe dagegen muss die Neutronenfreisetzung so divergierend wie möglich stattfinden, und das in einer sehr kurzen Zeitspanne, eben um das exponentielle Wachstum zu fördern.« Tshilombo fragte sich immer noch, worauf Celio eigentlich hinauswollte. Der junge Mann redete, mit leicht zusammengekniffenen Augen, als wäre er allein im Raum. Den Oberkörper bequem im Sitz zurückgelehnt, versuchte er nicht zu überzeugen, er drückte sich aus, das war alles.
»Im Hinblick auf die Kommunikation denke ich dabei an die Gerüchteküche. Man könnte sie mit der elementarsten, grundlegendsten Kettenreaktion vergleichen. Sie wissen das ja besser als irgendjemand sonst, Chef, für ein Gerücht braucht es so gut wie nichts. Da reicht eine Kleinigkeit. Eine zum richtigen Zeitpunkt verbreitete Information, die in der Folge ihr Eigenleben entwickelt. Man muss in der Stadt eine Bombe hochgehen lassen, Chef. Das muss in alle

Richtungen losgehen. Die Kinshasaer sind Spezialisten der Gerüchteküche. Sie lieben ihr *radio-trottoir*.« Dieses Mal verstand Tshilombo ihn sehr viel besser.

»Und an was genau denken Sie da?«

»Ich habe so eine vage Idee. Das Image des Staatschefs sollte unbedingt aufpoliert werden. Er muss den aktuellen Aufruhr nutzen, um seinen wahren Platz wieder einzunehmen: über dem Getümmel. Im Dienste des Volkes. Dazu braucht es eine Geste der Selbstlosigkeit, ein Opfer. Nicht notwendigerweise sein eigenes, versteht sich.«

»Etwas präziser, bitte«, forderte Tshilombo.

»Glauben Sie, Herr Direktor, dass der Präsident bereit wäre, ein paar Politiker zu opfern, die ihm jetzt zu Diensten stehen und bestimmt auch nützlich sind, die ihm aber, sobald sie die von uns zugewiesene Rolle innehaben, noch mehr nützen würden?«

»Präziser, Celio.«

»Also. Jeder in Kinshasa weiß, dass ein paar sogenannte Oppositionsparteien in Wirklichkeit vom Präsidenten selbst finanziert werden. Diese Parteien haben den Zweck, im richtigen Moment nützlich zu werden. Wer sind sie? Niemand hat sie bislang einwandfrei identifizieren können. Ein gewisses Gerücht besagt, dass ihre Führer ebenso geheime wie nächtliche Treffen abhalten, um von der Präsidentschaft ihre Dollars und ihre Instruktionen entgegenzunehmen. Nun ist es aber so, dass trotz mancher vager Verdächtigungen niemand je irgendetwas hätte beweisen können. Dieses Gerücht könnten wir uns zunutze machen. Wir könnten beispielsweise Namen in Umlauf bringen. Das Volk von Kinshasa ist empfänglich für pikante Geschichten. Es liegt an uns, ihnen den Rohstoff zu liefern.« Tshilombo begann zu ahnen, worauf Celio hinauswollte. Ein Spaßvogel, der Junge! Mit einem Brummen forderte er ihn auf weiterzusprechen.

»Was meinen Sie, Herr Direktor, wäre der Präsident in diesem Zusammenhang bereit, ein paar seiner Bauern zu opfern? Jedenfalls fürs Erste?«

»Welchen Vorteil hätte er denn davon?«

»Nun ja, sobald diese sorgfältig ausgewählten Politiker, die sich heute Oppositionelle nennen, als Verräter und Komplizen der Staatsgewalt abgestempelt sind, wird die gesamte politische Opposition solidarischerweise mit in den Dreck gezogen, weil die Leute nicht mehr wissen, wem sie überhaupt noch trauen sollen. Wenn dann früher oder später herauskommt, dass sich das Informationsleck nur in der Präsidentschaft selbst befunden haben kann, wird man daraus schließen, dass der Staatschef wohl ein paar zwielichtige Subjekte loswerden wollte, möglicherweise aus dem Wunsch heraus, eine gewisse Unschuld zurückzugewinnen und sich in den Augen des Volkes reinzuwaschen.«

»Und wie viele müssen wir dazu opfern?«, fragte Tshilombo.

»Ein halbes Dutzend? Und das im Zeitraum von allerhöchstens einer Woche.«

»Das wäre machbar. Dunkle Umtriebe ans Tageslicht bringen? Die Idee gefällt mir. Machen Sie mir konkrete Vorschläge, entwickeln Sie einen Plan. Ich werde mit dem Präsidenten darüber sprechen.« Tshilombo schien sich an etwas zu erinnern: »Ach, das hätte ich fast vergessen. Sie werden umziehen müssen. Wir haben ein Apartment am Boulevard du 30 juin, das zu Ihrer Verfügung steht. Künftig werden Sie gemäß dem Standard leben müssen, der dem großen Kommunikator, der Sie sein werden, ansteht.«

Celio nahm sich die Akte sofort vor. Er hatte vollkommen freie Hand, das hatte Tshilombo ihm noch einmal bestätigt. Er beabsichtigte, eine Botschaft in Umlauf zu bringen, die sozusagen das, was das Volk dachte, weiterführte. Es würde genügen, die Botschaft im Fernsehen zu bringen. Sie musste nüchtern und unwiderlegbar sein. Keine einfache Denunzierung, sonst würden die Leute von Verleumdung sprechen, und das brachte nichts. Die Bevölkerung sollte, wie Celio fand, selbst nachdenken. Und das wirksamste Mittel dazu war immer noch, Fragen statt Behauptungen aufzustellen. Die Antworten würden die Leute selbst suchen müssen. Er dachte darüber nach, wie er die Fragen formulieren sollte. Am besten wie ein Polizist, als unausgesprochene Verdächtigung. Um zu verunsichern. Er überlegte, in welcher Form, welchem Übertragungsmodus und welcher Häufigkeit sie ausgestrahlt werden sollten. »Wo waren Sie, Monsieur X, an dem und dem Tag, um soundsoviel Uhr?« Das klang gut, und in der Tat konnte die Frage so manchen in die Bredouille bringen. Zuerst würde sie zwangsläufig von Familie und Freunden aufgegriffen werden, dann von den politischen Mitstreitern und dann vom Rest der Welt; der Beginn der Kettenreaktion. Tshilombo seinerseits verhandelte hart mit dem Präsidenten. Der wollte ohne Garantien eines Ausgleichs keine Namen preisgeben. Der Direktor des BÜROS beruhigte ihn hinsichtlich seiner eigenen Kompetenz und was den Erfolg der Operation betraf.

Beinahe hätte Celio sich in den labyrinthischen, langen Korridoren verlaufen, die das Gebäude von RTN beziehungsweise Radio Télévision Nationale durchzogen. Man zeigte ihm das Büro des Generaldirektors, wo er in einem

Vorzimmer warten musste. Offenbar war die Maschinerie, die seinen Aufstieg beförderte, angesprungen. Tshilombo hatte ihm unumschränkte Vollmacht gegeben, jetzt war er am Ball. Darauf hatte Celio nur gewartet und war glücklich, es dieser politischen Klasse heimzahlen zu können, die nur darauf bedacht war, die Umstände auszunutzen, um ihre niederen Absichten zu befriedigen. Es war an der Zeit, die Kokospalme ein wenig zu schütteln.

Natürlich, für die Präsidentschaft zu arbeiten, barg in dieser Demokratisierungsphase Risiken, was das eigene Image betraf. In Zeiten, wo sich alles von einem auf den anderen Tag ändern konnte, war es besser, sein Image zu pflegen, aber Celio hatte vor, streng zu sich selbst zu sein, er würde sich von nichts beeinflussen lassen. Es war ihm bewusst, dass er Dinge würde ausführen müssen, die vielleicht nicht im Einklang mit der Ethik und Ähnlichem standen, aber er hatte beschlossen, das auf sich zu nehmen. Für das Stück vom Kuchen, das er abbekommen hatte, war er zu einigen Opfern bereit. Was das rein Logistische betraf, so hatte ihm sein Chef ein paar Bündel Geldscheine in die Hand gedrückt, bis er über sein Gehalt Bescheid wusste. Schon morgen früh würden sie das ihm zugedachte Apartment am Boulevard du 30 juin besichtigen. Während sein Leben so neue Gestalt annahm, empfand er auch eine gewisse Wehmut, denn bald würde er das »Dickicht« und seine Leidensgefährten verlassen müssen. Er konnte sie in sein neues Leben nicht mitnehmen. Eine Geburt geht nie ohne Schmerzen vonstatten, sagte er sich, um sich zu trösten.

»Bitte sehr, Monsieur Matemona.« Eine Sekretärin teilte Celio mit, dass Generaldirektor Shungu Olenga ihn erwartete. Und tatsächlich empfing dieser ihn umso eilfertiger, als er eben einen Anruf von Tshilombo erhalten hatte. Der junge Berater setzte ihm den Inhalt ihrer künftigen Zusammenarbeit auseinander. Von nun an würde der Generaldirektor nur noch mit ihm zu tun haben. Er würde Gonzague Tshilombo und das BÜRO vergessen müssen. Olenga, ein klobiger Mann mit verfetteten Konturen, wischte sich trotz Klimaanlage unablässig die Stirn. Er musterte Celio und fragte sich, wo dieser kleine Mann mit der arroganten Miene, der ihn so selbstsicher anredete, herkommen mochte. Allem Anschein nach genoss er Tshilombos volle Unterstützung und damit die der Präsidentschaft. Anders gesagt, das unscheinbare Männchen hatte einigen Einfluss. Der RTN-Generaldirektor verdankte seinen Posten einer großen Bereitschaft zum Konsens.

»Selbstredend«, sagte er. »Wir arbeiten schon lange eng zusammen. Erlauben Sie mir, Ihnen die Person vorzustellen, mit der Sie künftig zusammenarbeiten werden: Mademoiselle Bakkali, verantwortlich für die Werbeabteilung.« Er sprach in ein Telefon, bevor er die Unterhaltung fortsetzte und über die Kapazitäten der neu angeschafften Sendeanlage plapperte.

Celio betrachtete seinen Gesprächspartner eingehend, der sich wieder einmal mit seinem großen Taschentuch die Stirn wischte. Der Kerl verdankte seinen Aufstieg auch seiner ausgesprochenen Charakterschwäche. Er gehorchte Tshilombo bedingungslos. Der perfekte Schutzschild gegen unbequeme Fragen zu den geplanten Anzeigen. Er hielt sich an seinem großen Taschentuch fest wie ein Kind, das nicht groß werden will, an seinem Schnuffeltuch. Celio fühlte sich pudelwohl. Zum ersten Mal in seinem Leben sah sich einer jener großen Männer der Öffentlichkeit ihm,

Celio Matemona, gegenüber zur Unterwürfigkeit verpflichtet. Der junge Mann war angenehm überrascht, etwas derart Neues zu verspüren, gleichzeitig aber war er wieder einmal enttäuscht von den Menschen, die zwar davon überzeugt waren, dass Kleider keine Leute machen, schöne Federn aber schöne Vögel. Seit er mit der Staatsgewalt in Berührung gekommen war, sah man ihn mit ganz anderen Augen. Momentan standen ihm ein Wagen und Leibwächter zur Verfügung, namentlich Bamba und Landu, die nicht schlecht Eindruck machten, wenn er irgendwo auftauchte; die Türen öffneten sich leichter als in den Zeiten, als er noch Schecks für seine NGO gesammelt hatte. Das alles schien ihm jetzt in weite Ferne gerückt.
Die Tür ging auf, und eine junge Frau betrat den Raum, in deren offenem Blick es schelmisch funkelte. Ihre Augen mit den dicken Brauen darüber schienen ihr die Fähigkeit zu verleihen, ihr Gegenüber im Handumdrehen einzuschätzen. Sie war recht klein und trug ein Kostüm aus dunkelblauer Seide, das ihre amphorenförmige Taille diskret betonte. Sie stellte sich als Nana Bakkali vor. Celio zögerte, ihre Hand loszulassen, während er sich gleichzeitig zwang, der Anziehungskraft der glitzernden Teilchen, die am Grunde ihrer Augen kreisten, zu widerstehen.
»Celio Matemona«, stellte er sich vor. »Wie Monsieur Olenga mir sagte, werde ich mit Ihnen zu tun haben. Ich bin entzückt, Ihre Bekanntschaft zu machen.« Nach einem Austausch von Förmlichkeiten erklärte Celio ihnen, dass die Aktionen, die er bald auf Sendung zu bringen gedachte, möglicherweise unerwartete Reaktionen von Seiten gewisser Personen nach sich ziehen würden, dass es jedoch Sache von RTN war, das Ganze zu regeln. Niemand durfte

den Ursprung der Botschaften erfahren. Auf diesem Punkt bestand Celio. Nach dieser Klarstellung sprachen sie über Techniken, Formate, Sendezeiten. Celio war von der Werbedirektorin fasziniert. Sie schien etwas von ihrem Handwerk zu verstehen. Sprang mühelos von einer Idee zur nächsten, kam auf den Punkt. Sie mussten mehr oder weniger dasselbe Alter haben, schätzte er. Wenn sie diesen verantwortungsvollen Posten hatte bekommen können, dann weil sie über echte, im Studium erworbene Fähigkeiten verfügte. Um seine Kampagne durchführen zu können, brauchte Celio effiziente Mitstreiter. Sie redeten noch über dies und das. Dann verabredete er sich mit ihr für später und verließ die beiden, zufrieden über diese erste Begegnung.
Auf dem Parkplatz erwarteten ihn Stabsfeldwebel Bamba und der Gefreite Landu, die in der prallen Sonne geparkt hatten. Sie fuhren zurück zum BÜRO am Ufer des Flusses. Tshilombo war schon fort. Celio entließ die beiden, er hatte noch zu arbeiten. Abgesehen von ein paar wenigen Militärs, die draußen Wache standen, war niemand mehr da. Der junge Mann liebte diese Art von Ruhe, wenn der Geist umherschweifen konnte. In diesen Stunden wurden in der Stadt ehrgeizige Pläne geschmiedet, deren einziger Gesprächspartner die surrende Klimaanlage war.
Celio hatte jetzt einen festen Status im BÜRO. Er war zu Tshilombos erstem Berater ernannt worden. Sein Gehalt war geregelt und, wie erwartet, schlicht unanständig. Das Budget, das man ihm für die Durchführung seiner Aktion zugebilligt hatte, kolossal. Er konnte es praktisch verwenden, wie es ihm passte. Man hätte meinen können, das Geld stamme direkt aus der Druckerpresse. Wenn Celio

über all das nachdachte, konnte er sich nicht mehr richtig konzentrieren. Seine Hand umfasste den Schlüsselbund, der auf seinem Schreibtisch lag: Das Apartment am Boulevard stand zu seiner Verfügung. Seine Sachen, die in einen auf die Schnelle gekauften Koffer mittlerer Größe gepasst hatten, waren schon hingeschafft worden. Zum ersten Mal in seinem Leben besaß er eine Wohnung ganz für sich allein, darauf hatte er bis zu seinem dreißigsten Lebensjahr warten müssen. Es machte ihn ganz schwindlig. Da er es nicht mehr aushielt, verließ er das BÜRO, um in Besitz zu nehmen, was sein neues Zuhause werden sollte. Endlich entkam er dem engen Aufeinander und hatte einen ruhigen Hafen, in den er sich vor dem Trubel der Stadt verkriechen konnte.

An diesem ersten Tag probierte er alle Möbel im Wohnzimmer aus wie ein Kind, das ein neues Spielzeug entdeckt. Er hatte seinen Spaß mit der Fernbedienung für den großen Flachbildschirm, schaltete die Stereoanlage ein und aus und lümmelte sich aufs Sofa. Er nahm am großen Esstisch Platz und tat, als würde er sich mit hohen Gästen unterhalten. Im Badezimmer bestaunte er die verchromten Armaturen, drehte an den Griffen herum. Das große Bett im Schlafzimmer war der Gipfel des Luxus. Er ließ sich mit weit ausgestreckten Armen rücklings darauf fallen und betrachtete die Zimmerdecke. In seiner Aktentasche lag das Dokument mit den Namen der prominenten Politiker, die an den Pranger gestellt werden sollten. Es zeugte davon, dass, wenngleich er es noch nicht ganz geschafft hatte, man ihm doch vertraute, ihn in Geheimnisse einweihte. Ihm, der noch vor wenigen Wochen keinen Schimmer gehabt hatte, wie seine Karriere in Gang kommen sollte, auch wenn er immer gewusst hatte, dass sie es früher oder später tun würde.

Celio lag auf der weichen Matratze wie auf einer Wolke. Die linke Hemisphäre seines Gehirns schaltete sich endlich einmal ab und ging auf Stand-by. Eine halbe Ewigkeit lang dachte er an nichts, machte sich leer. Dann spürte er, wie die Wolke, auf der er lag, sich unter ihm bewegte. Aus weiter Ferne vernahm er eine Stimme. Eine sanfte Stimme, die seinen Namen rief. Dreimal rief sie ihn in verschiedenen, melodischen Tonfällen:

»Celio, Celio ... Celio, he!« Sein Gesicht war ruhig, aber zwischen seinen Augenbrauen entstand eine leichte Verspannung. Die Stimme erklang wieder, noch sanfter und verführerischer:

»Celio, Celio ... Celio, he!« Es war lange her, seit der junge Mann dieses grausame Spiel zuletzt gespielt hatte, das darin bestand, sich mit der Stimme seiner Mutter in den Schlaf zu wiegen. So lange. Der Bruch war derart brutal gewesen, dass er nicht einmal mehr sicher war, dass es wirklich der Klang ihrer Stimme war, den er in seinem Kopf hörte. Die sanfte Melodie lullte ihn ein, natürlich, vor allem aber warf sie ihn auf sich selbst und seine innere Qual zurück.

Der Krieg hatte seine Kindheit an dem Tag zerstört, als die Männer von General Mbumba Nathanaël, ohne auf Widerstand zu stoßen, von der angolanischen Grenze aus bis in die unmittelbare Umgebung seines Dorfes vorgedrungen waren. Mit Blättern bedeckte, dunkle Gestalten hatten den kleinen Marktflecken zwischen Dilolo und Kolwezi umzingelt. Nach Sicherung der näheren Umgebung hatte sich ein Zug Rebellen um ein kleines Gebäude, über dem die Nationalfahne wehte, versammelt und es unter Dauerbeschuss genommen. Das hatte Celio geweckt. Als er die Augen öffnete, war sein Vater über ihn gebeugt, und sein besorgter

Blick gebot ihm zu schweigen. Zum Glück stand das Haus der Familie etwas abseits, neben der Dorfschule, in der sein Vater, Cyprien Matemona, Lehrer war. Seine Mutter war fieberhaft damit beschäftigt, ein paar überlebenswichtige Dinge zusammenzusuchen. Sie tat es, ohne zu überlegen, einem primitiven Instinkt folgend. Celios kleine Schwester blieb mit verschlafenen Augen reglos und stumm in der Dunkelheit. Man hatte sich gehütet, Licht zu machen. Aus der Ferne drangen Schreie und das Knattern der automatischen Waffen herüber. Vorsichtig öffnete der Vater eine Tür, die auf die Rückseite des Hauses ging. Vor ihnen im bläulichen Mondlicht zog sich die dunklere Wand des Waldes dahin. Der Vater zögerte. Trotz seiner Angst tat er ein paar Schritte nach draußen, um die Gefahr abzuschätzen. Dann kehrte er zu den Seinen zurück. Die Mutter trug die kleine Schwester auf dem Rücken und hielt Celio an sich gedrückt. Niemand sprach, sie wurden von der Dunkelheit vor ihnen aufgesogen, die unergründlich war wie die Tiefe eines Brunnen. Der Vater drängte sie alle zu der dunklen Wand aus Bäumen. Geduckt liefen sie über die freie Fläche, die sie vom wohlwollenden Bauch des Waldes trennte. Hinter sich konnten sie den Tumult des Todes hören. Auf seiner Flucht glaubte Cyprien Matemona zu spüren, wie Flammen ihm über den Rücken leckten, sanft und eiskalt.

Der Geruch des Humus stieg ihnen schon bei den ersten Schritten in der unbekannten Umgebung in die Nase. Sie begannen ihren verzweifelten Lauf durch das Geäst, das sie verletzte und einschloss. Vater Matemona bahnte mit seinem Körper eine Schneise, dabei wagte er nicht, zu viel

Lärm zu machen. Abgesehen vom Rascheln und Knacken der Äste auf ihrem Weg war der Wald in undurchdringliches Schweigen gehüllt. Die nachtaktiven Tiere und Vögel gaben nicht mehr den geringsten Laut von sich. Der Schrecken, der mit Feuer und Stahl über das Land gekommen war, hatte die Natur zum Verstummen gebracht. So begann in jenem März 1977 der Krieg, den man später den »80-Tage-Krieg« nannte. Achtzig Tage. Mehr als genug für den Tod, um sein Werk zu vollenden und Celio allein auf der Welt zurückzulassen. Allein, was auch immer er tat.

Wegen der Kuppel aus Bäumen, die den Himmel verdeckte, bemerkten sie die Morgendämmerung erst, als sie am Rand einer Lichtung anlangten. Sie zu überqueren, war eine Mutprobe. In ihrer jetzigen Lage wurde jeder Baum, jeder Grashalm zum Feind. In der Vegetation verborgen, suchten sie mit den Augen die Umgebung ab. Als Celios Vater sich sicher fühlte, ermutigte er die Seinen durch Zurufe. Und weiter ging der Irrlauf durch die Pflanzen. Sie marschierten immer geradeaus. Die Zweige zerkratzten ihnen Wangen und Stirn, zerfetzten die Kleider, ließen nicht viel heil. So waren sie, ohne anzuhalten, kilometerweit gelaufen, um wegzukommen von den Kämpfen, über die sie nichts wussten.

Cyprien Matemona glaubte nicht, dass es um einen banalen Aufstand, um eine Revolte der Militärs ging, das wäre alles in allem ein gewöhnliches Ereignis gewesen. Wie um ihm Recht zu geben, trug der Wald wenig später das Knattern automatischer Waffen zu ihnen herüber, das von fern an ein Buschfeuer erinnerte. Da plötzlich erschien die Savanne. Die Sonne stand schon hoch am Himmel, als sie Halt machten. Celios Mutter reichte ihnen auf Blechtellern

ein paar dürftige Vorräte. Seine kleine Schwester fing an, vor Erschöpfung zu jammern, sie wollte zurück nach Hause. Der Vater versuchte, ihr klarzumachen, dass sie eine Reise machen mussten und bald da sein würden. Sie aßen und ruhten sich etwas aus, dann nahmen sie ihre ziellose Wanderung wieder auf, eingeschlossen von den hohen Gräsern, die ihnen wie Rasierklingen in die Haut schnitten.
Am Nachmittag erreichten sie eine Straße. Sie zögerten, ihr zu folgen, zu Recht, denn eine Gruppe Männer in olivgrünen, neuen Uniformen kam dort vorbei. Ins Gras geduckt wie Tiere, blieben sie stundenlang, wo sie waren, trauten sich nicht, sich zu bewegen, gefangen im Krieg. Später kam eine Gruppe vorbei, Zivilisten wie sie, zwei Frauen und vier Männer. Es waren die ersten, denen sie begegneten. Sie waren mit Bündeln beladen, staubig, in zerrissenen Kleidern. Trotz seiner Angst machte Cyprien Matemona ihnen ein Zeichen. Nachdem sie einige Informationen ausgetauscht hatten, wurde ihre zunächst misstrauisch gespannte Unterhaltung bald herzlicher. In Extremsituationen gewinnt meist die Solidarität die Oberhand. Gemeinsam versuchten sie zu rekonstruieren, was überhaupt los war.
Wie es schien, kehrten die Nachkommen der alten Katanga-Gendarmen, die in den 1960er-Jahren nach einem verlorenen Krieg geflohen waren, in großer Zahl zurück, um die Macht in der Region wieder an sich zu reißen und das Land zu destabilisieren. Man erzählte sich Geschichten von eroberten Städten und dezimierten Garnisonen, aber keiner von ihnen besaß genaue Informationen. Jetzt war man auf der Flucht, das war alles. Man versuchte, den Bewaffneten zu entkommen, egal auf welcher Seite sie standen. Die Regierungstruppen hatten im Moment, wie es schien, nichts

unter Kontrolle. Die Flüchtlinge gingen das Risiko ein, die Straße zu nehmen, und es bildete sich eine zerlumpte Kolonne.
Sie kamen nicht weit. Ein Trupp Rebellen, der sich am Straßenrand versteckt hielt, nahm sie ins Visier. Celio erinnerte sich an die gebrüllten Befehle in dem allgemeinen Durcheinander. Sie hoben die Hände. Die Bündel fielen ringsum auf den Boden. Celios Vater versuchte, ihn mit einem Blick, den er nie vergessen würde, zu beruhigen. Die Angst stand auf den Gesichtern, bei den Angreifern ebenso wie bei den Opfern. Es waren die Uniformierten, die früher am Tag vorbeigekommen waren. Einer von ihnen lehnte an einem dürren Baum, der verloren in der Landschaft stand. Einer seiner Stiefel war ausgezogen, eine blutende Wunde schien ihm zu schaffen zu machen. Die Verletzung hatte die Kämpfer aufgehalten, die Situation machte sie nervös. Man gestikulierte wild. Die Zivilisten wurden schonungslos ausgefragt. Von wo kamen sie? Was hatten sie bislang gesehen? Wo war die Regierungsarmee? Die Verschlüsse der Waffen klackten. Celios Vater versuchte zu verhandeln, damit man sie gehen ließ. Dann begann es wie ein Spiel. Einer der Männer, denen sie sich angeschlossen hatten, er trug ein dreckiges T-Shirt und eine Trainingshose, sah nervös aus. Er schwitzte stark. Einer der Rebellen wurde auf ihn aufmerksam.
»Du da!«, sagte er. Rücksichtslos wurde der Mann durchsucht. Seine Beine zitterten. Der Aufständische zielte mit dem Lauf der Waffe auf seine Stirn.
»Was ist das?«, schrie er. Alle sahen auf die Stirn des armen Kerls, der seine geöffneten Hände schon auf Brusthöhe hielt wie einen lächerlichen Schutz vor einer möglichen

Kugel. Er schaffte es nicht einmal mehr zu sprechen. Die Rebellen brüllten wild durcheinander. Auf Suaheli, Lingala und Portugiesisch. Der, der den Verdächtigen angesprochen hatte, zeigte auf eine feine, waagerechte Linie, die fast unsichtbar über die Stirn lief. Das, so behauptete der Rebell, war ein eindeutiges Zeichen dafür, dass der Mann normalerweise ein militärisches Barett trug. Der Mann war ein Deserteur der Regierungsarmee, ein Feind. Nach dieser Anschuldigung wurden die Schreie lauter. Der Mann knickte unter den Kolbenhieben zusammen. Es herrschte völliges Chaos. Wie aus einem einzigen Impuls heraus stürzten die Zivilisten, denen sich Celios Familie angeschlossen hatte, auf das hohe Gras beidseits der Landstraße zu. Schüsse fielen. Celio spürte, wie er vom Boden hochgehoben wurde. Seine Mutter, die noch das Kleinkind auf dem Rücken trug, hatte ihn um die Taille gepackt und rannte durch die Wand aus hohem Gras, das sie um mehrere Köpfe überragte. Gewehrsalven krachten von überall her, der Teufel hatte zu bellen begonnen. Sie ließ ihn los und griff ihn am Handgelenk, damit er neben ihr herrennen konnte. Die Kugeln hackten die Pflanzenfasern um sie herum klein. Von allen Seiten hörte man Schreie und das Geräusch zerstampften Buschwerks. Celio schlug das Herz in den Ohren, als wolle es alles zerreißen. Plötzlich stürzte seine Mutter.
»Lauf, Celio, lauf!«, brüllte sie. Und Celio lief, immer geradeaus, eingeschlossen von der Mauer aus Pflanzen. Die Salven der automatischen Waffen wurden intensiver. Eine plötzliche Unebenheit im Boden erfasste ihn, und er fiel in ein Loch, das sicher von irgendeinem einzelgängerischen Tier gegraben worden war. Sein Körper kauerte sich dicht an die Erde und bewegte sich nicht mehr, starr vor Entset-

zen. Langsam verebbten die Schreie und die Echos der Waffen, nach einem letzten Bellen verstummte der Dämon, und eine Stille ohnegleichen legte sich über die Savanne.

Nach einer endlosen Zeit kletterte Celio aus dem Graben. Wie betäubt versuchte er, sich zu orientieren. Der Himmel loderte auf. Das schwindende Licht der Sonne färbte die Wolken rot. Die unmittelbar bevorstehende Nacht versetzte ihn in panische Angst. Wo waren seine Eltern und seine kleine Schwester geblieben? Zuerst rannte Celio verzweifelt in der Savanne umher wie durch ein Labyrinth. Der Tod in nächster Nähe zwang ihn, nicht zu weinen. Das Kind traute sich nicht zu rufen, wegen dem Krieg und wegen dem Teufel, der nicht weit entfernt hockte. Während die Dunkelheit über ihm und um es herum schwerer wurde, fing es an zu wimmern, aber es lief immer weiter. Bald war es nichts mehr als ein langes, erbärmliches Klagen, das durch die versteinerte Nacht hallte. Lange heulte es jämmerlich.

Am nächsten Morgen erwachte Celio zusammengekauert in seinem Schützengraben. Auf der Suche nach seinen Eltern war er lange umhergeirrt und so zufällig wieder auf das Erdloch gestoßen. Er hatte sich darin zusammengerollt und gehofft, dass seine Mutter oder sein Vater ihn dort finden würde. Dann hatte ihn der Schlaf überwältigt. Als er am nächsten Morgen die Augen aufschlug, brauchte er ein paar Sekunden, um sich darüber klar zu werden, dass das, was er erlebt hatte, kein böser Traum war. Sein Überlebenstrieb zwang ihn, trotzdem zur Straße zurückzukehren. Er ging auf gut Glück los und fand sie schließlich. Sie war menschenleer, als wäre hier nie etwas passiert. Als wäre nichts geschehen. Das Kind setzte sich an den Straßenrand und strengte sich an, nicht zu weinen, während es darauf wartete, dass seine Eltern mit der kleinen Schwester kamen, um es zu holen. Es wartete so lange, bis der Tag fast um war. Einmal fand es das Durcheinander der verstreut daliegenden Bündel störend. Es stand auf, sammelte ein paar Lumpen und ein Mathematikbuch seines Vaters auf und legte sie ordentlich neben sich. Kurz darauf wiederholte es das Ganze mit einem Topf und Tellern, und die Unordnung verschwand. Erst dann war es zufrieden und wartete weiter. Ein Militärtransporter mit Regierungssoldaten las es kurz vor der Dämmerung dort auf. Das Kind wurde in ein Sammellager des Roten Kreuzes in der Nähe von Likasi gebracht.

Als die Soldaten den Kleinen am Straßenrand fanden, war es nicht einfach gewesen, ihn auf den Wagen zu befördern. Celio hatte, um nicht mitgenommen zu werden, gekratzt, gebissen, um sich geschlagen und geschrien, dass seine Eltern bald kommen würden, dass sie in der Nähe waren, dass sie ihm gesagt hatten, er solle dort warten. Die Soldaten waren nicht darauf hereingefallen: Sie kannten die Situation. Bei seiner Ankunft im Sammellager hatte das Rote Kreuz sich um ihn gekümmert, wie um viele andere Kinder und Vertriebene des Krieges. Man gab ihm eine Nummer.

Der Krieg dauerte achtzig Tage. Die Waisen wurden einer religiösen Institution in Lubumbashi anvertraut. Celio wartete jeden Tag darauf, dass seine Eltern im Waisenhaus erschienen und ihn mitnahmen. Die Wochen vergingen, dann die Monate. Seit seiner Ankunft hatte man das Kind keine einzige Träne vergießen sehen. Man kannte es als schweigsamen Schüler, der fleißig war und nie auffiel, außer dass er regelmäßig Klassenbester wurde. Seine Grundschulzeit schloss er mit Erfolg ab. Dann begann die weiterführende Schule, und damit die ernsthaften Dinge in der Mathematik.

Das war auch der Moment, als Pater Ioanides Lolos seinen Lebensweg kreuzte. Der Priester war Mathelehrer. Schon bald hatte er Celios Begabung für dieses Fach bemerkt. Im Rahmen des Möglichen bemühte er sich, ihm bei seinen Aufgaben zu helfen. Immer häufiger sah man den Pater in den Räumen des Waisenhauses. Offiziell kam er dreimal die Woche vorbei, aber die Abstände verringerten sich mit seiner wachsenden Zuneigung zu dem Knaben. Er ließ ihn Übungen für die Schüler der höheren Klassen machen. Celios Wissensdurst war gewaltig. Trotz des großen Schmerzes, der ihn erfüllen musste, ging von dem Jungen nichts Negatives aus. Dies erfüllte Pater Lolos mit Sorge, denn nie hatte der Kleine sein persönliches Drama erwähnt. Der Priester wusste, dass es mit seinen Pflichten unvereinbar war, ein Kind zu bevorzugen, aber ohne dass er es gewollt hätte, war zwischen ihnen etwas Unbeschreibliches entstanden.
Die Jahre vergingen, und als Celio fünfzehn wurde, ging alles schlagartig zu Ende. Es war das Jahr der Sekundarstufe, in dem er den mathematischen Abiturzweig beginnen sollte. Aber da wurde Pater Lolos nach Kinshasa versetzt. Als der Priester Celio die Nachricht überbrachte, bewahrte der Junge Würde, auch wenn er das ganz bestimmte Gefühl hatte, dass plötzlich ein spitzer Stein in sein Herz eingedrungen war. Er erklärte sogar, in der Hauptstadt zu arbeiten, sei für die Karriere des Priesters vorteilhaft. Der Junge sah nicht fröhlich aus, aber auch nicht traurig.

Und eines schönen Morgens flog Pater Lolos davon. Celio begleitete ihn bis zum Flughafen. Weder der Alte noch der Heranwachsende sprachen vor dem Abflug viel. Sie wechselten insgesamt nur wenige Worte. Als sie sich trennen mussten, brachte Lolos lediglich ein heiseres »Ich werde dir schreiben« heraus, da ihn der Kloß in seinem Hals am Atmen hinderte, dann verschwand er. Celio hatte nicht geantwortet, denn das Steinchen, das in seinem Herzen aufgekeimt war, hatte angefangen, sich von selbst zu bewegen und ihm wehzutun. Der junge Mann wartete, bis er sah, wie das Flugzeug abhob, dann kehrte er ins Waisenhaus zurück. Auf dem Weg verwandelte sich der Kiesel in einen schartigen, schweren Brocken. Die gewaltige Leere kehrte quälend in sein Leben zurück. In jener Nacht wuchs der Stein weiter, wurde riesig. Celio fand keinen Schlaf, der Stein raubte ihm den Atem. Bei Tagesanbruch packte er aus Angst, daran zu sterben, seine armselige Habe zusammen, verließ heimlich das Waisenhaus und rannte zur Eisenbahnstation von Lubumbashi.

An jenem Tag fuhr ein Zug ab. Der Bahnhof füllte sich im Morgengrauen mit abfahrbereiten Reisenden. Hilfsarbeiter beluden die Waggons, Angestellte der nationalen Eisenbahngesellschaft wachten darüber, dass alles gut ablief. Celio verirrte sich in der Menge, als er nach einem Waggon Ausschau hielt, der ihn aufnehmen würde, denn er hatte beschlossen, sich auf den Weg nach Kinshasa zu machen. Im Waisenhaus suchte man ihn bestimmt schon. Aber bevor man sein Verschwinden mit Pater Lolos' Abreise in Verbindung bringen würde, wäre er bereits weit fort. Abgesehen vom Flugzeug waren der Zug und daraufhin der große

Strom die einzigen Transportmittel, um in die fast zweitausend Kilometer entfernte Hauptstadt zu gelangen. Praktisch die gleiche Distanz wie von Lubumbashi nach Johannesburg, mit anderen Worten, eine Reise ans Ende der Welt. Aber Celio war wild entschlossen, egal, was es ihn kosten würde. Es gab keine Eisenbahnlinie bis Kinshasa, der Zug fuhr die lange Strecke durch den Busch bis Ilebo, dem Hafen am Kasai-Fluss. Der Fluss würde ihn zum großen Strom bringen, der bis nach Kinshasa führte. Das Vorhaben war kolossal, aber es war die einzige Art, die abgrundtiefe Leere, die Pater Lolos hinterlassen hatte, zu füllen. Er musste ihn treffen, wo auch immer er war.

Den ganzen Morgen über belud man Waggons mit Waren, die über Sambia per Straße und Schiene aus Südafrika und Namibia gekommen waren. Man hantierte mit in der Region geförderten Erzen. Unter anderem Kupferbarren und -platten, die eingeschmolzen wurden, damit sie sich in Koaxialkabel einfügten oder sich in integrierten Schaltkreisen netzartig ausbreiteten, aber auch damit sie Patronenhülsen abgaben, mit denen sich die Ordnung aufrechterhalten ließ. Es gab tonnenweise Kobalt, das nach einer Behandlung bei Temperaturen von über 1500°C zum Bau von Raketenantrieben und in der Erdölindustrie verwendet wurde. Es gab Unmengen eines spaltbaren Materials namens Uran, das, sobald es auf obskure Weise angereichert worden war, den ambitionierteren, aber tödlicheren Namen Plutonium annahm, um all jene abzuschrecken, die das Phänomen des Kräftegleichgewichts immer noch nicht begriffen hatten.

Die unzureichende moderne Infrastruktur erschwerte die Ladearbeiten, und die zerlumpten Männer, deren Muskeln unter der Anstrengung hervortraten, schwitzten schon zu dieser frühen Stunde. Wegen der fehlenden Lademaschinen würde sich die Abfahrt bestimmt verzögern, aber bei fünfundzwanzig Dollar pro Kilo Kobalt, dem gleichen Preis wie für Kaviar, wäre es das sicher wert! Was die Frage aufwarf: Wird der Mensch einmal den Stör beneiden? Und auch: Sollten bestimmte Erdenbewohner wie der Panda oder die Robbe ihre Interessen besser dem WWF oder Greenpeace anvertrauen statt der UNO?

Die vom Wirtschaftswunder Vergessenen produzierten und verarbeiteten unschätzbare und seltene Güter, die für eine Spitzentechnologie bestimmt waren, von der gewisse Anwendungen schlicht den Zweck hatten, sie noch stärker zu versklaven. Die integrierten Schaltkreise würden Bilder und Konzepte produzieren, die sie weiterhin davon überzeugen sollten, dass sie auf dem Planeten, der der unsere ist, für immer und ewig das Schlusslicht bleiben würden und dass all ihre utopischen Kämpfe umsonst und von vornherein zum Scheitern verurteilt waren. Die kostbaren Metalle würden nach ihrem Bad im Feuer in den Weltraum geschickt werden, wo sie sie im beharrlichen Auge ausgeklügelter Satelliten wie große Kinder überwachen würden. Für den Fall, dass gewisse Aspekte dieser Globalisierung den Bevölkerungen nicht schmeckten, würde dasselbe Kupfer unausweichlich in Form von 7,62er-Geschosshülsen zurückkehren, bösartig ausgespuckt von rebellischen Kalaschnikows. Und sollte das alles jemandem sauer aufstoßen, würde man aus denselben Stoffen effiziente medizinische Indikatoren entwickeln. Unglücklicherweise wäre deren Preis dann umgekehrt proportional zum freien Fall der Rohstoffkurse und zum ungelegen einsetzenden Anstieg des Dollars. Und damit unbezahlbar für den armen Schlucker, der sich unter sein tägliches Joch beugte. Aber was machte das schon. Solange er nur beherzt ans Werk ging, war noch nichts verloren, so versprach man ihm.

Als der Zug fast vollständig beladen war, fand Celio in einem Waggon zwischen Kisten mit Werkzeugmaschinen ein Plätzchen für sich. Dort versteckte er sich bis zum folgenden Tag und kam erst nach Likasi wieder zum Vorschein. Er wurde von großherzigen Kontrolleuren erwischt, die ihm kleinere Aufgaben übertrugen, damit er seine Fahrt bis Ilebo abarbeiten konnte, wo er angeblich seine Eltern treffen sollte. Sie kamen durch Kamina mit seiner großen, strategisch wichtigen Militärbasis, fuhren weiter hinunter Richtung Kananga und Ilebo. Über tausend Kilometer durch die großen Weiten. Das Ganze dauerte fast eine Woche.
Die Ankunft in der Hafenstadt Ilebo war für Celio eine Art Höhepunkt. Der Anblick des lehmigen Wassers, wo sich der Kasai- mit dem Sankuru-Fluss vermischte, erfüllte ihn mit großer Freude, die allerdings rasch gedämpft wurde, denn er hatte es noch lange nicht geschafft. Er musste sich erst an Bord eines Schiffes schmuggeln. Während der Zugfahrt hatte er sich ein wenig Taschengeld verdient, indem er für die Reisenden Besorgungen erledigte oder ihnen anderweitig behilflich war, aber sein mageres Guthaben reichte nicht aus, um eine Fahrkarte nach Kinshasa zu kaufen. Er näherte sich dem Anlegeplatz mit den vertäuten Schubbooten, die die überladenen Lastkähne den Strom entlang bis nach Kinshasa begleiteten.
Ungesehen an Bord eines Schiffes zu gelangen, war sehr viel einfacher als bei einem Zug. Die aneinandergereihten Last-

kähne bildeten eine Art schwimmendes Dorf mit Tausenden von Bewohnern, die den unterschiedlichsten Tätigkeiten nachgingen. Man betrieb alle möglichen Arten von Geschäften, von der Hotellerie über den Einzelhandel bis hin zum Friseurhandwerk und zur Kleiderherstellung. Auch Straftaten wurden hier begangen: Taschendiebstahl, Prostitution, illegale Medizin und vieles mehr. Celio hatte keinerlei Schwierigkeit, in diesem weitläufigen Mikrokosmos unterzutauchen.

Zwei Tage nach Ankunft des Zuges brachen sie von Ilebo auf. Der schwimmende Konvoi erreichte auf Höhe von Kwamouth die Stelle, wo der Kasai in den großen Strom mündet. Dann erschien Maluku, Kinshasa rückte näher. Celios Herz schlug heftig. Er hatte es geschafft. Endlich legten sie am Hafen von Kingabwa an. Rasch verließ Celio den Pier. Er erkundigte sich nach Pater Lolos' Adresse, die er sorgsam in einer Plastikhülle in der Hosentasche aufbewahrte. Mehrmals musste er nach dem Weg fragen. Die hohen Gebäude, die er sah, interessierten ihn nicht. Auch der Strom der Autos beeindruckte ihn nicht weiter, er hatte eine Mission. Als Celio am Tor der Kongregation vorsprach, wurde er vom Wachposten verjagt. Pater Lolos war sowieso nicht da. Um diese Uhrzeit unterrichtete er in der Internatsschule in Kintambo. Der Jugendliche fragte noch einmal nach dem Weg und ging zu Fuß hin. Als der Priester ihn schließlich zerlumpt, mit dreckigem, aber sorgfältig zugeknöpftem Hemdkragen und klarem Blick an der Internatsschule auftauchen sah, versuchte er nicht zu verstehen, wie und warum er hier war. Er fragte bloß:
»Hast du Hunger?«

Stabsfeldwebel Bamba Togbia sagte sich, dass er wirklich gut daran getan hatte, drei Wochen abzuwarten, bevor er jetzt wieder bei dem Hexer Mbuta Luidi vorstellig wurde. Denn auch wenn die Zeit auf seine Psyche eingewirkt und seine Befürchtungen ein wenig zerstreut hatte, fühlte er sich doch noch nervös. Seine ganze Zukunft steckte in dem Zahnputzstängel, der in Zeitungspapier gewickelt auf dem Armaturenbrett lag. Stabsfeldwebel Bamba ekelte sich davor, ihn in der Hosentasche zu behalten. Die letzten Tage, die er sich zum Nachdenken gegeben hatte, war er das Risiko nicht eingegangen, das kleine Stück Holz im Haus aufzubewahren. Er hatte darauf geachtet, es in Plastik verpackt und in respektvoller Entfernung von seinen eigenen vier Wänden zu vergraben. Nicht, dass er dem Gegenstand, den Landu ihm gegeben hatte, nicht vertraute, aber bei der Hexerei war ein gesundes Misstrauen angebracht. Er hatte schon gewagt, einen Hexer wegen eines persönlichen Problems aufzusuchen, da kam es nicht auch noch infrage, das Schicksal herauszufordern, indem er das, was Mbuta Luidi von ihm verlangte, nicht rigoros erfüllte. Seine Entschlossenheit, einen Posten in der Armee zu bekommen, zwang ihn, seine Bedenken beiseitezuschieben. Auch wenn es schwerfiel, er musste sich zusammenreißen und gelassen bleiben. Vom Boden des Wagens her war eine Art Gurren zu hören. Dort lag ein Hahn mit fest zusammengebundenen Beinen und pechschwarzem Gefieder, wie es der Hexer verlangt hatte, und ahnte nichts von dem Schicksal, das ihn erwartete.

Bamba hatte nicht weit von Mbuta Luidis Hütte geparkt. Er hatte sich entschlossen, am heutigen Sonntag hierher zu kommen. Das Viertel war ruhig und fast menschenleer, nur aus einer nahen Bar war Musik zu hören. Bamba klopfte an und wartete auf eine Art Krächzen, bevor er die wackelige Tür öffnete. Mbuta Luidi saß wie gewohnt auf seiner Kiste, und wie gewohnt schien er ihn zu erwarten, zusammengekauert in dem von der Petroleumlampe erhellten Halbschatten. In der Nacht sah das Refugium noch düsterer aus. Bamba nahm Platz und legte den Hahn neben sich auf den Boden.

»Gib her!«, sagte der Hexer. Bamba reichte ihm das Päckchen mit dem Zahnputzhölzchen oder, anders gesagt, der Seele des geliebten Menschen. Mbuta Luidi wickelte den Gegenstand aus. Mit klopfendem Herzen musterte Bamba seinen Gesichtsausdruck.

»Sehr gut!«, sagte der Fetischist, während er das widerliche Stück Holz bewunderte und es hin und her wendete, wie man es mit einem besonders reinen Diamanten tun würde. Der Stabsfeldwebel fühlte sich erleichtert, aber das war nur von kurzer Dauer.

»Wem gehört es? Erzähl mir alles!« Bamba spürte, wie sein Herz explodierte.

»Meinem Onkel«, log er. Mbuta Luidis Blick forschte einen Moment lang in seiner Seele, bevor er sich entspannte. Bamba beruhigte sich. Der Mann hatte den Betrug, die Ersetzung des Gegenstands eines geliebten Menschen, nicht durchschaut.

»Gib den Körper!«, befahl der Hexer. Bamba wagte es sogar, ein Zögern vorzutäuschen, bevor er Mbuta Luidi das Federvieh reichte. Der wog es mit der Hand ab und wirkte zufrieden, gerade so, als hinge das Schicksal des alten Soldaten vom Gewicht des Tieres ab. Er legte den Hahn beiseite. Dieser rührte sich nicht, als würde ihn das alles nicht wirklich etwas angehen. Mbuta Luidi nahm das gleiche Pulver wie beim letzten Mal und streute ein wenig davon ins Feuer. Die Flammen erleuchteten seinen verzückten Blick. Jetzt wurde es ernst. Bamba klammerte sich im Geiste an seine Bierkiste. Der Mann mit dem bösen Blick nahm die halbe Kalebasse und begann, in den dunklen Körnern zu rühren, wobei er unverständliche Worte murmelte. Er nahm die Körner erneut, warf sie wieder in die Höhe, las die Antwort, sah unzufrieden aus, fing von vorne an. Bamba spürte, dass etwas nicht stimmte. Der Hexer stotterte noch ein paar gurrende Silben. Er wirkte besorgt. Schließlich nahm er den Hahn, der zum ersten Mal eine gewisse Unruhe verriet und zwei lang gezogene, heisere Klagelaute von sich gab. Flink griff Mbuta Luidi nach einem langen Ritualmesser in Form eines gleichschenkligen Dreiecks. Er drückte den Kopf des armen Gockels auf den Boden, legte die Klinge an seinen Hals, zögerte aber noch. Zu Bambas Überraschung drehte er sich dreimal nach rechts, spuckte heftig über die Schulter und schien dann vehement zu einem Unsichtbaren hinter sich zu sprechen. Als er das, was wie eine Herausforderung klang, unterbrach, beugte er sich zu dem Hähnchen hinunter, holte Atem und hackte ihm mit einem lauten Holzfäller-Hah den Kopf ab. Das Blut spritzte lange auf den Boden. Als es eben versiegen wollte, rieb sich der Hexer sorgfältig die Hände damit ein. Nach ein paar dämonischen Worten fasste er Bambas Hände und drückte sie, wobei er sie reichlich mit Hämoglobin besudelte. Mbuta Luidi fuhr mit seinem Monolog, der für Bamba keinerlei Sinn ergab, fort. Der Militär war beeindruckt und zog es vor, an nichts zu denken; das Wichtigste war, hier so schnell wie möglich rauszukommen. Noch einmal zog der Hexer seine Kalebasse hervor und entzifferte darin die vom Reich der Finsternis ausgegebene Botschaft. Nach beendeter Lektüre räumte Mbuta Luidi die Kalebasse weg und warf den leblosen Körper des Hahns in eine Ecke des Raumes. Das Feuer wurde schlagartig, wie auf Befehl eines Teufels schwächer. Bamba spürte sehr wohl, dass etwas nicht stimmte. Mbuta Luidi sah verwirrt aus. Er räusperte sich.

»Hör zu, ich weiß nicht, was los ist, aber ich glaube, ich sollte heute Nacht an deinem Fall dranbleiben. Ich verstehe gar nicht, wo es klemmt. So was kann passieren. Ich muss jetzt auf Verstärkung der Dämonen warten, um den Gegenstand, den du mir gegeben hast, zu bearbeiten. Im Augenblick kann ich nichts machen, ich beantworte deine Anfrage morgen. Komm kurz nach Mitternacht wieder. Und hier, nimm das«, sagte er und warf ihm einen dreckstarrenden Lumpen zu. »Reib dir die Hände ab.« Er stand auf und erklärte die Unterredung für beendet. Bamba hatte nichts hinzuzufügen. Er stand ebenfalls auf und wandte sich erleichtert zur Tür.

»Warte!«, fügte der Hexer nach kurzer Überlegung hinzu. »Fass, bis du morgen wiederkommst, keine weibliche Kreatur an und geh hier rückwärts hinaus, um nichts hinter dir zurückzulassen.«

In dieser Nacht schlief Bamba schlecht, im Geiste war er noch in Beschlag genommen von dem, was sich bei dem Fetischisten zugetragen hatte. Der hatte die gesamte Zeremonie über unruhig gewirkt. Warum hatte er sie nicht zu Ende führen und das Zahnputzstäbchen richtig bearbeiten können? Hatte er mit seiner Zaubertechnik festgestellt, dass der Gegenstand keinem von Bambas Liebsten gehörte? Was würde passieren, wenn der Hexer die Täuschung bemerkte? Würde er verrückt werden oder, schlimmer noch, würde er auf grässliche Weise sterben? In jedem Fall, grübelte er, war die Bürste benutzt worden und musste jemandem gehören, von daher durfte es eigentlich kein Problem geben. Bamba kannte den Besitzer der Bürste nicht, wozu sollte er sich also aufregen? Trotz dieser Gewissheit erschien ihm sein Schlafzimmer plötzlich weniger gemütlich. Mitten in der Nacht stand er auf, nahm ein angefangenes Bier, das noch auf dem Tisch stand, und trank es aus. Dann ging er, um seine Blase zu leeren, nach draußen, wobei er sich Mühe gab, nicht auf jene Stelle zu treten, wo gestern noch die Zahnbürste vergraben war, und legte sich wieder schlafen.

In seiner Funktion als von der Republik bestellter Folterer und Mann für alles hatte Stabsfeldwebel Bamba Togbia im Laufe seiner langen Dienstjahre alle Methoden, die zum Beruf eines staatlichen Henkers und Verhörspezialisten gehörten, eingehend studiert und angewendet. Er kannte die Wirkung jeder Geste auf das Opfer. Wenn er Angst machte, um einem Gefangenen in seiner kahlen Einzelzelle eine Information zu entlocken, dann wusste er, welche Tragweite dies im Laufe der Zeit hatte. Er kannte auch den psychologischen Zustand des zum Tode Verurteilten, der auf seine Hinrichtung wartet. Etliche Male hatte er die Gelegenheit gehabt, dies zu beobachten. Heute Nacht war es an ihm, einmal Ungewissheit und Furcht zu erleben. Zum ersten Mal konnte er die Situation von innen heraus studieren, und er konnte nichts daran ändern. Die Welt der Finsternis zu streifen, eröffnete wahrhaftig neue Perspektiven.

Nach fast einer ganzen Nacht der Sinnsuche schlummerte der Unteroffizier schließlich für eine knappe halbe Stunde ein, bevor der Morgen graute.
Durch den Schlafmangel wurde es ein harter Tag. Nach der Arbeit brauchte Bamba erst einmal ein Nickerchen. Gegen zehn Uhr abends wachte er wieder auf und fühlte sich frisch und munter. Ein Kommandomitglied wie er brauchte nicht viel Schlaf, um wieder fit zu werden. Er war entspannt. Er ging unter die Dusche, kaufte bei der Nachbarin ein Bier, schlürfte es draußen auf seinem Sessel. Die *sapeurs*, die männlichen und weiblichen Modefreaks, verwandelten die Straße in einen Catwalk. Matonge blieb sich selbst treu und verdiente seinen Ruf als angesagtestes Viertel der Stadt. Die jungen Leute wetteiferten in der Eleganz ihrer Kleider, die sich an den großen Couturiers inspiriert hatten. Das, was Hampâté Bâ und Sartre nicht geschafft hatten, war den Modeschöpfern gelungen: Giorgio Armani, Gianfranco Ferré, Takeo Kikuchi und Thierry Mugler waren seit anno dazumal in das kollektive Unbewusste der jungen Kinshasaer eingegangen. Der Sänger Papa Wemba, der *kuru*[24], hatte hier ein für alle Mal seinen Stempel aufgedrückt. *Sape*, schicke Kleidung, war angesagt. Bamba ließ sich dazu hinreißen, dem gemütlichen Kommen und Gehen ein wenig zuzuschauen. Um 23:30 Uhr erinnerte ihn der Glockenschlag seiner Wanduhr »made in Shanghai« daran, dass es Zeit war aufzubrechen und sein Schicksal zu erfüllen.

Der Geländewagen holperte durch die Schlaglöcher bis zu Mbuta Luidis Hütte. Das Viertel lag zu dieser späten Stun-

24. Häuptling, König.

de verlassen da. Durch das tiefe Schnurren des Fahrzeugs hindurch vernahm Bamba dumpfes Trommelspiel aus der Ferne. Der eindringliche Rhythmus wurde immer klarer, je näher er der Wohnung des Hexers kam. Im Dunkeln stellte er den Wagen wie üblich ganz in der Nähe ab. Bamba ging den Weg hinunter. Sein Herz raste. Das Singen und Trommeln kam vom Haus des Fetischisten. Es waren Trauergesänge. Dem Soldaten stockte das Blut in den Adern. Bei Mbuta Luidi hatte sich eine Menschenmenge versammelt. Mit angehaltenem Atem trat Bamba heran. Aus der Nähe konnte er erkennen, dass die Leute sich um eine Bettstatt scharten, die vor dem Häuschen aufgestellt war. Darauf lag ein Toter. Einige der Anwesenden sangen Kirchenlieder, andere schwatzten. Gemäß dem Brauch waren Familie und Nachbarn gekommen, um bei dem Verstorbenen zu wachen. Der Stabsfeldwebel wagte sich nicht weiter vor. Er sprach eine Gruppe junger Leute an, die lautstark Witze rissen.

»Kleiner, *likambo nini awa?*[25]«

»Alter, Mbuta Luidi ist gestorben.« Der junge Mann schweifte vom Thema ab und philosophierte über die Dummheit der Hexer, die glaubten, dem Tod zu trotzen, nur um letztlich doch wie alle anderen zu enden: mit offenem Mund und in der Waagerechten. Bamba hörte ihm nur noch mit halbem Ohr zu, er war in höchster Verwirrung. Was war jetzt mit seinem Posten in der Armee?

»Was ist passiert?«, fragte er noch einmal.

»Wir wissen nur das, was die Nachbarn erzählt haben«, antwortete der junge Mann. »Sie haben gehört, wie Mbuta

---

25. Kleiner, was ist hier los?

Luidi schrie. Erst dachten sie, er würde sich mit jemandem streiten. Er war wie verrückt, sprach mit sich selber. Dann bekam er Zuckungen, und kurz darauf war er tot.«

»Das ist noch nicht alles, Alter«, fügte ein anderer hinzu, »bevor er starb, hat er furchtbare Verwünschungen ausgestoßen.«

»Verwünschungen?«

»Er hat von einem Zauberstock gesprochen.« Der Stabsfeldwebel hatte das Gefühl, in Ohnmacht zu fallen.

»Er hat gesagt, Alter, dass derjenige, der ihm den Stock gegeben hat, auf ewig verdammt ist. Wenn diese Person es sich einfallen ließe, in der Nacht einzuschlafen, und sei es auch nur ein einziges Mal, nur eine einzige Sekunde, dann wäre es für immer. Es wäre ihr Tod.«

»Alter, diese Hexer glauben, dass sie alles dürfen, wir sollten machen, was die Weißen gemacht haben: sie allesamt verbrennen«, erklärte einer der jungen Leute. Aber Bamba hörte schon nicht mehr zu. Um eine Bestätigung für das, was er eben gehört hatte, zu bekommen, musste er den Leichnam des alten Mannes mit eigenen Augen sehen. Er bahnte sich einen Weg durch die Schaulustigen und Neugierigen, die an der Leiche wachten. In der Tat lag dort auf einer schmalen Pritsche Mbuta Luidi mit auf der Brust gekreuzten Händen. Ein über seinem Scheitel verknoteter weißer Lappen hielt den Kiefer geschlossen. Abgesehen von seinem schmutzigen Lendentuch hatte man kein anständiges Kleidungsstück gefunden, das man ihm für seine Bestattung hätte anziehen können. Folglich hatte man ihm ein altes, rosa Nylonnachthemd mit Spitzenjabot übergestreift, das man in einer Ecke seiner Hütte entdeckt hatte und das bestimmt einmal dazu gedient hatte, jemanden zu verhexen. Eine ganze Weile betrachtete Bamba mit weit aufgerissenen Augen die lächerlichen Überreste von Mbuta Luidi. Er spürte auch, dass er nicht länger an diesem Ort bleiben durfte. Der Satz des Jungen »Verflucht sei, wer den Zauberstab gegeben hat!« hallte in seinem Gewissen nach. Entgeistert verließ Bamba die grausige Szene, rückwärts, um nichts hinter sich zurückzulassen. In den nächsten Tagen würde er schon gegen genug Geister zu kämpfen haben, da brauchte er sich nicht auch noch den von Mbuta Luidi aufzuhalsen, dem von Songololo bis Mbanza-Ngungu als gemeinnützig anerkannten Hexer ...

V

Ionische Vermutungen

Am Montag, als die von Celio zusammengebastelte Anzeige direkt vor den 20-Uhr-Nachrichten im ersten Programm des Staatsfernsehens lief, hielt ganz Kinshasa sie erst für den dummen Scherz eines Witzboldes oder eines Neiders, der sich seine Verbitterung etwas kosten lassen konnte. Denn der erste Name, der über den Bildschirm flimmerte, war der eines alten Haudegens der Politik, der für seine Liebesabenteuer berüchtigt war. Die Anzeige, die fünfmal und wie auf den allerersten Computern in leuchtend grünen Buchstaben vorüberzog, lautete: »Monsieur Faustin Bolowa, wo waren Sie am 16. Dezember um 23 Uhr?« Die Frage trug keine Unterschrift, war elf Sekunden lang zu sehen und wurde von einer düsteren Begleitmusik untermalt.

Am nächsten Morgen, einem Dienstag, erging sich die halbe Stadt in Spekulationen. Da es sich um Faustin Bolowa handelte, hielt man das Ganze für die Geschichte eines ausgebooteten Rivalen, der Bolowa jetzt mit einer Fangfrage öffentlich kompromittieren wollte. Aber vielleicht war es auch das Werk einer seiner vielen Ehefrauen? Man rätselte, was die Botschaft wohl zu bedeuten hatte. Es wirkte harmlos, aber nicht ganz.

Kurz vor 20 Uhr am selben Abend, als die zweite Frage erschien – »Monsieur Okito Omba, wo waren Sie am 12. April um ein Uhr?« –, dachte man sofort an eine Geldgeschichte. Okito Omba war ein altgedienter Politiker, der Bestechlichkeit und Unterschlagung als Lebensstil betrachtete. Die Zuschauer stellten wilde Vermutungen an. Hatten diese Botschaften mit Geld oder mit Frauen zu tun? Die Meinungen gingen auseinander. Aber der Hund lag anderswo begraben. Man musste die richtige Frage stellen: Wo waren die beiden Herren denn gewesen, in den besagten Nächten zu den besagten Uhrzeiten? Noch am selben Abend begann die Kontroverse richtig, ihre Früchte zu tragen. Celios Exponentialfunktion setzte sich in Gang wie nach einem Neutronenbeschuss.

Die betroffenen Politiker hatten eine schlimme Nacht. Bolowa musste sich von seiner Ehefrau vorwerfen lassen, er habe sie mit seinem Weiberfimmel im ganzen Land lächerlich gemacht. Okito bemühte sich vergeblich, der seinen klarzumachen, dass er am 12. April um ein Uhr ein wichtiges Meeting gehabt und dabei eine bedeutende Summe eingestrichen hatte, sie glaubte ihm nicht und behauptete, er habe ganz sicher ein Rendezvous mit dieser Frau aus Kisangani gehabt, von der ihr ihre Freundinnen erzählt hatten.

Am Mittwoch begriff man, dass die Sache ein Manöver war. Aber worum ging es? An diesem Abend konnte man um 20 Uhr direkt vor der Werbung elf Sekunden lang die folgende Botschaft auf den Bildschirmen lesen: »Monsieur Mwamba Shambuyi, wo waren Sie am 18. Mai um 0:30 Uhr?« Mwamba Shambuyi war ein junger, ehrgeiziger Wolf mit langen Zähnen. Er führte seine Partei, die Vereinte Partei des Fortschritts, mit eiserner Hand. Um aufzusteigen, hatte er sich auf den Präsidenten gestützt, war aber mit der Zeit radikaler geworden. In Europa hätte man gesagt, dass er gefährlich nach links abdriftete. Er war immer schwerer zu kontrollieren. Es war an der Zeit, ihn loszuwerden. Sein Stellvertretender Generalsekretär John Mukalay dagegen hatte die Qualitäten, die dem Staatschef zusagten. Hier ging es darum, die Nummer eins zu destabilisieren, um die Nummer zwei durchzudrücken.

Man hatte den Kern der Operation noch nicht erreicht, die Spaltung hatte sich eben erst vollzogen, aber schon schlich sich Panik in die Ränge der politischen Klasse. Wer war als nächster dran? Ihre Mitglieder wussten, dass sie das Ziel waren, aber sie begriffen nicht, was man von ihnen erwartete und worauf der Urheber dieser Detektivfragen hinauswollte. John Mukalay wollte das Übel an der Wurzel packen. Noch am selben Abend kontaktierte er einen befreundeten Journalisten. Und gleich am nächsten Tag brachte eine bekannte Tageszeitung auf der Titelseite ein langes Interview mit dem allzu eifrigen Stellvertretenden Generalsekretär, der die im Fernsehen aufgetauchten Botschaften scharf verurteilte und ein solches Vorgehen für erbärmlich erklärte. Wer versteckte sich hinter dieser Kampagne? Wollte man andeuten, dass sein Chef am 18. Mai um 0:30 Uhr bei einem geheimen Treffen gewesen war? Um wen zu treffen? Um was zu tun? Geld in Empfang zu nehmen? Das Interview schürte die Emotionen der Öffentlichkeit.

Und so war die Stadt am Donnerstag in zwei Lager gespalten. Die einen begrüßten die Fragen, ohne wirklich zu verstehen, worauf sie zielten, die anderen, die dagegen waren, hielten die Anzeigen für einen neuen Versuch der Regierung, das Volk von seinen eigentlichen Sorgen abzulenken.

Um 20 Uhr an diesem Abend schnellten die Zuschauerquoten in die Höhe. Jeder wollte als Erster den nächsten Namen erfahren. Als dann in grünen Lettern der Name von Floris Dunga erschien, waren alle Zweifel ausgeräumt. Wer kannte diesen Verrückten nicht? Alle Welt wusste, dass der Kerl aus reinem Opportunismus Politik betrieb und das, was er sich vornahm, auch durchzog. Seine Partei, die Revolutionäre Partei alias RP, war für ihre inhaltliche Leere bekannt. Floris Dunga hatte an jenem Tag Berühmtheit erlangt, als er den Präsidenten nach einer Vermittlungssitzung in aller Öffentlichkeit angesprochen und rundheraus dazu aufgefordert hatte, ihm das Benzin für die Rückfahrt zu bezahlen. Der Präsident hatte laut gelacht und sich prompt gefügt, indem er einem Mitarbeiter den entsprechenden Befehl gab. Eine Bresche war geschlagen. Am folgenden Tag, einem Freitag, wurde die Unruhe zur Naturgewalt. Wenn ein Typ wie Floris Dunga auf der Liste stand, gab es keinen Zweifel mehr: Alle Genannten waren Empfänger großzügiger präsidialer Geschenke. Bestechlich und verdorben, das ganze Pack. Der Gedanke ging wie ein Lauffeuer um. In den Trinkstuben und in den Ministerien, in den Sammeltaxis und vor den *ligablos*, am Beach N'gobila und in den Warteschlangen auf der Bank. Er breitete sich in den Köpfen aus, eroberte die öffentliche Meinung.
In der folgenden Woche geschah, was geschehen musste. Man überlegte, wer der Urheber dieser Botschaften war. Es konnte nur ein Mann des Volkes sein, denn er verstand es, die notwendigen Fragen zu stellen. Ein jeder identifizierte sich mit ihm. Man beweihräucherte ihn in den Bars und in den Kultstätten. Man diskutierte, welche hochrangige Persönlichkeit sich hinter den scharfsinnigen Fragen verbarg.

Ein Oppositioneller? Keiner besaß genug Macht, um eine solche Botschaft ins erste Programm setzen zu lassen. Doch nicht etwa der Präsident selbst? Wollte er sich etwa bessern? Oder aber sich bestimmte lästig gewordene Personen vom Hals schaffen? Auf jeden Fall war sein Wille zu einer Annäherung zu erkennen. Wenn das Land dermaßen schlecht geführt wurde, dann, so sagte man sich, weil der Staatschef schlecht beraten wurde. Eine These, die von einer entsprechenden Regierungsumbildung bestätigt wurde. Als Grund wurde die Misswirtschaft angeführt. Die Bevölkerung nahm den Präsidenten für eine Weile als Opfer der Politik wahr und hatte Mitleid mit ihm. Seine Beliebtheitswerte stiegen wieder spektakulär an. Sogar eine Versöhnung mit dem Volk hielt man für möglich. Das machte sich auch bei den Preisen bemerkbar. Sie blieben stabil und folgten damit den Schwankungen des Geldkurses, der, wie es schien, mit keinem Währungssystem mehr verbunden war. Als würde der Kurs schlicht der Laune der Börsenmakler gehorchen, die in diesen Tagen glücklicherweise ungetrübt war.
Die von Celio angestoßene Kettenreaktion war noch nicht am Ende angelangt. Sie verstärkte sich sogar noch etwas. Faustin Bolowa hatte sich bei einer Geliebten verkrochen, um abzuwarten, bis der Sturm vorüber war. Tagelang war er für niemanden zu erreichen. Dann tauchte er eine Woche später im Fernsehen wieder auf und legte eine Generalbeichte ab.
Hätte er das Geld, das man ihm anbot, ablehnen sollen? Wer an seiner Stelle hätte nicht ebenso gehandelt? Hatte er das Land etwa gegen klingende Münze verraten? Nein, das glaubte man nicht und verzieh ihm wegen seiner großen Offenheit.

Bei der Vereinten Partei des Fortschritts gab der Stellvertretende Generalsekretär John Mukalay ein noch längeres Interview als beim letzten Mal und verurteilte öffentlich seinen Chef Shambuyi Mwamba. Er appellierte an die Scharfsichtigkeit seiner Parteifreunde. Mit der Aussicht auf Wahlen konnte die Partei es sich nicht erlauben, ein bestechliches Mitglied in ihren Reihen zu dulden, und sei es auch der Generalsekretär. Mukalay stellte die Vertrauensfrage. Dazu bedurfte es keiner außerordentlichen Sitzung, Shambuyi Mwamba musste zurücktreten. Was dann auch passierte.
Okito Omba wartete nicht erst, bis er dazu aufgefordert wurde. Er trat seine Ämter an seine Ehefrau ab. Man spendete dieser Geste Beifall und würdigte diesen Akt der Frauenförderung. Die Protagonisten der Affäre verschwanden für lange Zeit von der politischen Bildfläche. Und das Volk freute sich über so viel Transparenz.

Celio saß in seinem Büro und dachte an die vergangenen Tage. Diese erste Operation hatte genau den Erfolg gehabt, den er erwartet hatte. Das unter seiner Regie gestreute Gerücht hatte Wunder gewirkt. Die Exponentialfunktion hatte die vorhergesehene Kettenreaktion mit der gewünschten Intensität ausgelöst. Sie hatte einiges Lumpenpack überrollt, und sie hatten sich die Wirkung auf die Bevölkerung zunutze gemacht. Der Hebel dazu war immer der gleiche. Emotionen. Egal welche. Egal, wodurch sie ausgelöst wurden: Angst, Religiosität, die Drohung mit dem leeren Geldbeutel. Es war immer das alte Lied, keine komplizierte Sache. Celio hatte es geschafft, die Megacity in Aufruhr zu versetzen, und das mit ein bisschen heißer Luft. Seit ein paar Tagen sah Tshilombo ihn mit anderen Augen an. Während der gesamten Schmutzkampagne war er fast nicht in Erscheinung getreten, sondern hatte sich damit begnügt, Celios Entscheidungen gutzuheißen. In der Woche der Ausstrahlungen hatten sie sich kaum gesehen. Als echter Chef ließ Tshilombo erst in der folgenden Woche wieder von sich hören, um die fertige Arbeit in Augenschein zu nehmen und bei der Gelegenheit die Dividenden zu ermitteln. Wenn diese TV-Grille die öffentliche Meinung hatte vereinnahmen sollen, dann war sich der junge Berater sicher, das Ziel erreicht zu haben.

Die Klimaanlage verbreitete trügerische Kühle. Draußen machte der glühende Nachmittag den Flug der Vögel träge. Durchs Fenster beobachtete Celio einen Schwarm gelber und schwarzer Webervögel, die ihre Nester im Wipfel einer Palme bauten. Etwas weiter hinten führte der große Strom majestätisch und zeitlos seine tosenden Wasser. Fischer wiederholten auf ihren Pirogen Gesten aus uralten Zeiten. Mit kraftvoll präzisem Schwung warfen sie ihre Netze tief hinein in die Flut. Die Technik lag in ihnen, so wie die Mathematik in Celio lag. Eine Exponentialfunktion auf Menschenmaterial anzuwenden, war ein Kinderspiel gewesen. Das war zugegebenermaßen sehr viel weniger anstrengend als mit Zahlen, allerdings war die betreffende Materie umso explosiver. Sein Blick ruhte eine Weile auf dem Wasser. Sein Geist wurde von den glitzernden Wellen, die zur Mündung jenseits der Stromschnellen eilten, davongetragen. Er dachte an Nana Bakkali. In diesem Moment wäre er gern mit ihr zusammen gewesen. Sie sahen sich regelmäßig, aber obwohl er Lust dazu verspürte, hatte der junge Mann es noch nicht ins Auge gefasst, sie außerhalb der Arbeitszeit zu treffen. Es war ihm noch nicht zur Gewohnheit geworden, sich Bruchstücke von Glück anzueignen. In der Gegenwart der jungen Frau empfand Celio unbestreitbar so etwas wie einen inneren Frieden, den er sonst nur selten verspürte. War es dieser ernüchterte und ein wenig schelmische Glanz in ihren Augen, der bewirkte, dass sie die Schwere des Lebens nie ernst zu nehmen schien und dass dies auch auf ihn abfärbte und die Dinge leichter werden ließ? Oder war es diese innere Sicherheit, die ihre Weiblichkeit noch verstärkte? Celio zögerte nicht länger. Er nahm sein Handy und rief an.

»Nana Bakkali«, meldete sie sich nach dem dritten Klingelton. Celio genoss die Wirkung, die ihre sanfte Stimme auf sein Rückenmark hatte.

»Celio Matemona.«

»Sieh da, der Herr Kommunikator. Wissen Sie, unser Büro ist leider geschlossen.«

»Keine Sorge, ich rufe nicht wegen der Arbeit an.«

»Ah, Sie denken also tatsächlich auch mal an was anderes? Sie haben doch wohl nicht ihre Ambitionen vergessen, Monsieur Matemona?« Sie würde sich so schnell nicht ändern. Der Drang, ihn zu foppen, war stärker.

»Im Moment richte ich sie auf ein Telefonat. Ich rufe an, weil ich Sie heute Abend auf ein Gläschen einladen möchte. Hätten Sie Lust?«

»Warum eigentlich nicht, allerdings bin ich noch unschlüssig. Sie machen mir Angst, Monsieur Matemona.«

»Angst, Sie? Jetzt aber! Wovor denn?«

»Wenn ich an die Schäden denke, die Sie dieser Tage in Kinshasa angerichtet haben, kann ich nicht umhin, Sie für gemeingefährlich zu halten.«

»Mit Ihrer Beihilfe, vergessen Sie das nicht.«

»Ich war nur ein Instrument in Ihren Händen, wissen Sie, man muss sich vor Ihnen in Acht nehmen.« Es machte ihr Spaß, ihn zu reizen, und aus irgendeinem verrückten Grund war Celio davon überzeugt, dass sie sich nur mit ihm so verhielt. Etwas, das sich nicht greifen ließ, schien sie zu verbinden. Ihr Alter? Ihre Entschlossenheit bei der Arbeit? Sicher ein Spiegeleffekt.

»Ganz richtig, Mademoiselle Bakkali, also widersprechen Sie einem gemeingefährlichen Mann wie mir nicht, und nehmen Sie meine Einladung an.« Sie lachte.

»Einverstanden, geben Sie mir etwas Zeit, damit ich nach Hause gehen und mich umziehen kann. Rufen Sie mich am frühen Abend noch einmal an, und wir treffen uns irgendwo. Bis dann!« Sie legte auf. Die folgende Stille war von Celios Herzklopfen erfüllt. Ein sehr angenehmes Gefühl, dachte er. Sie hatte seine Einladung begeistert angenommen, aber in ihren Worten lag, sobald es um seinen Job ging, noch immer diese Ironie. Celio schob den Missklang beiseite und sagte sich, dass er vor seinem Rendezvous noch ein wenig Zeit totzuschlagen hatte. Also warum nicht Pater Lolos besuchen?

»Herein!« Celio hatte eben an Tshilombos Tür geklopft. Als respektvoller Mitarbeiter war es ihm wichtig, sich, bevor er ging, zu verabschieden, zudem hatte er ihm noch einige Dokumente vorzulegen. Tshilombo saß hemdsärmelig hinter seinem Schreibtisch. Angèle, seine Sekretärin, saß ihm gegenüber und nahm die letzten Instruktionen entgegen.

»Sie wollen los, Matemona?«

»Ja, Boss. Ich habe hier noch ein paar Dokumente, die ich Ihnen zeigen sollte«, antwortete Celio und legte die Blätter auf den Schreibtisch.

»Danke, Angèle. Lassen Sie uns doch bitte allein. Wir sind für heute auch fertig. Sie können gehen, bis morgen.«
»Danke, Monsieur«, sagte die Sekretärin und stand auf, wobei sie einen halben Knicks andeutete.
»Setzen Sie sich zwei Minuten, Celio«, sagte Tshilombo und wies auf einen Stuhl. Mit dem Zeigefinger schob er die Brille hoch und lehnte sich in seinem Sessel zurück, als wolle er eine Idee überdenken.
»Ich habe die Presse und die Gerüchteküche in den letzten Tagen sehr aufmerksam verfolgt, und ich meine, dass wir mit dem Ergebnis unserer Operation zufrieden sein können. Die Wirkungen werden, wie ich denke, noch eine Weile zu spüren sein. Die Bevölkerung ist unschlüssig, aber insgesamt hat sich die Meinung über unsere Führung des Landes positiv entwickelt. Ich möchte, dass Sie mir einen Lagebericht erstellen. Dass Sie den Fortgang dieser Art von Kettenreaktion, wie Sie es nennen, untersuchen. Nehmen Sie sich Zeit. In sagen wir zwei, drei Wochen erwarte ich Ihre Evaluation.«
»Kein Problem, Herr Direktor. Ich habe alle notwendigen Elemente, um die Situation zu analysieren. Momentan erleben wir eine Phase, die dem Zusammenfall des Atompilzes ähnelt, lassen wir den Dingen ihren Lauf. Die Bevölkerung hat die volle Wucht des Neutronenbeschusses abbekommen, sie kann nicht anders, sie wird für uns sein.«
»Ganz Ihrer Meinung, aber Sie kennen die Bevölkerung, Celio, und Sie wissen, wie unvorhersehbar sie sein kann. Genug geschwatzt. Sie können gehen, ich mache für heute Schluss. Bis morgen«, sagte er und hielt ihm freimütig die Hand hin. Celio stand auf, grüßte und ging.
Als Tshilombo wieder allein war und ein paar Dokumente auf seinem Schreibtisch aufräumte, versuchte er, sich vor-

zustellen, welche Auswirkungen der Zusammenfall eines Atompilzes auf die Menschen hatte. Zunächst, vor allem nach der nuklearen Explosion, würden sie wohl nicht viel merken, vielleicht bloß einen Anstieg der Lufttemperatur, höchstens aber ein leichtes Kribbeln im Falle von schwarzem Regen. Würden die Kinshasaer, was die Wahrnehmung der Neutronen anging, sensibler sein als der normale Sterbliche? Höchst unwahrscheinlich, folgerte Tshilombo, während er sorgfältig die Anweisungen zum Herunterfahren seines Computers befolgte.

Pater Lolos hatte etwas mehr als zwei Sekunden gebraucht, um in dem eleganten jungen Mann, der kurz zuvor in der Internatsschule Jean XXIII aufgetaucht war, Celio zu erkennen. Ioanides Lolos war immer glücklich, wenn er seinen Schützling wiedersah. Nach seinem Aussehen zu urteilen, hatte sich seine Situation schlagartig verbessert. Der alte Priester hatte die zunächst einmal äußerliche Veränderung bemerkt. Celio hatte diesen verhärteten Zug, den eine dauerhaft prekäre Lebenssituation mit sich bringt, verloren. Seine Haut war glatt geworden und da sie weniger häufig der erbarmungslosen Sonne ausgesetzt war, sah sie matter, weniger glänzend aus. Der Erfolg hatte seine Miene entspannt. Sein Gesicht war nicht mehr so eckig, die Kanten wirkten mit dem Wohlstand weicher. Er war, wie er es sich angewöhnt hatte, elegant und dezent in einen dunklen Leinenanzug gekleidet. Endlich, dachte Lolos, das wurde ja auch Zeit. Der Kleine schien den Absprung geschafft zu haben. Lolos hatte die Hoffnung schon fast aufgegeben, als Celio mit dreißig Jahren seinen Weg noch immer nicht gefunden hatte. Der Priester wusste, dass es für einen jungen Menschen nicht einfach war, den Durchbruch zu schaffen, vor allem für jemanden wie Celio, der keine Familie oder sonstige Unterstützung hatte. Ein Pfarrer konnte ihm auf den Gebieten, die ihn interessieren mochten, nicht viel weiterhelfen. Denn der junge Mann hatte sich bis jetzt nicht dazu entschließen können, irgendeine Stelle anzunehmen. Natürlich hätte er sich nach gründlicher Suche immer noch einen Job als Schreiberling in einer Firma oder irgendeinem Ministerium angeln können, aber die Höhe der Gehälter und sein Temperament hatten ihn bislang davon abgehalten, und so hatte er sich dafür entschieden, in philanthropischen Dingen hausieren zu gehen und von kleinen Geschäften im »Dickicht« zu leben. Celio gab seiner Freiheit den Vorzug, auch wenn das eine brotlose Angelegenheit war.

Als er jetzt auftauchte, saß Pater Lolos am Tisch auf der Veranda, die auf den grünen Innenhof ging. Der Priester war allein und damit beschäftigt, einen Stoß Prüfungen zu korrigieren.

»Wie geht es dir, Celio? Schön, dich zu sehen. Setz dich. Trinkst du etwas?«

»Gerne.« Flaschen mit Limonade und ein paar Gläser standen auf einem Tablett. Lolos schenkte ein eisgekühltes Getränk ein.

»Auf dein Wohl! Du hast Arbeit gefunden, wie es scheint.«

Celio lächelte. Sie hatten sich eine ganze Weile nicht mehr gesehen. Der junge Mann berichtete ihm kurz von den unerwarteten Entwicklungen in seinem Leben. Von seiner Begegnung mit Tshilombo, seinem Eintritt ins Informations- und Planungsbüro, einer Abteilung, die der Präsidentschaft der Republik unterstand. Der alte Priester runzelte die Stirn.

»Der Präsidentschaft, sagst du?«

»Ich arbeite in der Kommunikation«, antwortete Celio einsilbig.

»Kommunikation, das sagt sich leicht. Welche Art der Kommunikation beherrschen die Leute des Präsidenten denn, abgesehen vom Lügen?«

»Sieh nicht alles so schwarz, ehrwürdiger Vater. Ich weiß, was ich tue. Im Augenblick muss ich meinen Lebensunterhalt verdienen und mich endlich beruflich weiterentwickeln. Ich kann es mir nicht erlauben, diese einzigartige Chance zu verpassen.«

»Ich hoffe, du weißt, was du tust. Glaub nicht, dass du da mit heiler Haut herauskommen wirst, Celio. Ich hoffe nur, dass du in der Lage sein wirst, dich zu schützen. Trinken wir auf deine Charakterstärke«, fügte Lolos hinzu und erhob sein Glas.

Er konnte sowieso nichts anderes tun, als den Dingen ihren Lauf zu lassen. Er selbst vermochte Celio in dieser Hinsicht nicht zu helfen. Die Jugend war keine einfache Phase. Es stimmt, die Winde, die das Schicksal lenken, sind bisweilen nicht zu fassen. Keiner wusste das besser als er selbst. Denn wer hätte voraussehen können, dass Ioanides Lolos, Sohn des überzeugten Kirchengegners Dimitrios Lolos, eines Tages bei einer belgischen Kongregation den Treueeid ablegen würde? Niemand. Aber angesichts der Lage, die bei Kriegsende in Griechenland und ganz Europa herrschte, hatte seine Familie in Belgien Zuflucht gesucht, wo sehr viel später der zwanzigjährige Ioanides Lolos zum Leidwesen seines Vaters an einem Tag der Verirrung aus Liebeskummer ins Priesterseminar eingetreten war.

Nach dem Seminar entschied er sich für die Mission. Er wollte die Welt sehen, und man schickte ihn in den Kongo, wo er in der Tat Gelegenheit erhielt, im Kontakt mit den Menschen ihre Zweifel und ihr Leiden, aber auch das Staunen kennenzulernen. Er verliebte sich einfach in das Land. Und wie bei jeder großen Liebe war er ihm im Guten wie im Bösen verbunden. Im Laufe all der Jahre hatte er beides erfahren, aber niemals würde er sich dazu entschließen können, dieses Land zu verlassen, das allen Schwierigkeiten zum Trotz das seine geworden war, was auch geschehe.

Die Nacht war bereits hereingebrochen, als Celio Pater Lolos verließ. Das Bandalungwa-Viertel, in dem Nana wohnte, war nicht weit. Er rief sie an, um mit ihr einen Treffpunkt auszumachen, und nahm ein Sammeltaxi. Sie trafen sich in einem *nganda*[26] in der Nähe ihrer Wohnung. Die Wirtschaft befand sich in einem Garten hinter einer Privatvilla, mit niedrigen Tischen hier und da, an denen Pärchen saßen. Afrokubanische Musik bildete eine recht laute Geräuschkulisse, die aber die Unterhaltung nicht behinderte. Ibrahim Ferrers warme Stimme lud sogar zu Vertraulichkeiten ein. Die anwesenden Frauen waren schön, aber Nana war die strahlendste von allen. Sie wirkte an diesem Abend entspannt und trug einen weiten, kobaltblauen Boubou mit einem Turban aus dem gleichen Stoff, den sie mit falscher Nachlässigkeit um den Kopf geschlungen hatte. Die jungen Leute saßen vor ihrer Limonade. Als Appetithäppchen hatte man ihnen gegrillte Ziege und Stückchen frittierter Leber mit Schalotten serviert.
»Ich frage mich, was Sie wohl dazu veranlasst hat, mich heute Abend einzuladen.« Die Frage traf Celio unvorberei-

---

26. Informeller Getränkeausschank.

tet. Sie schien es ernst zu meinen, aber wie immer glitzerte es silbrig in ihren Augen.

»Warum? Hätte ich es nicht tun sollen?«

»Im Gegenteil, Monsieur Matemona! Im Gegenteil, ich habe darauf gehofft. Ich habe mich nur gefragt, wie lange Sie brauchen würden, um sich durchzuringen.«

»Finden Sie mich etwa zu schüchtern?«

»Ein bisschen. Sie sollten etwas lockerer werden. Ich bin mir sicher: Wenn Sie mich heute sehen wollten, dann weil Sie mir etwas zu sagen haben.« Celio war von der Wendung, die ihre Unterhaltung nahm, ein wenig aus dem Gleichgewicht gebracht. Was konnte er ihr sagen? Dass sie ihm unglaublich gut gefiel, aber dass er eigentlich nicht wusste, warum?

»Ja, vielleicht«, gab Celio zu. »Ich könnte Ihnen zum Beispiel sagen, dass ich es mag, in Ihrer Gesellschaft zu sein. Davon abgesehen habe ich Ihre Arbeit bereits schätzen gelernt, und es ist ein echtes Vergnügen, mit Ihnen zusammenzuarbeiten.«

»Ich habe nur meine Arbeit getan, das ist nicht mein Verdienst.«

»Schon möglich, aber so jung und schon Abteilungsleiterin beim Staatsfernsehen, ich weiß ja nicht, da müssen Sie doch ziemlich außergewöhnlich sein, oder?«

»Täuschen Sie sich mal nicht, Monsieur Matemona. Ich habe es Ihnen ja gesagt: Es ist nicht mein Verdienst. Ich habe einen Papa an der richtigen Stelle, der die Interessen seiner Tochter verteidigt. So einfach ist das.« Die Stimmung im Garten war fröhlich. Die verstreut sitzenden Pärchen scherzten und lachten. Die Nacht versprach angenehme Augenblicke.

»Ich hatte Ihnen ja gesagt, Sie tragen noch Scheuklappen«, fuhr Nana fort, »Sie sind einfach ein Träumer, junger Mann. Ja, was glauben Sie denn? Dass mich allein meine Fähigkeiten an die Spitze der Werbeabteilung gebracht haben? Wie naiv! So weit sind wir noch nicht, Monsieur Matemona. Weiblich und außerdem jung zu sein, ist auch in der heutigen Gesellschaft noch nie ein gutes Vorzeichen gewesen. Sie können mir glauben, ich habe keine Gewissensbisse, weil ich und nicht ein anderer auf diesem Posten gelandet bin, auch wenn ich das gewissen Freundschaftsdiensten zu verdanken habe. Machen Sie die Augen auf und sehen Sie, wie es auf der Welt zugeht. Die uns lenkenden Mechanismen werden oft allein von den Machtverhältnissen bestimmt. Mein Chef kann es sich nicht leisten, meinem Vater irgendetwas abzuschlagen. Und so funktioniert es fast überall. Nehmen Sie die Dinge, wie sie kommen, und sehen Sie der Wirklichkeit ins Auge, Sie fühlen sich danach besser, das versichere ich Ihnen.«

»Das habe ich vor. Jedenfalls heute Abend«, erwiderte Celio.

»Ich hoffe es. Aber sagen Sie mir jetzt nicht, Sie haben mich nur eingeladen, um schon wieder über die Arbeit zu sprechen. Erzählen Sie mir lieber von sich. Wer sind Sie wirklich?« Celio hätte ihr sagen können, dass er von weit her kam, dass er wusste, wovon sie sprach, dass tatsächlich seit Urzeiten dieselben Regeln den Lauf der Dinge bestimmten und dass er als Anhänger der Mathematik das nur zu gut wusste. Aber heute Abend wollte er nicht pathetisch werden. Die metaphysischen Reden sparte er sich für später auf.

»Gibt es da jemanden in Ihrem Leben?«, fragte Celio.

»Bei einer bezaubernden Frau wie mir wäre das Gegenteil ein Zeichen für ausgesprochenes Pech. Nein, seien Sie unbesorgt, nichts Ernstes. Ich habe auf Sie gewartet«, fügte sie mit schelmischem Lächeln hinzu. Celio wurde unsicher. Sie beherrschte wahrhaft die Kunst, ihn aus dem Konzept zu bringen. Er hatte die Situation nicht wirklich unter Kontrolle. Also klammerte er sich an die Aufforderung der jungen Frau und fing an, über sich selbst zu sprechen. Da er sich dabei auch in ein bestimmtes Licht rückte, ging er es behutsam an. Er versuchte, ihr seine Lebensumstände nach der Schule und vor seiner Zeit im BÜRO darzulegen. Er schilderte seine Ankunft in Kinshasa, seine Einsamkeit, aber weiter zurück ging er nicht. Er erzählte ihr von seinem Ehrgeiz, der ihm geholfen hatte, die Hoffnung zu bewahren, egal, was geschah. Nach und nach gab auch sie Dinge von sich preis. Celio entdeckte eine sensible Frau voller Lebenslust, von der er sich später am Abend nur schwer würde trennen können. Weit nach Mitternacht begleitete er sie nach Hause. Als er sie an der Wohnungstür verließ, startete sein Herz einen Countdown, der, wie er zuinnerst spürte, erst abgelaufen wäre, wenn er das nächste Mal ihre Stimme am Telefon hörte.

VI

Die Koeffizienten des Chaos

Gonzague Tshilombo schlug die nur wenige Blätter dünne Akte wütend zu.

»Wahlprozess, Wahlprozess. Über was anderes können die wohl nicht mehr reden. Sollen sich doch zum Teufel scheren mit ihrem Wahlprozess!« Die Wut machte die Klimaanlage fast nutzlos. Schon die bloße Erwähnung der verhängnisvollen Worte verursachte bei Tshilombo Hitzewallungen. Das Dokument vor ihm war ein Memo der Präsidentschaft über die angespannten Beziehungen des Landes mit der Außenwelt, und das hieß den Vereinigten Staaten von Amerika, der Europäischen Union, Amnesty International und dem Verein der Leihmütter des Limousin, um nur einige zu nennen. Die Schelte kam von allen Seiten. Man sollte um jeden Preis demokratisieren, Wahlen hinbekommen, Schluss machen mit der Brutalität. Der Präsident hatte ihm diesen Bericht zukommen lassen, nicht weil Tshilombo eine echte Demokratie hätte einleiten sollen, vielmehr wurde ihm nahegelegt, die Angriffe dringend zu parieren, und das hieß, Zeit zu schinden. Der Staatschef verhandelte momentan hinter den Kulissen über sehr wichtige Dinge, er brauchte die Zeit. Und diese Aufgabe fiel absolut in den

Zuständigkeitsbereich des Informations- und Planungsbüros. Tshilombo hatte nicht die Muße, noch länger darüber nachzudenken, denn ohne Vorwarnung wurde die Tür zu seinem Büro aufgestoßen, und Madame Odia Tshilombo legte einen strahlenden Auftritt hin, in ihrem Gefolge Kapinga und Angèle, die etwas verlegene Sekretärin. Odia war wie immer von äußerster Eleganz, sie trug einen eng anliegenden, gelben Pagne mit Rankenmuster in hellerem Gelb. An den Füßen Maud-Frizon-Pumps, ebenfalls gelb. Das Gold an ihrem Körper funkelte und strahlte. Seit ihrer Ankunft im BÜRO hatte ihre Anwesenheit das Personal, Chauffeure, Leibwächter und so weiter, in helle Aufregung versetzt. Innerhalb weniger Sekunden hatte sie wie die Göttin des Überflusses ein Bündel Geldscheine verteilt.

»Bonjour, mein Liebling, ich wollte dich überraschen«, sagte sie, nachdem Angèle die Tür hinter sich geschlossen hatte.

»Das ist ja großartig«, stammelte Tshilombo und erhob sich, um seine Gäste zu begrüßen. Er war von seiner Gattin immer sehr beeindruckt, und die Überraschung war ihm in der Tat willkommen, doch sein Blick wanderte zu der jungen Kapinga hinüber, die wie üblich eine Miene völliger Gleichgültigkeit gegenüber allem, was um sie herum geschah, aufgesetzt hatte.

»Bonjour, *semeki*«, sagte sie nichtsdestotrotz.

»Bonjour, Kapinga.« Tshilombo wies auf ein Sofa und einen Sessel, die in seinem Büro eine kleine Wohnecke bildeten. Über die Sprechanlage bestellte er Erfrischungsgetränke.

»Liebling, ich muss verreisen. Ich muss für ein paar Tage nach Maskat in Oman, Tiefkühltruhen und Klimaanlagen ordern. Du weißt schon, Zouher, dieser Syrer, der mich

neulich angerufen hat, erwartet mich drüben. Es ist ein wichtiger Auftrag, ich muss unbedingt vor Ort sein.« Tshilombo hörte zu, ohne mit der Wimper zu zucken, trotz des leichten Stichs in der Herzgegend. Einerseits hatte er das Szenario sofort vor sich gesehen: der mysteriöse Liebhaber, das Hotel wie aus Tausendundeiner Nacht, Odia. Andererseits war er unfähig, seiner Frau etwas abzuschlagen. Er war ihrem Charme hilflos ausgeliefert und wusste nicht, was er ihr sagen sollte, um sie von der Reise abzuhalten. Tshilombo war es gewohnt, in dieser Art von Dilemma zu manövrieren. Er wartete ab, wie es weiterging.
»Könntest du mir den Pass und das Visum organisieren? Ich brauche beides so schnell wie möglich. Ich würde gern in ein paar Wochen fliegen.« Natürlich würde er es tun. Er brauchte bloß jemanden vom Protokolldienst der Präsidentschaft loszuschicken, und die Sache war geritzt.
Die fortwährenden Boykotte und die Ächtung, die das Land seit Jahren hinnehmen musste, hatten die Handelsbeziehungen vollständig umgekrempelt. Diese hatten sich seither von Norden nach Osten verlagert. Hin zu den Arabischen Emiraten jenseits des Indischen Ozeans, zum Fernen Osten, nach China. Zu Ländern, die sich mit ihren Visa nicht so anstellten. Das Misstrauen gegenüber dem Norden und die sehr viel größeren Gewinnspannen waren greifbare Tatsachen, daran konnte Tshilombo nichts ändern. Wenn seine Frau unbedingt nach Maskat gehen musste, dann sollte sie eben nach Maskat gehen. Er würde mit seiner Eifersucht hinterm Berg halten, wenn das der Preis war, den er, Gonzague Tshilombo, zu zahlen hatte, damit sie diesen – wie hieß er noch gleich? – diesen Zouher treffen konnte, bitte sehr! Wenn Geschäftemachen hieß, dass

sie sich mit hübschen, exotischen Wüstenprinzen traf, tja dann konnte man nichts machen.
Die junge Kapinga saß kerzengerade in ihrem Sessel und schien sich furchtbar zu langweilen. Angèle trat ein, in den Händen ein Tablett mit Flaschen eisgekühlter Limonade und Gläsern. Die Hitze draußen war gewohnt drückend. Die Sekretärin servierte und verschwand. Die sprudelnden Getränke sangen in den Gläsern. Kapinga, den Oberkörper in einer braven, weißen Bluse, die zusammengepressten Knie in einem eng anliegenden, marineblauen Rock, trank aus ihrem Glas, das sie fast senkrecht hielt, mit kleinen Schlucken wie ein Kolibri. Tshilombo vermied es, sie anzusehen. Nach dem Anfall von Eifersucht und Resignation hatte sein wankelmütiger Geist plötzlich begriffen, dass er mehrere Tage mit seiner angeheirateten Cousine allein bleiben würde. Eine Frage brannte ihm auf den Nägeln.
»Wie lange bleibst du weg?«
»Eine Woche, vielleicht zwei? Länger werde ich nicht brauchen. Aber ich komme so schnell wie möglich zu dir zurück, mein Liebling. Sobald ich fertig bin mit meinem Zeug.«
»Kein Problem, mach das, wie du willst«, erwiderte er schicksalsergeben.
»Hol mir trotzdem mal ein Visum für einen Monat, man weiß ja nie.«
Odia und Kapinga leisteten ihm, nachdem sie ihren Durst gestillt hatten, noch ein paar Minuten Gesellschaft, dann gingen sie und ließen eine Parfümwolke zurück, die Tshilombo verwirrte.
»Celio, wenn Sie bitte kommen würden.« Als Tshilombo seinen Finger von der Sprechanlage nahm, hatte er seinen Gleichmut wiedergefunden.

»Boss?« Celio war schon da.
»Mögen Sie Krokodil?« Der junge Mann erhielt keine Zeit zu antworten. »Lassen Sie die Arbeit eine Weile liegen, ich lade Sie zum Essen ein.«
Kurz darauf saßen sie unter einer riesigen Hütte mit Strohdach, die eines der exquisitesten Restaurants von Kinshasa beherbergte, das »Inzia«. Tshilombo hatte gut daran getan, Celio dorthin mitzunehmen: Das Essen war köstlich, die Atmosphäre angenehm. Der ebenso beflissene wie diskrete Oberkellner, der seine Gäste kannte, hatte sie an einen guten Tisch etwas abseits gesetzt. Die dazugehörige Musik spielte leise. Die überall verteilten Grünpflanzen sorgten für Kühle. Der Ort war hervorragend geeignet, um sich in Ruhe zu unterhalten und nachzudenken.
»Lesen Sie das hier.« Tshilombo reichte Celio das Memo der Präsidentschaft, das über die Ungeduld der internationalen Gemeinschaft in puncto Demokratie berichtete. Während Celio die Seiten überflog, brachte der Oberkellner eine Flasche Chardonnay, der an den Hängen der Kapregion Südafrikas gereift waren. Der eisgekühlte Wein stillte herrlich den Durst.
Celio war von dem, was er las, so gefangen, dass er die Stirn runzelte. Tshilombo kostete das erlesene Getränk. Nach einer Weile legte der junge Mann das Dokument beiseite.
»Was halten Sie davon?«, fragte Tshilombo.
»Das ist eigentlich offensichtlich. Die Welt will Fortschritte beim Thema Menschenrechte. Meines Wissens ist das nichts Neues.«
»Ja, aber die Situation ist jetzt eine andere. Wir müssen uns vielleicht bald mit Wahlen herumschlagen. Stellen Sie sich das einmal vor, Celio. Tag für Tag sind wir einem gewalti-

gen Druck ausgesetzt. Die UNO-Kommission für Menschenrechte wird in weniger als einem Monat in Genf zusammentreten. Sie soll über einen von Frankreich vorgelegten Bericht zu Folter und willkürlichen Verhaftungen im Land diskutieren. Das kommt im Augenblick äußerst ungelegen. Der Präsident steht mit der amerikanischen Regierung und einer Finanzgruppe in Verhandlungen wegen eines Darlehens, das direkt in den Staatshaushalt fließen soll. Diese Kommission kommt also wirklich zur Unzeit. Und das umso mehr, als die Franzosen, die kürzlich von einem Erdölvertrag über die Offshore-Lagerstätten vor Moanda ausgeschlossen wurden, sicher extrem bissig sein werden. Der Präsident braucht dieses Geld. Die Kreditgeber meiden uns schon lange. Das befeuert soziale Unruhen aller Art. Wie wollen Sie unter diesen Bedingungen demokratisieren? Das Land ist inzwischen wie ein Schiff, das an allen Stellen leckt. Machen Sie sich eines klar, Celio, wir werden von den Nationen geächtet.« Dem jungen Mann war das bereits sonnenklar. Gar nicht so einfach, damit umzugehen. Außer, man betrachtete das Problem aus einem neuen Blickwinkel:

$x = -y$
dabei seien x sie und y wir

Es war nur eine vage Idee, eine banale Gleichung ohne wirkliche Bedeutung, aber Celio überlegte weiter. War x positiv oder y negativ zu sein ein dauerhafter Zustand, wenn man den angemessenen Koeffizienten, mit dem man x oder y multiplizieren musste, hatte bestimmen können? Tshilombo breitete seine Verbitterung weiter aus.

»Den großen Lehrmeister spielen, das können sie. Dabei hat der Westen seine Macht auf der Unterdrückung der restlichen Welt aufgebaut! Wie viele Völker haben sie unterwerfen und massakrieren müssen, bevor sie ihre sogenannte Demokratie gründen konnten? Von nichts kommt nichts, Celio. Und das wissen die eigentlich auch. Alles hat seinen Preis. Lasst uns doch ein bisschen Zeit, Herrgott noch mal!« Der Chardonnay machte Tshilombo geschwätzig. Man servierte ein Stück Vorderbein vom ausgewachsenen Krokodil in einer Soße aus Kokosmark, die mit *ngaï-ngaï*, einer Art tropischem Sauerampfer, gewürzt war. Das zarte, weiße Fleisch, das an Hummer erinnerte, duftete köstlich. Dazu reichte man *lituma*, gestampfte, grüne Kochbananen mit ein paar Tropfen Palmöl, das Ganze umschmeichelt von dem südafrikanischen Wein. Es war ein außergewöhnlicher Moment. Genüsslich aßen sie eine Weile, bevor Celio die lange Sequenz klappernden Bestecks unterbrach.
»Wissen Sie, Boss, das alles ist eine Frage des Image. Unseres ist momentan negativ, da stimme ich Ihnen zu, aber auch wenn sich das nicht so einfach wegzaubern lässt, können wir immerhin das Image unseres Gegners studieren und gegebenenfalls darauf einwirken, bis es genauso beschissen ist, wenn nicht schlimmer. Mithilfe eines kleinen Rechenvorgangs wäre die Sache durchaus machbar.« Tshilombo hätte sich fast verschluckt. Was redete der da?
»Was meinen Sie mit ›Rechenvorgang‹?«
»Es ist nur so eine Idee, Boss. Ich sagte, jeder von uns besitzt ein Image, und dieses Image verändert sich mit den Lebensumständen. Unseres ist heute hässlich? Das des Nachbarn schöner oder verführerischer? Meinetwegen? Allerdings kann nichts verhindern, dass dieses Image, auf das er

so stolz ist, dieses Image, das er so gern bewahren will, nicht eines Tages genauso abscheulich wird wie unseres, oder noch schlimmer. Und wer sieht dann salonfähiger aus? Wer kann dann Lektionen erteilen und den Lehrmeister spielen?« Der Direktor des BÜROS hatte aufgehört zu essen, er hörte Celio gespannt zu. Der fuhr fort.

»Wissen Sie, die Araber ...«

Tshilombo hatte einen kurzen Anfall von Trübsinn, als er an seine Ehefrau und diesen Hurensohn von Zouher drüben in Maskat dachte. Er hatte Odias Beschwingtheit nicht gemocht, als sie neulich mit dem Syrer telefoniert hatte.

»Ja, die sind mir bekannt.«

»Die Araber hatten den Durchblick. In der Mathematik konnten sie sich keine negativen Ergebnisse vorstellen. Sie benutzten zwar die Null, aber darunter durfte nichts existieren, weshalb Meister Muhammad ibn Musa al-Chwarizmi in Bagdad unter der Herrschaft des großen Kalifen al-Ma'mun die Transposition auf Zahlen anwendete und das eine Gleichung nannte, sodass das, was negativ ist, positiv wird, und umgekehrt. Um die Gleichheit zu wahren. Und das mithilfe eines klitzekleinen Vorgangs, Boss, eines klitzekleinen.«

»Politische Ereignisse zu transponieren, das müsste doch gehen, oder?«, überlegte Tshilombo laut. Tatsächlich bestand seine Arbeit darin, nicht auf die Ereignisse selbst, sondern auf die sie betreffenden Informationen einzuwirken, was in den Augen der Öffentlichkeit exakt aufs Gleiche hinauslief. Das Essen schmeckte Tshilombo immer besser, was durchaus auf die interessanten Bemerkungen seines Gastes zurückzuführen war.

»Wir werden über diese ›Transposition‹ ernsthaft nachdenken«, fuhr er fort. »Lassen Sie uns in der Zwischenzeit dieses Essen genießen. Noch etwas Wein?« Sie beschlossen ihr Mahl mit dem süßen, weichen Fruchtfleisch der Mangostanen, denen ein Kaffee aus der Kivu-Region folgte. Celio begleitete seinen Chef zum Wagen zurück. Sie würden sich erst am nächsten Tag wiedersehen. Tshilombo hatte entschieden, dass der junge Mann für heute genug getan hatte. Der Mercedes startete und verließ den Restaurantparkplatz.

»Stabsfeldwebel Bamba!«
»Was?« Stabsfeldwebel Bamba Togbia, der auf dem Rücksitz des Geländewagens saß, befreite sich mühsam aus seiner Tiefschlafphase. Als er die Augen aufschlug, fiel es ihm schwer, sich zu orientieren. Durchs Wagenfenster erkannte er, wenn auch verschwommen, Celios Gesicht. Er brauchte ein paar Sekunden, bis sein Gehirn wieder automatisch auf scharf gestellt hatte. Der Schlafmangel brachte seinen natürlichen Ruhemodus komplett aus dem Tritt. Wieder einmal, seit er von Mbuta Luidis Verwünschung wusste, hatte der Schlaf ihn am helllichten Tag überrascht. Immer häufiger und vor allem, wenn es wirklich nicht ging, geriet er in Versuchung, ihm nachzugeben, sich allmählich in seine watteweichen Arme sinken zu lassen, mit Wonne zu spüren, wie die Augenlider schwer wurden.
»Zu Befehl, Chef!«
»Wo ist Landu?«, fragte Celio.
»Muss ganz in der Nähe sein. Bestimmt schwatzt er irgendwo.«
»Nicht so schlimm, ich treffe mich jetzt noch mit Freunden, ich komme alleine heim. Sie können also gehen, Bamba. Bis morgen.«

Auch Celio verließ das Restaurantgelände und wandte sich zu der ganz in der Nähe liegenden Parzelle, auf der sich die »Firma Isemanga« und seine Freunde befanden.

»Kleiner, *nasepeli lokola namoni yo boye. Mwana mobali basekaka ye te, soki akufi naïno te.*[27] Wer hätte gedacht, dass wir dich eines Tages so sehen würden, eingekleidet wie ein Minister und mit hohen Pflichten? Kleiner, ich gratuliere dir. Sieh nicht nach hinten, geh weiter voran, ich stehe hinter dir.«
»Danke, Alter.« Nach diesem Stegreifsegen des Alten Isemanga begrüßte Celio seine Freunde, die ihn wie üblich mit Geschrei und freundschaftlichen Püffen empfingen. Die Zwillinge stürmten vor, um die Ehre zu erhalten, seine Aktentasche zu tragen.
»Celio, *mobali ya* Erfolg[28]!«
»Celio, du bist der *nkolo makambo* von allen *nkolo makambo*[29]!« Es war immer das gleiche Spiel. Jedes Mal, wenn er sich blicken ließ, fingen seine Freunde an, ihre Bewunderung in Lobhudeleien auszudrücken. Es ist ein wahrhaft schwieriges Unterfangen, sich in Afrika vor dem Personenkult zu schützen. Celio wischte das Lob beiseite, indem er eine Runde Fleischspieße und Getränke für alle ausgab, zur großen Freude sämtlicher Anwesenden und besonders des Alten Isemanga.
»Was fällt dir eigentlich ein, Celio?« Der junge Mann drehte sich um und stand Sido gegenüber. Es war lange her, seit er sie zuletzt gesehen hatte. Ihm wurde klar, dass er sie bereits vergessen hatte.

---

27. Kleiner, ich bin froh, dich so zu sehen. Man lacht nicht über einen jungen Mann, solange er noch nicht tot ist. (Lingala-Sprichwort)
28. Mann des Erfolgs.
29. Champion aller Champions unter den Geschäftsmännern.

»Wie geht es dir, Sido?«
»Du fragst mich, wie es mir geht? Was hat dich denn daran gehindert, bei mir vorbeizukommen? Du weißt, wo ich wohne, oder? Es ist noch gar nicht lange her, da hast du auch da gewohnt. Erinnerst du dich nicht mehr? Du bist nichts weiter als ein ›Durchschlängler‹, Celio!« Sie sah ziemlich sauer aus. Die samtweiche Stimme war wie weggeblasen. »Schaut euch doch diesen Typen an! Weil du es geschafft hast, bist du dir jetzt zu schade für eine Frau wie mich? Mich hat das nicht daran gehindert weiterzuleben. Ich brauche keinen Clown wie dich. Du bist ein Dreckskerl, nichts weiter, sprich mich ja nie wieder an!«
Celios Bewunderer schalteten sich ein:
»*Tika biso makelele*[30], Sido! Nutz lieber die Gelegenheit und trink mit uns was Süßes, Celio zahlt. Ärger dich nicht. Er war mit dem Präsidenten beschäftigt, aber er hat nicht aufgehört, an dich zu denken.«
»Der Präsident und Celios Geld sind mir scheißegal, ich habe mein eigenes. Alter, gib mir zwei Spieße. Ich hoffe, ihr erstickt an euren!«, setzte sie ungerechterweise nach. Sido übertrieb vielleicht ein wenig, wenn sie den jungen Mann als Durchschlängler bezeichnete, denn normalerweise tut der Durchschlängler alles mit solcher Eleganz, dass er sogar von seinen Gegnern Beifall erhält. Das war hier ganz offensichtlich nicht der Fall. Trotzdem, genau wie die so Geschmähten nahm Celio den Rundumschlag der jungen Frau mit gespielt lässigem Schulterzucken hin.
Während der Alte Isemanga die Fleischspieße verpackte, ließen sich die jungen Leute lang und breit über das feh-

30. Hör auf, hier Lärm zu schlagen!

lende weibliche Verständnis für den Aufstieg des Mannes aus. Nachdem Sido gegangen war, lästerten sie weiter über das andere Geschlecht. Sie sprachen von all denen, die ihnen Kummer bereitet hatten, aber auch von denen, die voller Selbstlosigkeit alles akzeptierten, nur um im letzten Moment aufzumucken und sich dann aus dem Staub zu machen. In jedem Fall bestraften sie sich selbst, da sie nirgendwo landeten, oder schlimmer: in den Armen eines Kerls, der dem Verflossenen natürlich niemals das Wasser reichen konnte, was Feinfühligkeit und sexuelle Leistungen anbelangte. Während sie so ihren Rachegedanken nachhingen, kamen sie auf das Mädchen zu sprechen, dessen verstümmelten Leichnam man neulich in einem schäbigen Hotel in Bumbu entdeckt hatte. Ihrer Meinung nach ging dieses Verbrechen sicher auf das Konto eines zurückgewiesenen Liebhabers. Im Übrigen wurde ein »groß gewachsener Mann« gesucht. Da steckte die Regierung dahinter, die die Bevölkerung in Angst und Schrecken halten wollte, behauptete der kleine Amisi, der zufällig vorbeikam und von diesen Dingen keine Ahnung hatte.

»Aber nein«, sagte Richard der Bourgeois, »die Regierung hat andere Methoden, um die Angst zu schüren, fragt Celio, der weiß es.«

»Genau, wir verwenden andere Methoden«, stimmte Celio ihm zu.

»Was machst du bei deiner Arbeit eigentlich genau?«, fragte Trickson.

»Ich analysiere Informationen«, antwortete Celio vage.

»Ja, aber«, warf Face ya Yézu ein, »wenn ihr von der Regierung stundenlang Sachen analysiert, warum könnt ihr nichts kontrollieren, außer uns, und auch das nicht mal richtig?«

»Zu viele Parameter, Jungs!«
»Parameter, wir haben alle unsere Parameter, mit denen wir uns rumschlagen müssen.«
»Interne und externe Parameter«, fügte Celio hinzu, der sich nicht weiter darüber auslassen wollte.
»Was für Externe denn?«
»Na, die aus dem Westen. Die haben es wirklich drauf, wisst ihr.«
»Die haben es drauf, weil ihr Komplexe habt«, mischte sich der Alte Isemanga ein. »Euch fehlt es an *pisologie*, das ist alles. Der Weiße? Der versteht nichts anderes. Passt auf, als wir im Krieg 40–45 ...«
»Der Alte fängt wieder mit seinen Geschichten an«, bemerkte Richard der Bourgeois, der den Alten und seine haarsträubenden Theorien kannte, mit gesenkter Stimme. Die jungen Leute fanden seine Ideen suspekt, aber das Recht der Älteren war nun mal das Recht der Älteren, sie mussten ihm also zuhören und vorzugsweise mit dem erforderlichen Respekt.
»Meine Kleinen, als wir 1940 die Hitlers vor uns hatten, da war uns nicht nach lachen. Wir wussten, die Typen sind böse, deshalb hatten wir beschlossen, noch böser zu werden. Unser Problem beim Kampf bestand darin, drei Gefangene zu machen. Warum drei? Weil wir, meine Kleinen, zunächst mal den ersten gefoltert haben, vor den Augen der beiden anderen. Dann haben wir ihn abgeschlachtet und den zweiten gezwungen, ein Stück von seinem Fleisch zu essen, dann haben wir den auch gefoltert und umgebracht, immer noch vor den Augen des letzten, den wir dann zurückgeschickt haben in seine Reihen, damit er seinen Landsleuten erzählt, was er bei den Kongolesen der Force Publi-

que gesehen hat. Ergebnis: Sobald die Hitlers uns im Gefecht zu Gesicht bekamen, gab es sofort das große Heulen und dann ein Rennen wie die Hasen. Meine Kleinen! Wir, wir haben *pisologisch* Krieg gemacht. Bei den Weißen muss man richtig zuschlagen. Richtig oder gar nicht. Ohne *pisologie* geht da nichts!« Natürlich riefen die Worte des Alten Isemanga ziemliche Entrüstung hervor.

»Alter, ihr wart ja vielleicht *mystisch*[31]! Und wo bleibt die Genfer Konvention?«, wagte sich Sera Sera, der junge Vertrauensmann, vor, ein sensibler Junge.

»Ihr und eure belgischen ›Onkels‹ hattet wohl vor gar nichts Respekt! Was für eine Generation!«, überbot ihn Trickson.

»Kleiner, in gewissen Situationen muss man schweres Geschütz auffahren. Glaubst du, sonst hätten die Belgier, so wie die gekämpft haben, auch nur den kleinsten Sieg einheimsen können? Saïo[32], das waren wir. Tabora[33], das waren wir.«

»Ja, und? Was hat euch das gebracht?«, beharrte Richard der Bourgeois. »Haben sie euch je irgendeinen Dank gezeigt?«

»Nichts, meine Kleinen!«, klagte der Alte Isemanga. »Wir haben unser Blut für nichts und wieder nichts vergossen. Seit über fünfzig Jahren warten wir auf eine ungewisse Veteranenrente. Vielleicht hätten wir sie ihrem Schicksal überlassen sollen?«, fragte er sich, ein wenig spät.

---

31. Seltsam, verdächtig (im Volksmund).

32. Entscheidende Schlacht, bei der die Italiener in Abessinien geschlagen wurden. Saïo fällt am 3. Juli 1941.

33. Die Stadt Tabora, Zentrum des deutschen Widerstands in Ostafrika, fiel am 19. September 1916 nach einer Offensive der kongolesischen Truppen.

»Alter«, schaltete Trickson sich ein, »mach ihnen ein bisschen psychologischen Druck, vielleicht spucken sie das Geld dann ja endlich aus.« Das Publikum lachte schallend.
»Ihr Haufen Dummköpfe. Wärt ihr imstande gewesen zu tun, was wir getan haben?«, schimpfte der Alte. »Was wisst ihr schon von der *pisologie* der Weißen?« Nach diesem hochfliegenden Exkurs in die Humanwissenschaften stand Celio auf, nahm seine Aktentasche und zahlte seine Rechnung.
»Das Rausgeld kannst du behalten, Alter.«
»Wer den Centime nicht ehrt, Kleiner«, bedankte Isemanga sich.
Celio verließ sie und ging zu Fuß nach Hause. Ein kleiner Spaziergang würde ihm nicht schaden. Er hatte noch über einiges nachzudenken. Die internationale Gemeinschaft hatte sich also gegen das Land verschworen. »Gebt mir einen Hebel, der lang genug, und einen Angelpunkt, der stark genug ist, dann kann ich die Welt mit einer Hand bewegen«, hatte ein Verrückter gesagt. Genau das hatte Celio vor. Sich ab heute Abend einen Hebel auszudenken und einen Angelpunkt zu suchen, um die Erde ein ganz klein wenig in Bewegung zu setzen.

Celio war an jenem Morgen in Hochform aufgewacht. Seine Überlegungen der Nacht hatten ihn eine mögliche Lösung für ihr Problem erahnen lassen. Jetzt hatte er es eilig, Tshilombo auseinanderzusetzen, was die Gleichungen ihm eingeflüstert hatten. Er glaubte, einen Hebel samt zugehörigem Angelpunkt gefunden zu haben. Nichts, um den Erdball aus der Bahn zu werfen, aber genug, um eine Bewegung anzustoßen, die durchaus genügen würde, um den ein oder anderen auf der Erdoberfläche aus dem Gleichgewicht zu bringen. Als er im BÜRO ankam, bat er um eine Unterredung mit dem Chef. Er wurde sofort empfangen. Er legte seine Theorie dar.

»Boss, ich habe über diese Transposition nachgedacht, von der wir es neulich hatten. Nehmen wir einmal an, Frankreich sei eine Zahl *x*. Der Koeffizient von diesem *x* sei momentan positiv. Wir könnten diesen Koeffizienten negativ machen, und zwar mittels irgendeines Zwischenfalls, den wir anschließend dazu verwenden, um Druck auszuüben.«

»Einen Zwischenfall, einen Zwischenfall, das sagt sich so leicht«, warf Tshilombo ein. »Grundlos einen diplomatischen Zwischenfall zu provozieren, wo denken Sie hin!«

»Ich dachte eher an ein scheinbar ganz harmloses Ereignis, das dann ganz rasch zu einer dreckigen Geschichte wird, und das hier, auf unserem Hoheitsgebiet.«

»Eine Spionagesache? Das ist aus der Mode, Celio. Das klappt nicht mehr. Abgesehen davon: Was wollen Sie denn in diesem Land ausspionieren? Man braucht nur ins Internet zu gehen, um detaillierte Karten unserer großen Städte zu finden, erstellt von der CIA, ganz zu schweigen von den Satelliten, die uns andauernd beobachten.«

»Nein, Boss, ich dachte nicht an Spionage, sondern an etwas Schlimmeres. Mir schwebte eher vor, sie der Destabilisierung zu bezichtigen.«

»Jetzt aber mal halblang, die Franzosen haben nicht die Absicht, hier irgendetwas zu destabilisieren, Celio. Na ja, laut den letzten Nachrichten jedenfalls nicht«, fügte er beunruhigt hinzu.

»Es geht nicht um Pläne, Boss. Es geht darum, dass unsere Geheimdienste eine laufende Aktion entdecken.«

»Eine laufende Aktion?«
»Exakt. Eine von Frankreich finanzierte und von französischen Staatsangehörigen im Rahmen einer groß angelegten Destabilisierungsoperation ausgeführte Aktion. Terrorismus eben.«
»Eine schwere Anschuldigung. Beweise, Celio. Was ist mit den Beweisen?«
»Die Beweise? Dokumente, Waffen und ein Franzose. Und als Tüpfelchen auf dem I das detaillierte Geständnis dieses Franzosen vor den Medien.«
»Und wie wollen Sie das anstellen?«
»Die Dokumente und die Waffen dürften kein Problem sein. Und der Franzose muss lediglich einem bestimmten Profil entsprechen. Es gibt genügend, die geschäftlich nach Kinshasa kommen und nichts über Afrika wissen, außer dass es wild und grausam ist. Endlich einmal werden sich diese Vorurteile zu unseren Gunsten auswirken. Was das Geständnis anbelangt, dachte ich an eine psychologisch angemessene Umgebung und an Stabsfeldwebel Bamba.«
Tshilombo begann fast schon, Bewunderung für den jungen Mann zu empfinden. Der Kleine hatte Schneid. Noch taugte sein Plan nichts, aber wenn man ein bisschen daran feilte ... Es stimmte schon, heutzutage brauchte man bloß ein paar wild zusammengewürfelte Elemente zu nehmen, ihnen Namen zu geben und sie dem Publikum mit reichlich Kommentaren zu servieren, und schon war die Illusion perfekt. In einer Gesellschaft, die sich den Bildern unterwarf, war das, was diese Bilder zeigten, der Wahrheit sogar überlegen. Was blieb Tshilombo vor einem solchen Werteverlust anderes übrig, als die Gelegenheit beim Schopfe zu packen? Er fand Gefallen an der Idee.

»Wir kompromittieren also auf unserem Hoheitsgebiet ein paar Franzosen und schaffen einen diplomatischen Super-GAU, kurz bevor die Kommission für Menschenrechte in Genf zusammentritt. Richtig?«
»Warum denn ›ein paar‹ Franzosen, wenn einer reicht? Ein einziger, isoliert. In dem Fall werden Gegenüberstellungen und der Abgleich von Informationen überflüssig.«
»Sie meinen, wir setzen Frankreich in ein schlechtes Licht, um es daran zu hindern, vor der Kommission weiter Ärger zu machen, und sorgen vielleicht sogar selbst für eine parlamentarische Anfrage an die UNO?«
»Ganz genau«, antwortete Celio, »wir behindern es in seinen Bewegungen. Die Franzosen werden so sehr damit beschäftigt sein, die Anschuldigungen wegen versuchten Staatsstreichs und Terrorismus zu entkräften, dass sie in der Kommission großes Interesse haben werden, sich möglichst still zu verhalten. Wir müssen ihre Tagesordnung durchkreuzen.«
»Gar nicht so dumm, Celio.« Tshilombo ergänzte: »Wir müssen die Bewegungen sämtlicher französischer Staatsbürger, die ins Land kommen, überwachen. Dabei finden wir sicher einen, der auf das Profil des typischen Terroristen passt. Was Staatsstreiche und Destabilisierung betrifft, haben die Franzosen sowieso ihren Ruf weg. Celio, Sie kümmern sich persönlich um diesen Fall. Sie können über das gesamte Team verfügen, um die Bewegungen am Flughafen von N'djili, am Beach Ngobila und am Hafen von Matadi zu überwachen. Halten Sie mich auf dem Laufenden. Ich will täglich Bericht, denn im richtigen Moment werden wir improvisieren müssen. Aber da wird es keine größeren Probleme geben. Sind wir nicht brillant? Machen

Sie sich bereit, mein Lieber, wir werden ein Meisterwerk aufführen, und das vor diffizilem Publikum: der internationalen Gemeinschaft.«

Das gesamte Informations- und Planungsbüro stellte sich in den Dienst der Maschinerie zur Erschaffung der Illusion. Man kontaktierte alle Abteilungen in den Ministerien, alle öffentlichen und privaten Dienststellen, die von der Operation möglicherweise betroffen sein würden. Sämtliche Visumanträge französischer Staatsbürger wurden nach dem verdächtigen Detail durchforscht, das die Geschichte ins Rollen bringen würde. Am Flughafen von N'djili wurde man pingeliger. Das Frachtgut aus Paris wurde aufmerksam kontrolliert. Die Transithändler wurden am städtischen Zoll ausnahmslos angehalten. Containerlisten wurden durchforstet auf der Suche nach irgendeiner Ware, der man einen militärischen Zweck hätte unterstellen können. Zum Beach Ngobila und an die Grenze nach Brazzaville wurden Männer zur Verstärkung geschickt, damit sie das Profil der Weißen gründlich unter die Lupe nahmen. Das Aussehen war ab jetzt das bestimmende Kriterium. Im Hafen von Matadi wurde eine ganze Schiffsladung »made in France« verdächtig. Die Männer und Frauen arbeiteten rund um die Uhr. Da die internationalen Gespräche sowieso abgehört wurden, war das Schlüsselwort von nun an »Frankreich«. Eine Wohnung im zweiten Stock gegenüber der gleichnamigen Botschaft, das bereits früher für schmutzige Arbeiten gedient hatte, wurde quasi zum Zweitsitz des BÜROS. Diskret wurde die Parole ausgegeben: »Nieder mit Frankreich!« Das Datum der Zusammenkunft der Genfer Menschenrechtskommission rückte unaufhaltsam näher.

Bamba Togbia, der direkt auf dem Rollfeld des Flughafens von N'djili parkte, versuchte angestrengt, die Augen offen zu halten. Die Sonnenstrahlen wurden von der weiten Betonfläche in alle Richtungen reflektiert und prallten schmerzhaft gegen Bambas bleischwere Pupillen. Er hatte sich entschieden, heute hier zu sein. Es war Samstag, und ihm war nichts eingefallen, was er sonst hätte tun können. Da er sowieso im Dienst war, hatte er sich mit den Kollegen abgesprochen, um bei den Flughafenkontrollen mit dabei sein zu können. Seine Augen waren blutunterlaufen. Seit wann hatte er nicht mehr geschlafen? Er wusste es nicht. Er hatte den Eindruck, dass er seit Mbuta Luidis Verwünschung kein einziges Mal ein Auge zugetan hatte. Die paar Minuten Schlaf, die er hin und wieder am Tag zusammenkratzen konnte, reichten nicht mehr. Wenn nur die Sonne nicht so grell wäre! Er sehnte den nächsten Urlaub herbei. Die einzigen Tage, an denen er elf Stunden am Stück schlafen konnte, wenn er wollte. Zwischen Sonnenauf- und -untergang natürlich. Die Nacht war für ihn neuerdings tabu, zumindest was den Schlaf anging.

Landu schwatzte wie gewohnt mit einem Mechaniker und war vertieft in die linke Hinterachse eines ukrainischen Flugzeugs zweifelhafter Herkunft. Bamba richtete sich auf seinem Sitz wieder auf und rieb sich mit beiden Händen kräftig das Gesicht, in der Hoffnung, den Schlaf abzuschütteln, der wie eine zu enge Maske darauf saß. Eine schneeweiße Frachtmaschine, ein Airbus A310, tauchte am Ende der Rollbahn auf. Die Landung war kurz und präzise. Bamba hupte zu Landu hinüber, und dieser ließ den verblüfften Mechaniker stehen, der sein Bestes tat, um die Lebensdauer des suspekten Fahrgestells höher zu schätzen.

Landu sprang in den Wagen, der sofort startete. Der A310 rollte über die Piste. Es war der Flug, auf den Bamba gewartet hatte. Er kam aus Paris und hatte einen Zwischenstopp in Abidjan und Libreville hinter sich. Ein paar Passagiere, wahrscheinlich Transporteure, und Frachtgut. Alles Mögliche. Warum sollte Bamba, wenn er nichts Besseres zu tun hatte, nicht ein Flugzeug inspizieren? Falls sie nichts Kompromittierendes fanden, würden Landu und er es mit ein bisschen Einschüchterung vielleicht schaffen, irgendeine Ware abzupressen. Dann wären sie nicht umsonst gekommen. Die Männer vom Rollfeld machten sich mit ihren Fahrzeugen unter dem Bauch des Luftschiffs zu schaffen. Man rollte die Gangway heran. Vier Passagiere stiegen mit Reisetaschen beladen aus und waren offenbar glücklich darüber, angekommen zu sein. Bamba folgte ihnen in einigem Abstand. Sie gingen zum Heck der Maschine, aus dem das Frachtgut ausgeladen wurde. Jeder versuchte, seine Waren wiederzuerkennen. Einer von ihnen, der Jüngste, schien allein zu sein, die drei anderen dagegen gehörten allem Anschein nach zusammen. Er ging zu einem Stapel aus circa ein Meter breiten Sperrholzkisten. Bamba spürte, wie ihn sein Jagdinstinkt kitzelte. Der junge Mann trug eine große, wurstförmige Tasche aus kakibraunem Militärstoff, ein Modell, das Bamba gut kannte. Ein enges, beiges Poloshirt verriet seine ziemlich athletische Figur. Dazu trug er Bluejeans, kurz, alles nichts Besonderes. Bamba ging näher, Landu auf den Fersen.

»Guten Tag, Papiere, bitte!« Henrik Varlet drehte sich mit einem Lächeln auf den Lippen um, ohne jede Spur von Nervosität. Es gab keinen Grund, nervös zu sein. Er hatte schon so lange auf diesen Tag gewartet. Er war fünfundzwanzig Jahre alt, und diese Reise gehörte zum ersten richtigen Arbeitsvertrag, den er je ergattert hatte. Mit seiner Ausbildung war es tatsächlich nicht weit her. Vor allem wegen gewisser charakterlicher Unstimmigkeiten zwischen ihm und seinen diversen Berufsschullehrern. In seiner Verzweiflung hatte er beschlossen, sich vor Ende der Schulzeit von ihnen zu trennen. Ergebnis: Geldmangel und ständiges Improvisieren. Zum Glück wohnte er damals noch bei seinen Eltern. Das Einzige, was ihn am Durchdrehen gehindert hatte, war das Kickboxen, das er dreimal die Woche in einer Halle trainierte: Zwischen den zwölf Seilen des Rings konnte er zusammen mit anderen Burschen seine Überlegenheit austesten. Später führte ihn ein Freund ins Milieu der Türsteher und Rausschmeißer der Discos ein. Die Arbeit gefiel ihm sofort. Das schnelle Geld, die Nacht und die ganze Oberflächlichkeit, die sie zu bieten hatte. Nachdem er in seinem Job eine gewisse Kompetenz erworben hatte, war ihm das nicht mehr genug, und er beschloss, in einer Spezialschule in Clichy-sous-Bois in der Pariser Banlieue eine Ausbildung zum Sicherheitsmann und Leibwächter zu machen. Die Schule dauerte sechs Wochen, die ihn ein Heidengeld kosteten. Im Schnellverfahren brachte man ihm die Grundlagen von Beschattung und Überwachung bei. Man lehrte ihn ein bisschen Close Combat, die Grundzüge der Kriminologie und ein paar Brocken Ethik. Das Ganze gekrönt von einem hochtönenden Diplom. Zum Glück zog er danach recht schnell seinen ersten Vertrag an Land. Die auf die Eierproduktion spezialisierte Firma Aviex hatte ihn für die Koordination und Überwachung ihres Betriebs in Kinshasa engagiert. Dauer des Vertrags ein Jahr, Gehalt sehr zufriedenstellend. Er bewarb sich und bekam den Job,

als einer von sechs Kandidaten, die es aus Gründen des Alters, der Gehaltsklasse oder anderer genauso unverzeihlicher Abweichungen nicht geschafft hatten.
Im Geiste sah Henrik Varlet sich schon dort unten. Von Afrika kannte er nur, was er in den Hollywood-Produktionen gesehen hatte. Seine Ambitionen konnten sich mit den gewaltigen Weiten des afrikanischen Himmels und seiner Landschaften messen. Was die Abenteuer betraf, so wusste er noch nicht, dass er schon sehr bald seinen Teil abbekommen würde. Und das nicht zu knapp. Beschert durch den schlaflosen Stabsfeldwebel Bamba Togbia und den Gefreiten Landu, den zufriedenen jungen Soldaten voller Stolz auf seinen Beruf.
»Papiere!«, wiederholte Bamba. Der junge Mann reichte ihm seinen Schengen-Reisepass. Landu starrte ihn an, die Augen hinter schwarzen Brillengläsern verborgen, seine Uzi lässig in der Hand. Der Stabsfeldwebel verweilte ein wenig zu lang bei jedem Stempel. Er schlug den Reisepass wieder zu, schnüffelte daran herum, als wolle er einen möglichen Mangel feststellen, und schlug ihn wieder auf. Er prüfte die Seiten im Gegenlicht wie ein Diamantenhändler. Landu betastete die Kisten misstrauisch mit der flachen Hand, als könnten sie jeden Moment in die Luft fliegen. Eine sanfte Brise wirbelte die Luft auf, in hier wärmeren, dort kühleren Spiralen, und machte die Hitze jetzt, so kurz vor Mittag, erträglich. In der Ferne, jenseits der eintönigen Oberfläche des Rollfeldes, begann eine Art sumpfige Savanne, auf der vereinzelt ein paar schirmförmige Bäume standen. Darüber war, in schwindelerregender Höhe, der leuchtend blaue Himmel von wattigen, makellos weißen Wolken übersät, die vollendet über der Szenerie schwebten.

»Was führt Sie nach Kinshasa?«, fragte der Stabsfeldwebel.
»Die Arbeit. Ich habe einen Vertrag mit der Firma Aviex. Ich habe alle Papiere hier ...« Bamba hörte nicht mehr zu, sein Blick war auf Varlets Reisetasche geheftet.
»Aufmachen!« Der junge Mann wollte dem Befehl eben nachkommen, als Landu ihn anrempelte und selbst den Reißverschluss aufzog. Rücksichtslos durchwühlten seine Hände das Gepäck. Plötzlich hielt Landu in der Bewegung inne. Mit einem ungläubigen Aufschrei zog er ein paar schwarze Rangers im Militärstil aus der Tasche und schleuderte sie auf den Boden. Die Durchsuchung wurde schnell frenetisch, die Wäsche flog nur so. Mit einem metallischen Geräusch fiel ein merkwürdiger Gegenstand auf den Beton. Bamba und Landu erstarrten. Henrik Varlet auch, allerdings nur der Nachahmung wegen. Das seltsame Ding war eine Nachtsicht-Infrarotbrille, die an einem Stirnband aus Metall und Leder befestigt war. Bamba und Landu starrten den auf das Rollfeld gefallenen Gegenstand entsetzt an. Varlet verstand nichts mehr, erfolglos versuchte er zu begreifen, was an dem Gerät auf dem Boden so schlimm sein sollte. Die Beschaffenheit der Luft hatte sich schlagartig verändert.
»Keine Bewegung, Monsieur!«, befahl Bamba. Varlet war zu verdattert, um sich zu rühren. Bamba trat beiseite, tippte in sein Handy und redete mit ernstem Gesicht.
»Chef, ich glaube, wir haben den verdächtigen Franzosen«, erklärte er trocken. Er beschrieb kurz die Lage. Am anderen Ende der Leitung hielt Gonzague Tshilombo einen langen Monolog, auf den der Stabsfeldwebel mit mehrfachem Kopfnicken antwortete, wobei er Varlet, der von Landu in Schach gehalten wurde, starr ansah. Bamba unterbrach die

Verbindung, tippte erneut, gab einige Anweisungen. Ein paar Sekunden später kamen aus den Flughafengebäuden Männer in Uniform und Zivil angerannt. Varlets Besitz wurde von einem Schwarm Agenten der mitwirkenden Abteilungen umkreist. Die drei anderen Europäer bekamen es mit der Angst zu tun. Sie verhielten sich so unauffällig wie möglich. Zu gern wären sie jetzt weit weg gewesen. Man durchsuchte alles von oben bis unten.
Für Bamba und Landu waren die Wanderschuhe und die Infrarotbrille militärische Objekte und damit verboten, Schluss aus. Sie waren jetzt Beweisstücke. Nur ein Terrorist konnte mit solch einem Zubehör herumlaufen. Wozu die Nachtsichtbrille? Was wollte Varlet in diesem, unserem Himmelsstrich beobachten? Und noch dazu nachts. Gewiss würden sie aus seinen Paketen noch weitere genauso seltsame Dinge zutage fördern.
»Mein Kommandant!«, schrie Landu. »Kommen Sie, schauen Sie, wir haben die Kisten aufbekommen!« Bamba trat näher. In den geöffneten Kisten befanden sich große, längliche Styroporboxen. Er riss eine davon auf, und es erschien eine Platte mit zwei Reihen ausgestanzter Löcher vom Durchmesser eines Eies. Er winkte Varlet heran. Der wurde bereits von zwei Uniformierten eskortiert.
»Was ist das?«, fragte Bamba und zeigte auf die weißen Boxen.
»Brutkästen«, antwortete Varlet mit hängenden Schultern.
»Brut- ... was? Brutkästen?« Die Männer wühlten weiter. Bald verebbte ihre Geschäftigkeit. Am Fuß des Airbusses sah sich Bamba unschlüssig um. Der Waffenfund war ja schön und gut, aber der Typ musste auf jeden Fall sicher verwahrt werden, danach würde man weitersehen. Er be-

fahl Landu, den Gefangenen in den Wagen zu bringen. Bamba blieb noch ein wenig bei den Kisten, öffnete eine der langen Styroporboxen und hob die durchlöcherte Platte an. Ein darunter liegender kleiner und äußerst primitiver elektrischer Widerstand, der zur Erwärmung von Wasser diente, stellte das einzige Bauteil der einfachen Vorrichtung dar. Bamba riss ihn heraus und untersuchte ihn näher. Auf seinem Gesicht war ein Lächeln zu erahnen. Mit einer ausholenden Armbewegung fegte er die Styroporbox zu Boden. Öffnete eine zweite, riss den gleichen Stromkreis heraus und wiederholte die Aktion bei mehreren anderen Brutkästen. Dann erst kehrte er zum Wagen zurück, wo Landu mit dem Gefangenen Platz genommen hatte, wobei Letzterer zwischen zwei »Grünen Baretts« eingezwängt war, die seine Gliedmaßen festhielten und ihm für eine Fahrt ohne Sicht den Kopf gewaltsam auf die Knie drückten. Alles in allem ist Afrika eben mehr als schöne Landschaften und herzliche Menschen, es gibt auch gewisse andere Realitäten.

Gonzague Tshilombo war in Hochstimmung. Endlich hatte die Stunde geschlagen. Seit Bambas Anruf hatte er den Telefonhörer nicht mehr aus der Hand gelegt. Er hatte lange Gespräche mit gewissen Dienststellen und dem Präsidenten höchstpersönlich geführt. Der Gefangene befand sich in strenger Einzelhaft, die ganze Strategie war seit langem vorbereitet, jetzt brauchte der Plan nur noch ausgeführt zu werden. Die große Inszenierung konnte beginnen. Tshilombo zählte auf Bamba und Landu, um den jungen Mann zur Kooperation zu bewegen. Und das hieß, ihn in die Lage zu versetzen, vor laufenden Fernsehkameras seine böswilligen Absichten zu gestehen. Man hatte das ganze

Wochenende, um ihm seinen Text beizubringen. Tshilombo kannte Bambas Begabung in diesen Dingen. Sie konnten sich keinen Fehlschlag leisten, die Genfer Kommission würde in Kürze tagen. Für Varlet würde es sicherlich das längste Wochenende seines Lebens werden, aber Tshilombo zog es vor, sich nicht mit schmutzigen Details aufzuhalten. In der Zwischenzeit wurde auf die Aviex-Niederlassung in Kinshasa Druck ausgeübt. Ihr Chef, ein gewisser Sébastien Coste, ein großer, magerer Bursche vom Typ blonder Pfadfinder war zum Flughafen gekommen, um Varlet bei seiner Ankunft zu begrüßen, war aber in der Empfangshalle sofort von Agenten der Nachrichtendienste abgefangen worden. Andere hatte man auf die Farm in Mont Ngafula geschickt. Sie durchkämmten die Anlagen. Diese bestanden aus weitläufigen Lagerhallen, in denen die Hühnerbatterien untergebracht waren. Angesichts des unerträglichen Kotgestanks hielten sich die Beamten dort nicht allzu lange auf. Man hatte nichts Verdächtiges gefunden, natürlich nicht, aber das war ja auch nicht das Ziel. Coste machte man alles Mögliche weis, indem man so wenig wie möglich sagte, bloß dass sein Kollege in eine groß angelegte terroristische Operation verwickelt war. Er erhielt das Recht, auf seiner Farm zu bleiben, aber auch das strikte Verbot, das Haus zu verlassen. Sein Handy und sein Computer waren beschlagnahmt. Die Militärs, fast ein ganzes Bataillon, blieben, um ihm Gesellschaft zu leisten. Tshilombo empfahl, man solle ihn pfleglich behandeln.

Varlet kooperativ zu machen, nahm nichtsdestoweniger eine gewisse Zeit in Anspruch. Von 11:15 Uhr, der Zeit seiner Verhaftung am Samstag, bis 6:25 Uhr am frühen Montagmorgen, als er vollständig zusammenbrach. Bamba zog alle Register. Im Auto hatten die Kommandomitglieder, die den jungen Varlet eskortierten, die Anweisung erhalten, richtig wehzutun. Die Soldaten hatten sich mit ihrem ganzen Gewicht auf die Gelenkbänder seiner Arme und Schultern gelegt. Varlet sah nichts vom Boulevard Lumumba. Er konnte die Essensdüfte des Sainte-Thérèse-Markts nicht genießen. Er hatte nicht die Muße, das bunte Kaleidoskop der Schönheiten von Matonge zu bewundern. Man ließ ihm nicht die Möglichkeit, den Zuspruch der strahlend lächelnden Kindergesichter von Lingwala kennenzulernen. Man zwang ihn, den Boden des Geländewagens zu schnuppern. Auf Höhe der Akademie der Schönen Künste kurz vor der belgischen Schule stöhnte Varlet und bat um Verzeihung für eine Tat, die er nicht begangen hatte. Er verspürte den Drang zu weinen, aber es gelang ihm, ihn zu unterdrücken.

Stabsfeldwebel Bamba Togbia hatte vor, von zwei Seiten zu attackieren: über das Fantasiebild, das sich die Weißen von der Grausamkeit Afrikas machen, und über das Gefühl der Erniedrigung. Aus seinem ganzen Arsenal physiologischer und psychologischer Foltermethoden war die Erniedrigung Bamba die liebste. Sie erforderte minimale Anstrengung und brachte beste Ergebnisse. Man brauchte sich nicht mehr körperlich an dem Gemarterten abzuarbeiten, da es sowieso darauf hinauslief, dass er sich für den letzten Dreck hielt. Man musste den Respekt, den das Individuum vor sich selbst haben mochte, vollkommen vernichten. Die Schäden waren sehr viel größer und hielten sogar dann noch an, wenn die Handlungen, die zur Erniedrigung geführt hatten, schon lange vorüber waren. Das war sehr viel effizienter als der Schmerz, denn statt den anderen zu hassen, hasste man sich selbst.

Der Wagen durchquerte die Stadt. Man brachte den Franzosen ins Gombe-Viertel, in die Nähe des Flusses, zu einer jener zahlreichen anonymen Villen, die im Besitz der Nachrichtendienste waren. Manche dieser Orte waren zu geheimen Kerkern und Verhörstätten umfunktioniert worden. Als der Geländewagen durch das Tor einer dieser Villen fuhr, tauchten, noch bevor der Wagen stand, von überallher Uniformierte auf, die schauerlich durcheinanderschrien: »*Wapi ye, wapi ye?*[34]« Varlet standen die Haare zu Berge. Man legte ihm Handschellen an und stülpte ihm eine Haube über den Kopf. Wie ein Strohballen wurde er aus dem Auto gezerrt, von Dutzenden Händen gepackt und zu einem fensterlosen Kerker geschleppt, in den man ihn buchstäblich hineinwarf.
Als Henrik Varlet auf dem Boden aufschlug, wäre er am liebsten darin versunken. Ein paar Sekunden lang versuchte sein Wille, den Körper in den Estrich hineinzuzwängen, damit er schneller als das Licht in einer anderen, fröhlicheren, helleren Welt wieder auftauchen konnte. Die vollständige Dunkelheit half ihm einen Moment dabei.
Seit seiner Verhaftung spukten ihm flüchtige Bilder durch den Kopf. Hologramme des Schreckens zogen vorüber, aber er versuchte, sich nicht mit ihnen aufzuhalten. Das alles überstieg sein Fassungsvermögen. Er war gekommen, um einen Vertrag zu erfüllen, mehr nicht. Er wusste, das Land war heikel. Er wusste auch um die Gewalt auf dem Kontinent, aber er begriff nicht, warum er, der unauffällige, harmlose Junge, jetzt in eine so ungeheure Geschichte verwickelt war. Man hatte ihn nach Waffen gefragt, nach

---

34. Wo ist er, wo ist er?

einem Komplott, einem Terrornetz. Die Infrarotbrille brauchte er, um nachts die Farm zu überwachen. Seine Chefs hatten ihm von der Unsicherheit in Kinshasa erzählt. Banditen mit oder ohne Uniform erpressten in den Stadtteilen Nacht für Nacht Schutzgelder. Wenn diese Brille der Grund war, warum er sich hier befand, dann würde das Ganze sicher nicht lange dauern. Darauf hoffte er, umso mehr, als sein Kollege Sébastien Coste, der ihn am Flughafen hätte begrüßen sollen, bestimmt schon alles für seine Entlassung tat.

Als die Zellentür ein paar Stunden später aufging, glaubte Varlet, dass jetzt die erwartete Freilassung kam. Man setzte ihm die Haube wieder auf. Er verlor die Nerven. Überflüssigerweise wehrte er sich, desorientiert. Man brachte ihn in ein Büro, wo man ihm die Haube abnahm und Bamba und ein Agent im weißen T-Shirt ihm Dokumente zeigten, die man angeblich in seinem Gepäck gefunden hatte. Eine Liste mit den Namen von Oppositionellen, Pläne, Skizzen. Dinge, die Varlet noch nie gesehen hatte. Dann brachte man ihn in einen Innenhof, wo man ihm zu seiner großen Verblüffung seine Brutkästen samt einem Haufen Waffen zeigte, Kisten mit Sprengstoff und schusssichere Westen. Der Stabsfeldwebel riet ihm, alles sofort zu gestehen, um sich nicht noch mehr Ärger einzuhandeln. Man hatte die Nase voll von diesen Söldnern. Ihre Zeit war abgelaufen, und Varlet würde, wenn nötig, all den anderen, die ihr Glück versuchen wollten, als Beispiel dienen.

Man verlegte ihn in eine andere Zelle. Diesmal eine beleuchtete. Er wurde zu einem Mann um die Vierzig gesteckt, der dort seit ein paar Tagen vor sich hinzuvegetieren schien. Er sah verängstigt aus. Sie fingen ein Gespräch an. Der Häftling erklärte ihm, dass er aus politischen Gründen da war. Er hatte Angst, ermordet zu werden. Er berichtete ihm von ihrem Gefängnis: Der Ort war geheim, und offiziell existierte keiner der Gefangenen hier wirklich. Ein kleiner Schritt bis zum endgültigen Verschwinden ...

In regelmäßigen Abständen holte man den armen Kerl zum Verhör. Jedes Mal kam er schweißgebadet und am ganzen Körper zitternd zurück. Strom, sagte er. Varlets erste Nacht verlief in diesem Rhythmus, unterbrochen von dumpfen Schreien, die die Wände durchdrangen und ihn ohne Unterlass auf seine eigene Qual zurückwarfen.

Wie von Bamba vorhergesehen, wurde die Anspannung für den jungen Mann unerträglich. Die Nacht hatte sich herabgesenkt, aber in der dauernd beleuchteten, fensterlosen Zelle hatte er jedes Zeitgefühl verloren. Die Tür öffnete sich erneut, und sein Zellengenosse wurde abgeführt. Er schlug schreiend um sich. Als Varlet wieder allein war, entwarf sein bereits ernsthaft erschütterter Geist die übelsten Fantasien. Er begriff nicht, warum sich noch immer niemand gemeldet hatte, um ihn hier herauszuholen. Er war am Ende seiner Kräfte, er hätte gern etwas gehabt, das er gestehen konnte, nur um diesen Albtraum zu beenden, aber er hatte nichts. Was wollten diese Typen? Und dann der andere, der nicht zurückkam.

Allmählich trat Henrik in einen Prozess der Selbstbeobachtung ein. Ihm wurde nach und nach bewusst, dass er der Situation nicht gewachsen sein würde. Warum sahen seine Folterer nicht, dass er ein Nichts war? Ein Jammerlappen. Ja, er gestand es sich ein, ein Jammerlappen, der garantiert nicht fähig war, den Schaden anzurichten, den man ihm zur Last legte. Und während Varlet aufgab, ging seine Selbstachtung langsam, aber sicher vor die Hunde.

Man hinderte ihn am Schlafen. Die falschen Verhöre fingen wieder an. Man stellte ihm die abstrusesten Fragen. Wollte alles über ihn wissen. Dieses sogenannte Fortbildungspraktikum für den Sicherheitsdienst, war das nicht vielleicht ein Trainingslager gewesen? Man wollte die Namen der Leute, mit denen er in Frankreich Kontakt hatte. Alles würde überprüft werden, sagten sie. Diese Spielchen gingen lange so weiter. Die Fragesteller wechselten sich regelmäßig ab. Wer seinen Dienst getan hatte, ging nach Hause, um sich auszuruhen. Varlet dagegen war völlig erschöpft. Er hatte zwei Tage lang nicht geschlafen. Am Montagmorgen hatte sich Tshilombo höchstpersönlich in aller Herrgottsfrühe herbemüht. Man führte ihm einen Varlet vor, der psychisch ein Wrack und moralisch gebrochen war. Tshilombo stellte ihn vor die Wahl:

»Wenn du kooperierst, bist du auf der Stelle frei. Von dir wollen wir nichts. Du bist nur ein kleines Rädchen, das sie ohne dein Wissen benutzt haben. Bei all dem Zeug, das bei deinem Frachtgut war, erwartest du ja wohl nicht ernsthaft, dass du so davonkommst? Frankreich hat dich fallen lassen, für die gibt es dich nicht mehr.« Tshilombo machte ihm klar, dass er auf sich allein gestellt war.

»Wusstest du«, säuselte der Direktor, »dass der Botschafter deines Landes hier, in Kinshasa, getötet wurde? Von zwei verirrten Kugeln während der Plünderungen 1993. Hast du je von einer Untersuchung oder so etwas gehört?« Varlet hatte nie etwas über einen in Kinshasa ermordeten französischen Botschafter gehört. So weit reichte seine Allgemeinbildung nicht, aber er glaubte Tshilombo aufs Wort.

»Was erwarten Sie von mir?«, hörte er sich sagen.

Tshilombo war wie immer ein begnadeter Regisseur. Im Innenhof wurde sorgfältig das Bühnenbild aufgebaut. Zu den Kisten des jungen Franzosen stellte man haufenweise Kisten mit Munition. Dagegen lehnten, damit es hübscher aussah, ein paar Kalaschnikows chinesischer Fabrikation mit Plastikkolben. Unauffällig ließ man einen Kameramann und einen Tontechniker kommen. Man bereitete zwei, drei einfache Fragen vor, auf die Varlet vor den improvisierten Kulissen antworten sollte. Man ließ ihn mit den Handschellen im Rücken posieren. Es stimmte schon, er war ein wenig blass um die Nase, wirkte auch ein bisschen verkrampft, aber man brauchte die Szene nur ein einziges Mal zu drehen, ohne Wiederholung. Alles war fix im Kasten.

»Überzeugend«, meinte Celio, als er das Video begutachtete, auf dem Varlet seine angeblichen Verbrechen gestand. Gonzague Tshilombo beglückwünschte sich zu dem Ergebnis. Gott sei Dank hatten sie weniger als achtundvierzig Stunden gebraucht, um den jungen Mann weichzukochen. Jetzt fehlte noch der passende Kommentar, und die Sache war geritzt.

»Hier, Boss.« Celio legte eine dünne Plastikmappe vor Tshilombo.

»Was ist das?« In der Sammelmappe befand sich der Text, der dem Journalisten, der die Bilder heute Abend in den 20-Uhr-Nachrichten präsentieren würde, als Kommentar dienen sollte. Es gab auch ein Schwarz-Weiß-Foto, auf dem sechs kleine, röhrenförmige Objekte zu sehen waren.

»Zünder«, antwortete Celio.

»Was?«

»Das war Bambas Idee. Er hat das Zeug in den Brutkästen gefunden. Es sind elektrische Widerstände zur Erwärmung des Wassers. In Schwarz-Weiß und Großaufnahme merkt das kein Mensch. Und sowieso, wie viele Leute haben schon mal einen Zünder gesehen? Sie etwa?« Tshilombos Augen verengten sich vor Vergnügen. Dieser Celio hatte Humor. In ihrem Metier war das manchmal sehr willkommen.

»Rufen Sie RTN an, diese Bilder müssen in die 20-Uhr-Nachrichten. Schreiben Sie eine Meldung, kontaktieren Sie die Presseagenturen. Die AFP zuerst. Danach können wir die Dinge auf uns zukommen lassen. Ab heute Abend soll der französische Präsident schlecht schlafen.«

»Ist so gut wie erledigt, Boss.«

Tshilombos Wunsch erwies sich als anmaßend, denn der französische Präsident schlief in dieser Nacht sehr gut. Im Quai d'Orsay arbeitete man allerdings etwas länger als sonst, aber da Kinshasa in der gleichen Zeitzone liegt wie Paris, saß man auch nicht die ganze Nacht daran. Vorerst war man der Meinung, der Fall Varlet bedürfe lediglich ein wenig Diplomatie.

Als an diesem Montagabend die 20-Uhr-Nachrichten begannen, konnten die Fernsehzuschauer von Kinshasa bereits an der ernsten Miene des Sprechers und am dramatischeren Ton des Vorspanns erahnen, dass sie eine bedeutsame Nachricht zu hören bekommen würden. Die Schlagzeile verhieß Unglaubliches. Die Nachrichtendienste hatten eine groß angelegte Operation zur Destabilisierung des Landes vereitelt. Eine gut vernetzte Organisation war zerschlagen und ein französischer Staatsbürger verhaftet worden. Wie es schien, war der französische Staat involviert. Man kündigte Bilder an.

Und in der Tat konnten die entgeisterten Bewohner von Kinshasa kurz darauf sehen, wie ein etwas gestresster junger Weißer offenbar ohne Gewissensbisse erklärte, er sei der Hauptakteur eines Terrornetzwerks auf nationalem Boden. Ja, er hatte das Waffenlager ins Land geschafft. Ja, er hatte sich herausgenommen, Sprengstoffe einzuführen. Und ja, die französische Regierung hatte ihn gesandt. Langsam fuhr die Kamera über die Waffen und die Kisten mit Munition. Als Zugabe zeigte man in Großaufnahme die berühmten »Zünder«, die direkt aus Bambas chaotischen Hirnwindungen stammten. Sie waren der Knaller. In den Haushalten wurde das Bild der sechs schwarz-weißen, mit elektrischen Drähten versehenen Röhrchen zum eindeutigen Beweis all dessen, was der verängstigte junge Weiße sagte. Die Pseudozünder trugen die sichtbare Handschrift der ganzen von den Franzosen angezettelten Intrige. Der kleine Weiße mochte lügen, nicht aber diese Objekte von nie gesehener Form. Je mysteriöser der gezeigte Gegenstand in den Augen der Bevölkerung erschien, desto größer wurde die Macht des jungen Mannes, Schaden anzurichten. Man fand seinen Blick geradezu dämonisch. Man führte sich die potenziellen Ziele vor Augen. Er wollte den Hauptbahnhof in die Luft jagen, behaupteten die einen. Eher den großen Markt, die anderen. Ach was, eigentlich hätte die Kibanguistische Kirche an einem Sonntagnachmittag hochgehen sollen, dachten die zynischsten unter den Agnostikern. Schon wieder Frankreich! Schon wieder die Weißen! Was wollten die denn von Afrika? Konnten die nicht ein für alle Mal Ruhe geben? Überall in der Stadt wurde eifrig kommentiert. In dieser Nacht hatten die Bars einen Rückgang der Gästezahlen zu verzeichnen und die Gebetsstätten höhere Besu-

cherraten. So mancher fürchtete sich vor dem Feind, der vielleicht noch immer umherschlich.
Der äußerst negative Koeffizient von Celios Operation lief recht langsam an, nahm aber am nächsten Tag mit den 13-Uhr-Nachrichten von France 2 richtig an Fahrt auf. Wieder konnte man Henrik Varlet sehen, der mit seinen Erklärungen das eigene Land belastete. Ein Kommentator erinnerte an andere Glanzleistungen unseligen Angedenkens: Greenpeace, Ruanda und so weiter. Die internationalen Sender sprangen in die Bresche. Die Informationsschleifen auf Euronews und TV5 schlugen überall in Europa und Afrika in die gleiche Kerbe. Die Kommentare der Amerikaner auf CNN waren unwiderruflich. Auf die Art ließ sich die Demokratie auf dem Kontinent nicht fördern. Innerhalb von ein paar Stunden verschlechterte sich Frankreichs Image in den Augen der Welt erheblich. Am Abend versuchte ein Élysée-Sprecher, die Situation mit ein paar Phrasen herunterzuspielen. Da er über nichts im Bilde war, wirkte seine Rede notgedrungen nebulös. Am nächsten Tag stimmten die Tageszeitungen mit ein. Man analysierte die französische Afrikapolitik. Die Meinungen gingen auseinander, aber alle waren sich einig, dass Frankreich um seine Vorrechte bangte und zu allem bereit war, um sie zu wahren. Man zitierte Präzedenzfälle von Faschoda bis heute. Drei Tage später trat die Menschenrechtskommission in Genf zusammen, um unter anderem Frankreichs mit Spannung erwarteten Bericht zu Folter und willkürlichen Verhaftungen zu untersuchen. Tshilombo blieb mit den Repräsentanten des Landes innerhalb der Kommission in ständigem Kontakt, um den jeweils aktuellen Stand des Dossiers genau mitzuverfolgen. Die Nachrichten waren gut.

Die Vereinigten Staaten waren auf den Plan getreten und hatten vorgeschlagen, dem Land noch etwas Zeit zu geben, damit es im Hinblick auf die Wahlen Reformen umsetzen konnte. Die Diskussion über den Bericht war verfrüht. China und Russland ihrerseits waren der Meinung, die Demokratisierung sei auf dem besten Wege. Großbritannien folgte der amerikanischen Linie. Das durch die Ereignisse von Kinshasa gehandicapte Frankreich schaffte es nicht, Belgiens Unterstützung zu erhalten, da dieses durch eine geheime Agenda gebunden war. Tshilombo erfuhr, dass die Debatte vertagt wurde. Was auf die amerikanischen Geldgeber einen günstigen Einfluss hatte. Ein Kredit über mehrere Dutzend Millionen Dollar wurde in Erwägung gezogen. Ölverträge waren im Gespräch. Der Präsident bestand darauf, Tshilombo persönlich zu gratulieren. Dank seiner Arbeit hatte der französische Botschafter, der dringend um eine Audienz gebeten hatte, den Willen seines Landes bekräftigen wollen, dass die bilateralen Beziehungen auf der Grundlage von Vertrauen und gegenseitigem Respekt fortgesetzt wurden.

Für Varlet war diese Verbesserung der politischen Beziehungen natürlich unerheblich. Man hatte vor, ihn noch etwas dazubehalten, bis die Geschichte ein wenig in Vergessenheit geraten war. In der Zwischenzeit überschüttete man ihn monatelang mit Versprechungen hinsichtlich seiner unmittelbar bevorstehenden Freilassung. Um nicht wahnsinnig zu werden, tat der junge Mann alles in seiner Macht Stehende, um nicht die Hoffnung zu verlieren. Da er schon sein Selbstwertgefühl und alles, was dazu gehörte, nicht hatte bewahren können, war sie das Einzige, was ihm noch blieb. Er spürte genau, dass er sie verteidigen musste, um jeden Preis.

Das Ambiente war dem Empfang der erlauchten Gäste in der Tat würdig. Der große Salon des Präsidentenpalastes bot eine Szenerie fein gearbeiteter Paneele: Wenge, Lifaki, Kambala und andere kostbare Hölzer wetteiferten in den Kontrasten, um die schlichten Linien des luxuriösen Dekors besser zur Geltung zu bringen. Die Kristalllüster warfen schillernd warme Reflexe auf die zarte Toilette der Gäste. Die Seide der Smokings intensivierte das Glänzen der Organdy- und Taftkleider, der Indigos und Superwax, die die Damen als echte Konkurrentinnen in puncto Eleganz zur Schau trugen. Das höflich steife Murmeln des frühen Abends war einem fröhlichen Stimmengewirr gewichen, begleitet vom lauten Lachen und dem helleren Klirren der Champagnerkelche, die aneinanderstießen, um voraussichtliche Erfolge zu feiern. Die Gruppen bildeten sich und zerfielen. Celio, der dem Bericht eines Kabinettdirektors über die Schwierigkeit, die Dienstreisekosten umzulegen, nur noch halb zuhörte, betrachtete die ganze reizende Gesellschaft mit neuen Augen. Der Präsident hatte darauf bestanden, seine Gäste würdig zu empfangen. Tatsächlich hatte er dieser Tage Gründe, sich zu freuen. Die Bevölkerung hatte ihm offensichtlich eine Gnadenfrist bewilligt. Keine Demonstrationen mehr, nur wenige Angriffe von Seiten der Menschenrechtsorganisationen, eine echte Schönwetterlage. Er konnte sich voll und ganz dem widmen, was ihm am meisten am Herzen lag: der Wiederaufnahme der internationalen Beziehungen. Und so waren die geheimen Verhandlungen, um einen direkt in den Staatshaushalt einfließenden und nicht in Form von Hilfsleistungen erteilten Kredit zu erhalten, auf dem besten Wege. Es ging nur um ein paar Dutzend Millionen Dollar, aber auch aus kleinen

Bächlein werden große Ströme, wie die Volksweisheit so schön sagt. Der Präsident hatte versprochen, auf dem Fest zu erscheinen, und alle waren ungeduldig. Tshilombo hatte darauf bestanden, Celio mitzunehmen, um ihn den Leuten, die die Republik regelmäßig aufbauten und abbauten, vorzustellen. Alle hohen Funktionäre der Ministerien, alle Generäle, die Wirtschaftsakteure und die einflussreichsten Politiker waren anwesend. In dieses Biotop schlich sich das Gefolge des Präsidenten, das heißt Familie und Freunde der Familie, die auf die eine oder andere Weise versuchten, die Herde zu kontrollieren in der Art von Wölfen, denen man die Wanderung der Schafe während der schönen Jahreszeit anvertraut hatte. Unter den Geladenen erkannte Celio ein paar der hochgestellten Persönlichkeiten, die er angesprochen hatte, als er noch in philanthropischen Angelegenheiten unterwegs war. Bankdirektoren und Vorstandsvorsitzende, die im ersten Moment verblüfft waren, ihn dort so ganz verändert zu sehen, grüßten ihn distanziert. Tshilombo hatte ihm versprochen, ihn dem Präsidenten höchstpersönlich vorzustellen. Celio ließ das getrost auf sich zukommen. Sein von allen Seiten hofierter Chef jedenfalls genoss seinen Erfolg. Seine hohe Gestalt blieb nicht unbemerkt. Und sein Brillengestell versprühte mehr Lichterglanz als alle Reklameschilder von Las Vegas zusammen. Die Männer drückten ihm mit leicht gebeugtem Nacken die Hand. Die Frauen säuselten ihm Dinge ins Ohr, bewunderten diskret den Schnitt seines Armani-Smokings, und jede strich ihm sanft über den Unterarm. Heute Abend profitierte er ein wenig. Seine Frau hatte ihn nicht begleitet, sie war noch in Maskat.

Die Intriganten, die wussten, dass er das Ohr des Präsidenten hatte, nahmen ihn zu einem kurzen Getuschel beiseite.

Die Schmeichler versuchten es mit Vertraulichkeit, wobei sie es vermieden, ihm auf den Rücken zu klopfen. Es war nicht zu übersehen, Tshilombo eilte von Sieg zu Sieg. Er wurde ebenso gefürchtet wie respektiert, die beruhigendste Situation für einen Mann. Man wusste, dass er eine Abteilung im Informationsbereich leitete, aber seine Arbeit blieb für viele undurchsichtig. Wer »Information« und nicht Radio oder Fernsehen sagt, der spricht zwangsläufig von etwas Beunruhigendem. Genaueres wollte eigentlich niemand über seine wahren Beschäftigungen wissen.

»Celio, komm, ich stelle dich vor.« Celio ging auf Tshilombo zu, der von ein paar Herren umringt war. Es waren Direktoren verschiedener Nachrichtendienste. Kollegen, aber Celio fühlte sich ihnen in keiner Weise zugehörig. Nach der allgemeinen Vorstellungsrunde fing er schnell an, sich zu langweilen. Der Präsident ließ sich bei seinen Gästen zuletzt entschuldigen, er war heute Abend verhindert: Man solle sich amüsieren, lautete seine Empfehlung. Kurz vor Mitternacht beschloss der junge Berater, die Festgesellschaft ihrer Feierlaune zu überlassen. Als er hinaustrat, erhellte der Vollmond die schön angelegten Gärten des Präsidentenpalastes. Hier und dort standen die dunklen Silhouetten schwer bewaffneter Soldaten, die die Sicherheit und den geregelten Ablauf des Festes gewährleisteten. Celio fand sich in dem Flitter und der Oberflächlichkeit nicht zurecht. Dabei standen ihm, wie man so sagt, alle Türen offen. Er hätte den heutigen Abend genießen sollen, aber er war mit dem Herzen nicht dabei. Er nahm sein Handy und rief Nana Bakkali an. Es war vielleicht schon etwas spät, aber egal, er hatte keine Angst, sie zu stören, er musste sie einfach sehen, sich auf die Wirklichkeit ihrer Anwesenheit konzentrieren. Während der Rufton erklang, versuchte er, das Klirren der Gläser und das Gemurmel der Unterhaltungen zu überhören, um bei der Schönheit der Nacht zu verweilen und für heute Abend dem Blues des Erfolgs zu entgehen.

Das Scheinwerferlicht des Mercedes hatte das Gartentor der Villa noch kaum gestreift, da schob der Wachmann schon die beiden Torflügel weit auf. Tshilombo parkte vor dem schlafenden Haus. Er hatte einen in mehrerer Hinsicht außergewöhnlichen Abend verbracht. Die Empfänge im Präsidentenpalast waren immer ein guter Anlass, um gewisse Dinge wie zum Beispiel seine Wichtigkeit und seinen Einfluss bei den Entscheidungsträgern der Stadt zu testen. Das bot ihm auch die Gelegenheit, neu einzuschätzen, wie hoch er beim Präsidenten im Kurs stand. Wenn dieser an dem Empfang auch nicht hatte teilnehmen können, so hatte er Tshilombo doch auf seinem Handy angerufen, um ihm einen schönen Abend zu wünschen und ihm zu sagen, dass sie sich bald sehen würden. Tshilombo hatte nicht damit gerechnet und sich durch die Aufmerksamkeit geschmeichelt gefühlt. Das Gefühl der Macht in Verbindung mit den Bläschen des Dom Pérignon Rosé brachten ihn dazu, sich zu fühlen wie inmitten eines gigantischen Feuerwerks.
Als er durch die Tür der Villa schritt, spielte im Wohnzimmer leise Musik. Kapinga lag auf dem Sofa aus hellem Leder. Sie war vor dem angeschalteten, großen Plasmabildschirm eingeschlafen. Überrascht fragte sich Tshilombo, ob er die junge Frau wecken sollte oder doch lieber nicht, denn in der Ungezwungenheit des Schlafes hatte sie ihren

einzigen Pagne verrutschen lassen, und Tshilombo wusste nicht, ob er diesen zurückziehen sollte, bevor er sie weckte, oder ob er sie wecken sollte, damit sie selbst bedecken konnte, was er gerade sah.
In Wirklichkeit sah er nichts oder fast nichts, aber all diese Tage, in denen er mit ihr allein in der Villa gewesen war, hatten seine Fantasie auf eine harte Probe gestellt. Zu Recht hatte er es für klug gehalten, dem jungen Mädchen und damit der Versuchung aus dem Weg zu gehen. Kapinga ihrerseits hatte sich nie irgendwie zweideutig verhalten. Sie stand am Morgen auf, und er fuhr sie zum Unterricht; am Abend kam sie nach Hause, nachdem sie den Nachmittag bei einem Verwandten oder einer Freundin verbracht hatte. Manchmal aßen sie zusammen, wobei Félicien sie bediente, und führten die harmlosesten Unterhaltungen.
Aber so einfach lagen die Dinge nicht, denn seit dem Tag, als er Kapinga nackt im Badezimmer gesehen hatte, war Tshilombos Geist ernsthaft durcheinandergeraten. Jene Wassertröpfchen auf ihrem Körper hatten sich wie zum Hohn in reißende Ströme verwandelt, deren kristallklare Wirbel Tshilombo die Sinne raubten. Tagtäglich bemühte er sich um stoischen Gleichmut, weil er fürchtete, Flutwellen der Lust auszulösen, sobald er den Blick auf ihr ruhen ließ, jetzt aber sah er auf sie herunter. Unwillkürlich stellte er fest, dass der auf Brusthöhe geknotete Pagne beim nächsten abrupteren Einatmen herunterzufallen drohte. Tshilombo hielt den Atem an, als wollte er das Tuch so besser an ihr befestigen. Dennoch fiel es ihm schwer, die Augen von dem Stoff abzuwenden, dessen wahnwitziger Faltenwurf sich an Kapingas prächtigen Körper schmiegte, die auf dem Rücken lag, ein Bein über das andere geschlagen.

Im Schlaf hatte das junge Mädchen nicht mehr diese Miene endloser Langeweile, und Tshilombo fühlte sich von der außergewöhnlichen Reinheit der Züge gerührt. Da seine störanfälligen mentalen Abwehrmechanismen ihn im Stich ließen, wandte sich sein Blick von der Schönheit des Gesichtes ab und wanderte weiter hinunter zu der seidig runden Schulter, deren Mattigkeit ihn nicht zum ersten Mal bis ins Innerste aufwühlte. Die linke Hand des jungen Mädchens ruhte träge auf dem Bauch. Der reglose Körper wirkte auf Tshilombo wie ein Köder. Er fühlte sich sicher und beugte sich, beide Hände vorgestreckt, leicht zu ihr hinunter. In diesem Moment atmete sie tief ein, und ihre Brust hob sich. Die leichte Bewegung brachte den Pagne ins Rutschen und enthüllte den schimmernden Ansatz einer dunklen Brust. Die grausam präzise visuelle Information schaltete in Tshilombo die so oft heraufbeschworene Landschaft von Kapingas endlosen Kurven ein, des gelassen üppigen Fleisches ihrer Hüften, jenes seidenweich lichten Universums zwischen ihren Schenkeln. Um dem zu entkommen, flüchtete Tshilombo sich an die Oberfläche der Kleiderfalten, die, einem chaotischen Muster folgend, in zahllosen Windungen dahinflossen. Gegen seinen Willen verleiteten die geschwungenen Linien seinen Blick dazu, ihren Körper auf einer Traumreise entlangzugleiten durch Landschaften von trügerischem Frieden, über abschüssige Flächen zu sanften Gefilden voller Gefahren. Tshilombo beugte sich tiefer über das schlafende junge Mädchen, atmete genüsslich die Luft, die es umgab, und ließ sich von ihr durchdringen, um sich diese Frau noch mehr zu eigen zu machen. Ohne es zu bemerken, ließ er sich forttragen zu den schlanken Beinen, die sich wie Landebahnen eines mythischen Luftschiffs dahinzogen, wurde aber am Saum ihres Venushügels aufgehalten, der sich, glorreich und aggressiv, unter dem leichten Stoff des Pagne klar abzeichnete.

Tshilombo verlor den Halt. Da bewegte sich Kapinga im Schlaf, als wollte sie sich, um aufzustehen, an etwas festklammern. Sie streckte die linke Hand aus, deren Finger sich unwillkürlich um Tshilombo schlossen, dem schlagartig die schwere, Wärme ausstrahlende Form bewusst wurde, die seit einer Weile gegen seinen rechten Schenkel drückte. Inmitten eines milchig hellen Nebels spürte Tshilombo in einem Krampf, gleißend wie ein Blitz aus weißem Licht, Kapingas Hand, die durch die Seide seiner Hose hindurch sein Geschlecht stark presste, dann hörte er wie in einem Traum die verschlafene Stimme der jungen Frau: »Oh, *semeki*, Sie sind gekommen?«

VII

Die repetitiven Brüche

Zwischenzeitlich blies die durchgepeitschte Demokratisierung so manchem in den Rücken. Die finanzschwachen Politiker versuchten, ihre Parteien mit allen Mitteln zu festigen, und davon gab es nicht eben viele. Entweder man bekam einen Posten in der Regierung, was ein monatliches Gehalt und Privilegien garantierte, oder man schloss Bündnisse, oder aber man machte mit geringerem Aufwand auf sich aufmerksam. Die Waffen wurden poliert, das war spürbar. Man wusste ja nie, vielleicht wurden wirklich Wahlen vorbereitet, besser, man war gerüstet.
Makanda Rachidi lag gesättigt auf dem Rücken, sein vorstehender Bauch wies zum Ventilator an der Decke, sein lächerliches Geschlecht war zwischen seinen Beinen zusammengeschrumpelt. Wieder einmal hielt er sich für ein großes Raubtier, denn er teilte mit ihnen bestimmte Angewohnheiten. Im Augenblick versuchte er, wieder zu Atem zu kommen und eine gute Figur zu machen, wenn das Mädchen aus der Dusche zurückkam. Eben hatte er den Geschlechtsakt in Rekordzeit vollzogen und hoffte, dass sie es seiner psychischen Verfassung zuschreiben würde, schließlich wurde er, wie es sich für jeden ordent-

lichen Politiker gehörte, von großen Staatsgeschäften in Beschlag genommen. Und sowieso, er hatte bezahlt. Warum also Skrupel haben? Es stimmte schon, sie war keine Professionelle. Bloß eine Studentin, die er mit seiner Automarke hatte ködern können. Ihr Vater sei Beamter beim INSS[35], hatte sie gesagt, sie musste ihr Studium selbst finanzieren.

Doch auch wenn sich der Herr Makanda wie ein Löwe der Savanne gebärdete und den gleichen Appetit auf Frischfleisch hatte, stand er von seinem Naturell her doch den Hyänen näher, denn momentan musste er sich damit begnügen, innerlich ihr albernes Gelächter nachzuahmen. Das Mädchen nämlich hatte ihn mit der äußersten Verachtung behandelt, und das, seit sie sich am Nachmittag begegnet waren bis zu seinem beschämend schnellen Erguss eben, der sich zwei Lendenstößen verdankte, die ihn überrumpelt hatten. Makanda war fuchsteufelswild, dass er mit seinem Geld nicht alles kaufen konnte. Er hatte zwei vergnügliche Stunden mit dem Mädchen verbringen wollen, aber die komplette Vorstellung hatte wie in den Romanen der Weißen nur etwas mehr als zehn Minuten gedauert, und er spürte sehr wohl, dass er gewiss nicht noch mal von vorne anfangen konnte. Er, der die Langeweile verabscheute, war jetzt dazu gezwungen, allein in einem Hotelzimmer auf sein Meeting mit Gonzague Tshilombo zu warten. Den Ort des Treffens hatte er der Diskretion wegen ausgewählt. Er wollte unbedingt vermeiden, dass seine Kontakte zur Präsidentschaft bekannt wurden. Er hatte seine Tarnung als

35. Nationales Institut für soziale Sicherheit (Institut National de la Sécurité Sociale).

Oppositioneller zu schützen. Das war im Moment sein einziges Kapital.
Er erhoffte sich viel von seiner Verabredung mit Tshilombo. Sie hatten sich lange nicht gesehen. Ihre letzte Zusammenarbeit war ausgesprochen fruchtbar gewesen. Eine 1-a-Inszenierung! Demonstranten, die aufeinander losgingen, um ihre Ideale zu verteidigen und sogar zum höchsten Opfer bereit waren. In der Folge dieses Ereignisses segelte er noch immer auf Erfolgswelle. Sein Einfluss innerhalb der Opposition war jetzt gefestigt. Trotzdem, je mehr Bedeutung seine Partei bekam, desto schwerfälliger wurde ihre Struktur. Das Ganze zu verwalten, zog beträchtliche Ausgaben nach sich. Da war es noch ein Glück, dass das Haus in Limete, in dem sich der Sitz der Partei befand, ihm gehörte. Die Mitglieder wurden immer zahlreicher, aber ihre Beiträge reichten natürlich nicht aus. Makanda Rachidi hatte, um das alles unter Kontrolle zu halten, Verwaltungskosten, die unaufhörlich in die Höhe kletterten. Jeden Tag musste er hohe Summen ausgeben, unter anderem um den Forderungen seiner Besucher nachzukommen. Regelmäßig hatte er auch Probleme auszuräumen, Vertrauen zu erkaufen. Kurzum, Makanda Rachidi brauchte Geld. Deshalb hatte er darum gebeten, Tshilombo heute unter vier Augen zu sprechen. Das Mädchen war gegangen, und während er auf das Treffen wartete, entschloss er sich spontan zu einem kleinen Schläfchen. Unbesorgt ließ er sich von der Bewegung der Ventilatorflügel hypnotisieren, die die Hitze in Späne hobelten.
Kurze Zeit später saß Makanda Rachidi zusammen mit Tshilombo im Garten des Hotels, der in ein Labyrinth aus hohen Hecken, welche die Diskretion gewährleisten soll-

ten, umgestaltet worden war. Die Gäste saßen in Nischen, die sie vor neugierigen Blicken schützten. Die beiden Männer hatten noch kaum an ihren Biergläsern genippt. Makanda legte eine übertriebene Geselligkeit an den Tag, während Tshilombo wie üblich distanziert wirkte. Ja, sogar recht angespannt. Und dazu hatte er auch allen Grund. Tshilombo musste nicht hier sein. Er hatte mehr als genug getan, damit Makanda als echter Oppositioneller anerkannt wurde, er legte keinen Wert darauf, in seiner Begleitung gesehen zu werden und damit die ganze Arbeit zunichtezumachen. Wenn Makanda nicht so gedrängt hätte, wäre der Direktor des BÜROS niemals einverstanden gewesen, sich mit ihm zu treffen und schon gar nicht in einem Hotel wie diesem. Tshilombo mochte diese Orte nicht, sie erinnerten ihn an Dinge, die er lieber vergaß. Der Typ vor ihm erklärte gerade mit großen Gesten, die Bedeutung seiner Partei zwinge ihn zur aktuellen Stunde dazu, durch ganz Kinshasa zu tingeln und sich in der Provinz zu etablieren. Er verallgemeinerte, baute Luftschlösser. Tshilombo hörte geduldig zu, das Kinn auf den Fingerspitzen ruhend, während er sein Unglück mit Geduld ertrug und auf die Fortsetzung wartete. Makanda sprang von einem Thema zum nächsten.

»Sieh mal, das alles ist nur mit viel Geld zu machen. Der Treibstoff des Krieges, mein Lieber! Das wird sich nie ändern. Glaubst du, diese Leute, die die Demokratie wollen, wären bereit, sich voll einzusetzen? Man muss Geld in die Hand nehmen. Geld und noch mal Geld!« Tshilombo betrachtete den Mann, der seine Verachtung für die ihm anvertraute Herde so offen zur Schau trug. Man war noch nicht zum Kern der Sache vorgestoßen.

»Meine Partei braucht Geld, Tshilombo. Wir werden immer größer und sehen uns immer höheren Kosten gegenüber. Der Präsident könnte uns einen Zuschuss von, sagen wir, 100 000 Dollar gewähren.« Dieser Kerl war ein Fass ohne Boden, dachte Tshilombo, der würde sich nie ändern. Dabei hatte er schon Unsummen erhalten. Was wollte er denn noch? Sicher, ihre letzte Zusammenarbeit war ein Erfolg gewesen, aber das rechtfertigte nicht die Summen, die er einstrich. Tshilombo zog es vor auszuweichen.
»Du weißt ja, wenn es nach mir ginge, wäre das kein Problem, aber der Präsident hat für die Finanzierung der Parteien nichts vorgesehen.«
»Komm schon, Tshilombo, gib dir einen Ruck. Du bist ich, ich bin du. Die PND muss unbedingt ihre Rolle ausfüllen. Ich habe gewissermaßen ein Mandat des Volkes erhalten! Jeder weiß, welche Opfer ich auf mich genommen habe, damit dieses Land einer strahlenden Zukunft entgegengeht. Gemeinsam mit meinen Mitstreitern haben wir unser Blut im Namen des Kampfes vergossen, das vergiss besser nicht. Wenn das Volk mich unterstützt, dann weil wir uns für es aufgeopfert haben. Heute ist die Zeit gekommen, dass die Partei der neuen Demokratie den Platz einnimmt, der ihr zusteht, und dazu brauche ich dich. Hör gut zu. Solange ich, Makanda, lebe, werde ich bis zum Ende dafür kämpfen, dass diese Partei am Leben bleibt. Deshalb wende ich mich an den Präsidenten und an dich. Heute, in dieser historischen Stunde, fordere ich euch auf, mich zu unterstützen, ihr werdet es nicht bereuen. Du hast genügend Macht, um zu tun, was du willst. Die Zeit der Staatsstreiche ist vorbei, Tshilombo. Gegenwärtig braucht es beträchtliche Finanzmittel, um die Macht zu ergreifen. Die

Demokratie ist teuer, du kannst mich nicht fallen lassen. Du weißt übrigens sehr wohl, dass wir von der Basis dem stärksten Druck ausgesetzt sind. Die Leute fordern jeden Tag mehr von uns. Du kennst die Lage im Land ja, nicht wahr?«

»Ich bin über die Lage durchaus im Bilde. Alles ist momentan unter Kontrolle, und das dank Männern wie dir, Makanda, das erkenne ich an.« Tshilombo gab sich versöhnlich.

»Genau!« Makanda ging zum Gegenangriff über. »Gib zu, dass die Oppositionsparteien, die ich repräsentiere, viel zum sozialen Frieden beitragen, ich zähle auf deine Kooperation, damit wir die aktuelle Lage halten können. Ansonsten, das weißt du ja, kann alles Mögliche passieren, wir haben nichts in der Hand.«

»Ist das eine Drohung, Makanda?«

»Nein, aber gib zu, die Lage ist explosiv. Unter uns, die Leute sind am Ende. Sie warten nur auf ein Signal. In der jetzigen Situation genügt eine winzige Kleinigkeit und Kinshasa wird unkontrollierbar.« Tshilombo hörte die Drohung überdeutlich. Der Kerl wollte ihn einschüchtern. Dabei vergaß er, dass er es Tshilombos Intervention zu verdanken hatte, wenn er heute an der Spitze einer mehr oder weniger glaubwürdigen Partei stand. Die Ereignisse von Limete hatten maßgeblich dazu beigetragen. Außerdem hatte er schon mehr als genug Geld bekommen. Tshilombo mochte es nicht, wenn man ihn zu etwas nötigte, und fand, dass es jetzt reichte.

»100 000 Dollar so auf die Schnelle werden wohl nicht gehen, aber ich spreche den Präsidenten darauf an, setz dich nicht mehr mit mir in Verbindung. Wenn ein Journalist von unserem Treffen heute erfährt, bist du geliefert. Ich informiere dich, sobald die Präsidentschaft sich rührt.« Makanda konnte das Ausweichmanöver riechen. Sein Instinkt warnte ihn, Tshilombo nicht zu vertrauen, er kannte ihn und beschloss, höher zu pokern.

»Hör zu, vergiss den Präsidenten. Das hier ist eine Sache zwischen dir und mir. Wenn du die richtigen Worte wählst, löst sich die Situation im Handumdrehen in Wohlgefallen auf. Ich weiß, dass er auf dich hört. Außerdem, vergiss nicht, was du mir schuldig bist, Tshilombo. Zum Glück war ich für dich da, damals.« Jetzt versuchte der Kerl es mit emotionaler Erpressung. So hartnäckig, wie er war, brauchte er das Geld dringend. Makanda stand mit dem Rücken zur Wand. Die Politik war eine subtilere Angelegenheit geworden. Früher, aber das schien eine Ewigkeit her, war sie eine Sache der Wagemutigen gewesen. Man brauchte nur ein bisschen herumzukrakeelen und sein Fähnchen in den Wind zu hängen, um vom Staatschef bemerkt zu werden und einen Posten sowie die dazugehörigen finanziellen Vergünstigungen zu bekommen. Da ging es mehr um Theater als um Politik. Der Erfolg gehörte den Männern ohne Skrupel, denen, die keine Angst hatten, gegen den Strom zu schwimmen. Heute waren die Zeiten sehr viel härter. Ganz zu schweigen von dieser beschissenen Demokratisierung mit den darauf folgenden Wahlen. Tshilombo mochte die Wendung, die ihr Gespräch nahm, nicht, es wurde zu persönlich. Was seine Schulden bei Makanda betraf, die hatte er, wie er fand, schon vor langer Zeit cash bezahlt. Er erhob sich mit einem breiten Lächeln.

»Du kannst dich auf mich verlassen. Keine Sorge, ich kümmere mich um deine Akte. Du sollst auch wissen, dass wir beide noch einiges vor uns haben. Nur nicht verzweifeln.«

Mit diesen schönen Worten gab Tshilombo ihm die Hand, wobei er ein Höchstmaß an Herzlichkeit hineinzulegen versuchte, dann war er fort, und ließ Makanda unschlüssig zurück.

Die Bevölkerung hatte ganz andere Sorgen im Kopf. Der Bauch nämlich war leer und so ertrug sie den HUNGER Tag für Tag, jeden Augenblick. Das Monster mit den zwei Köpfen herrschte über die Menschen, und jedes seiner Gehirne war auf eine ganz bestimmte Funktion eingestellt. Während das erste den Körper durch quasi mechanische Prozesse zerstörte, gab das zweite starke Dämpfe ab, die den Geist verflüssigten, um so den Willen des Volkes zu brechen. Gleichwohl hatten die zwei Gehirne sich verbündet, um jene Kraft ausfindig zu machen, die die Bewohner von Kinshasa am Leben erhielt und die manche das Politische Gewissen nennen. Die widerliche Schlange hielt das Politische Bewusstsein für schädlich und arglistig. Man wusste nie, zu was es fähig war. Es eroberte ohne jede Vorwarnung die Herzen. Es knüpfte Verbindungen, um ein Netzwerk zu schaffen. Ein Netzwerk, das rasch uneinnehmbar werden würde und gegen das der HUNGER vielleicht nichts mehr würde ausrichten können.

Ein Netzwerk ist etwas Unkontrollierbares, denn sobald ein winziges Teil einen Impuls erhält, wird dieser automatisch an den Rest des Netzwerkes weitergeleitet. Je mehr Funken von Wut und Empörung sich an seiner Oberfläche zeigten, desto solidarischer wurde das Volk. Skeptiker schrieben dieses Phänomen dem Herdentrieb zu, aber ein eingeweihter Beobachter wie das Reptil mit den zwei Gehirnen wusste, dass man wegen dieses einköpfigen Wesens mit Namen Politisches Bewusstsein Revolutionen anzettelte. Seinetwegen war der HUNGER aus bestimmten Landstrichen fast ganz verschwunden. Das vielzellige Gebilde bewegte sich zwar langsamer als das grässliche Monster, aber vor allem brauchte es mehr Zeit, um zur Reife zu kommen und seinen Einfluss wirklich auszuüben.

In seiner Funktion als Hüter der Republik achtete Stabsfeldwebel Bamba Togbia auch auf solcherlei Nebeneffekte. Er saß im Geländewagen, und sein Blick schweifte über die Bevölkerung am Straßenrand, die sich Tag für Tag abmühte, irgendwo Nahrung aufzutreiben. Bamba wusste, dass die Dinge trotz der Anstrengungen der Regierung nicht mehr so waren wie früher. An der Art, wie man ihn ansah, spürte er, dass ein Soldat nicht mehr so gefürchtet wurde wie in der guten, alten Zeit. Dass man vor einem Soldaten den Blick rasch abwandte, war Geschichte. Die Provokation war spürbar. Und hin und wieder sogar das Aufblitzen echter Wut. Als warteten die Leute nur auf einen günstigen Augenblick, um sich zu prügeln. Sich endlich der Schlagkraft dieser bewaffneten Männer zu stellen. Bamba spürte an den Blicken, die man ihm zuwarf, dass man einen Vorwand für die Konfrontation suchte. Das Volk, das sich in der Überzahl wusste, fürchtete nicht um sein Überleben. Und das umso weniger, als es noch immer existierte, obwohl doch alles getan worden war, um es zu erniedrigen und auszulöschen. Männer, Frauen, Kinder, ja sogar die Verrückten wurden überheblich. Keiner von ihnen zeigte noch den furchtsamen Respekt von einst. Beim geringsten Anlass gab es Generalstreiks, Demonstrationen, Zusammenstöße mit den Ordnungskräften. Aber wo zum Teufel

hatten sie das gelernt? Der Militär hatte Angst um seine Zukunft. Was seinen Posten bei der Armee betraf, sah es ziemlich düster aus.
Im Moment allerdings bestand seine Hauptsorge darin, wach zu bleiben. Seine Augen spielten ihm Streiche. Urplötzlich wurde alles unscharf und verschwamm. Er setzte die Sonnenbrille nicht mehr ab. Die seltenen Male, wenn er es doch tat, erschreckte er die Leute, so blutunterlaufen waren seine Augen. Er konnte das helle Sonnenlicht nicht mehr ertragen. Jede spiegelnde Oberfläche war die reinste Folter. Es war jetzt Monate her, aber noch immer hatte er nicht versucht, sich über das Verbot des Hexers Mbuta Luidi hinwegzusetzen. Es war ein Wunder, dass er noch nicht tot umgefallen oder verrückt geworden war. Bamba bemühte sich, sein Leben zu leben, koste es, was es wolle. Solange er nicht nachts einschlief, riskierte er theoretisch nichts. Um die Zeit totzuschlagen, versuchte der Stabsfeldwebel jetzt, Nachtschichten zu bekommen. Immer häufiger ging er in Bars, auf der Suche nach einem lebendigen Treiben, das ihm beim Wachbleiben helfen sollte. Das Radio oder Fernsehsendungen über das Leben der Fische schafften es nicht mehr, ihn in seinen einsamen Nächten abzulenken. So hatte er angefangen, mehr zu trinken, als ihm guttat. Seine Tage verbrachte er mit immer häufigeren Migränen und dem Versuch, Halluzinationen unter Kontrolle zu bringen, in denen die Straßenzüge Kinshasas wie auf einer schlecht formatierten DVD vorübereierten. Die Bilder zerfielen so rasch wie Bauklotztürme. Oder sie verlangsamten ohne jede Vorwarnung. Bisweilen wurde Bambas innerer Bildschirm schwarz, und er verlor alle Informationen, die dem Blackout vorangegangen waren. Dann mus-

ste er unerhörte Anstrengungen unternehmen, um sich zu erinnern, was er eine Sekunde vorher gesagt hatte. Es fiel ihm täglich schwerer, seine Hefte auf dem aktuellen Stand zu halten. Wie ein Computervirus brachte der Schlafmangel das Gehirn des alten Soldaten langsam zum Absturz. Der Fluch des Hexers tat sein Werk.
Der Stabsfeldwebel warf einen Blick auf den Gefreiten Landu. Er war es gewesen, der ihm das Stück Holz, die Ursache all seines Unglücks, gegeben hatte. Unter Druck gesetzt, hatte der junge Soldat schließlich gestanden, dass er das zu opfernde Stöckchen bei Mbuta Luidi selbst stibitzt hatte. Deswegen also war der Hexer gestorben. Landu verteidigte sich: Es war nicht seine Schuld, dass die Sache schiefgegangen war. Das stimmte ja vielleicht, aber trotzdem! Der verantwortungslose Bursche hatte auch noch gewagt, ihm vorzuschlagen, er solle dem Fluch trotzen und es mit dem Schlafen einmal probieren. Bamba hatte erwidert, dass er es eines Tages vielleicht versuchen würde, dass er aber im Moment noch nicht den nötigen Mut dazu aufbrachte. Er hatte sich entschlossen, wach zu bleiben, gleichgültig, was es ihn kostete, Nacht für Nacht. Dabei hatte man ihm oft genug eingeschärft, dass die Hexerei in seiner Familie verboten war! Warum hatte er den Ahnen nicht gehorcht?

Das Lenkrad fest im Griff, sang Landu ein Lied von Koffi Olomide, in dem der Musiker selbstmitleidig eine Liebesgeschichte besang, bei der er selbst offenbar an allem schuld war. Unabsichtlich verschlimmerte der junge Soldat dadurch Bambas Kopfschmerzen und spottete über die Unerfahrenheit des hinten sitzenden Celio.

»Mein Kommandant, *mboka ebebi*[36]! Stell dir bloß vor, mein Kommandant, neben der Uniklinik hat man eine Gruppe Hungerleider festgenommen, die Krankenhausabfälle gesammelt haben, um sie zu kochen und zu essen und sich so mit ›tierischem‹ Eiweiß einzudecken!«

»Du übertreibst, Landu. Vor Hunger reden die Leute einen Haufen Blödsinn daher.«

»Mein Kommandant, das ist die Wahrheit! Aber es kommt noch schlimmer. Erzähl mir nicht, mein Kommandant, dass du nicht von den Frauenleichen gehört hast, die man in den Hotels mit abgerissenem Busen gefunden hat! Mit den Zähnen abgerissen, mein Kommandant. Stell dir das bloß vor, so weit ist es mit den Sitten gekommen!«

»Du hast recht«, antwortete der Stabsfeldwebel, »das Land ist am Arsch.«

»Und, was glaubst du, woran das liegt, mein Kommandant? Die krasse Armut. Die Leute werden verrückt. Wir rennen in eine Katastrophe rein.«

Dem Land ging es tatsächlich sehr schlecht, dachte Celio. Durch die Wagenfenster hindurch beobachtete der junge Mann die Menschen, die am Straßenrand gingen. Seit Tagesbeginn spürte er eine undeutliche Furcht. Die ganze Stadt war in einer anderen, schwereren Stimmung. Es war nicht viel los auf den Avenuen, aber still und leise bildeten sich Menschenansammlungen. An den Kreuzungen wurde diskutiert. Im BÜRO hatten sie nicht viel gearbeitet, der Chef hatte am späten Vormittag alle nach Hause geschickt. Die wachhabenden Soldaten waren in Alarmbereitschaft. Man fürchtete Unruhen. Die Opposition kündigte an, es

---

36. Das Land ist am Arsch!

würde ein brandheißer Tag für die Staatsgewalt werden. Es sollte Demonstrationen oder so etwas geben. Demokratie, Wahlen. Die Leute sprachen von nichts anderem mehr. Celio hielt das für falschen Alarm, aber trotzdem bemerkte man an strategischen Punkten wie Brücken und Verwaltungsgebäuden die verstärkte Militärpräsenz. Im Moment war alles ruhig. Bevölkerung und Staatsmacht starrten einander in regloser Feindseligkeit an.

Seit Celio diesen Job hatte, war er zwangsläufig einem Wechselbad der Gefühle ausgesetzt. Zu Beginn hatte er sich vom Ehrgeiz und dem Rausch des Geldes mitreißen lassen und seine Fähigkeiten ständig unter Beweis stellen wollen, sodass er die ethischen Aspekte seiner Anstellung ein wenig aus den Augen verlor. Heute hatte er gemischtere Gefühle, aber er war der Meinung, dass er von seinem Standpunkt aus sowieso nichts tun konnte, um das Elend der Bevölkerung irgendwie zu lindern. Er war wie alle anderen gezwungen mit anzusehen, wie die Lage sich verschlimmerte. Der Staat erfüllte seine Aufgabe nur noch symbolisch, wer hätte das besser gewusst als Celio. Die Kaufkraft wurde jeden Tag geringer. Die knappen Nahrungsmittel waren unerschwinglich. Das Gesundheitssystem existierte seit langem nicht mehr. Hierzu hatten sich Aids und seine Folgen gesellt, sodass das Ganze nicht mehr in den Griff zu bekommen war. Was die Leute noch zusammenhielt, war die bloße Haut auf den Knochen. Im Erziehungsbereich schlossen sich Eltern zusammen, um die Gehälter der Lehrer zu bezahlen. Vor diesem Hintergrund war Gott der Einzige, der noch Wunder wirkte, und sogar der kam nicht mehr hinterher.

Trotzdem stellte sich der junge Mann keine großen Fragen. Er hatte viele seiner Überzeugungen ein für alle Mal zum

Schweigen gebracht und sich gut damit arrangiert. Die beste Art, die Armut zu bekämpfen, war immer noch, Geld zu machen. Und davon hatte er momentan ziemlich viel gescheffelt. Seine Ausgaben hielten sich in Grenzen. Sein Arbeitgeber kam für fast alles auf, Miete, Reisespesen. Wenn er irgendwo hin musste, benutzte er ausschließlich die Dienstfahrzeuge. Sein Geschmack blieb bescheiden. Er hatte ein wenig in seine Kleidung investiert, das war normal, man musste schließlich ein bisschen was hermachen.
Alles schön und gut, aber Celio mochte die Spannung nicht, die in der Luft lag. Er dachte an seine Freunde aus dem »Dickicht« und an Trickson, Sera Sera und die anderen. Was hatten sie im Leben schon zu verlieren? Die Leute starben jeden Tag zu Tausenden an Malaria. Man verlöschte so einfach wie eine Petroleumlampe. Die Bevölkerung hielt sich im Angesicht der Kugeln für unbesiegbar, so oft hatte man schon auf sie geschossen. Außerdem, was spielte der Tod für eine Rolle, Hauptsache, er schlug schneller zu als das HIV. Da in der Stadt heute alles gesperrt war, nahm Celio sich vor, Pater Lolos zu besuchen. Um für kurze Zeit den Schändlichkeiten dieser Welt zu entkommen.

Nichts an der unveränderlichen Kulisse des Seminargeländes verriet die Not und den Unfrieden, die draußen gärten. Fröhliche oder in sich gekehrte Seminaristen bewegten sich still durch die Gänge. Celio ging zum Büro von Pater Lolos und klopfte. Als der junge Mann in der Tür erschien, hellte sich das Gesicht des alten Priesters auf.
»Komm rein, Celio, komm rein. Was für eine Überraschung!«
Pater Lolos umarmte ihn zur Begrüßung. Er war glücklich, ihn zu sehen, aber etwas schien seine Freude zu trüben.

»Ist alles in Ordnung, mein Vater?«, fragte Celio.
»So la la, wie das Land.« Sein Gesicht wurde wieder ernst. »Ein schlimmer Tag. Eines unserer Fahrzeuge wurde am Ngaba-Kreisverkehr von Studenten angegriffen. Der Fahrer hat es mit dem Wagen gerade noch zurückgeschafft. Bis jetzt haben wir nichts Dramatisches gehört, in den Stadtteilen scheint es ruhig zu sein, aber es kann alles passieren.«
Tatsächlich spürte man überall in der Stadt die Gefahr in der Luft. Es war weniger los als sonst, die Leute waren zu Hause geblieben. Einige wenige Fahrzeuge waren noch unterwegs, aber alle schienen es sehr eilig zu haben. Das Hintergrundrauschen, das die Stadt sonst unentwegt einhüllte, war verschwunden. Als würde alles nach und nach erstarren. Sogar der Himmel wurde traurig. Über den Abfallhaufen flatterten gebrauchte Plastiktüten wie Unglücksboten. Die Sonne schien, aber weniger strahlend. Ihr Licht wirkte kälter, metallischer. Diese Tage der Spannung traten immer häufiger auf. Niemand wollte sie, aber sie waren notwendig. Es brauchte diese Vorstöße durch das Volk. Die Leute gehen auf die Straße, bringen ihre Wut zum Ausdruck und pfeifen auf die Repression. Diese Tage, so denkt das Volk, sind Teil eines unvermeidlichen Prozesses wie die Wehen vor der Geburt. Aber man weiß auch, je kürzer die Abstände werden, desto näher rückt die Entbindung.
»Was willst du, Celio, die Leute haben es satt. Irgendwann muss es ja explodieren.«
»Das Land ist ein Saustall, ehrwürdiger Vater. Es braucht mehr als Wut, um da auszumisten.«
»In diesem Land fehlt der politische Wille. Lange Zeit haben wir geglaubt, die Opposition werde sich organisieren und handeln, aber schau, wie jeder versucht, sein Schäf-

chen ins Trockene zu bringen. Das ist erbärmlich.« Pater Lolos sah bedrückt aus. Er ging in seinem Büro auf und ab wie ein eingesperrter Löwe. Celio saß da und betrachtete ihn, wie er über diese Widrigkeiten grübelte. Die Angst machte ihn plötzlich älter.

»Es ist ein ganzes System, mein Vater. Ich glaube, um dieses Land zu retten, braucht es mehr als einen Einzelnen. Die verschiedenen Systeme, die hier aufeinandergefolgt sind, haben so viel Schaden angerichtet, dass es sich nicht an einem Tag wieder in Ordnung bringen lässt.«

»Das ist wohl die Aufgabe für jeden von uns.«

Der alte Priester hatte in diesem Land sein Soll mehr als erfüllt. Im Augenblick litt er mit ihm. Während all der Jahre hatte er das Wissen an zwei Generationen weitergegeben. Trotzdem fühlte er sich frustriert, weil seine Anstrengungen und auch die Anstrengungen derer, die er unterrichtet hatte, immer wieder von der Politik zunichte gemacht wurden und das Land noch tiefer in den Abgrund gestoßen wurde. Natürlich vergaß Lolos nicht die glücklichen Tage, denn sie waren sein Maß der Dinge, und das machte ihn noch verzweifelter. Was für eine Vergeudung, dachte er. Er fuhr fort:

»Die Leute können nicht mehr weiter. Sie hängen in den Seilen, Celio, und ich habe Angst, was sie als nächstes tun werden.«

Der junge Mann wusste, dass die Lage gefährlich war, aber er war der Meinung, dass noch nicht aller Tage Abend war, denn er hatte die Theorie von der Begrenztheit der Variablen gelesen, wie Kabeya Mutombo sie in seinem *Kurzen Abriss der Mathematik* darstellte. Darin heißt es: *Eine unendliche Zahlenfolge hat als Grenzwert eine feste Zahl* a, *wenn der absolute Betrag der Differenz zwischen* a *und den Folge-*

gliedern niedriger als jede gegebene feste positive Zahl ε wird und bleibt, so klein ε auch sei. Das stimmte zwar alles, aber direkt nachdem der Autor die Beschränktheit der Funktion definiert hatte, sprach er von ihrer Kontinuität: *Eine Funktion ist stetig, wenn sie in unmerklichen Stufen variiert und nicht unvermittelt von einem Wert zum nächsten springen kann.* In der Tat war der aktuelle Kampf nicht immer für alle wahrnehmbar oder aber nicht auf dieselbe Weise.

»Wenn ein Tier in die Enge getrieben wird, ist es gefährlich, mein Vater, aber hier geht es nicht um Tiere. Der Mensch ist in der gleichen Lage dazu verdammt, Lösungen zu finden. Ich zähle auf die Intelligenz der Menschen. Ich bin mir allerdings nicht sicher, ob es sich dabei wirklich um Intelligenz handelt, es ist mehr. Ich glaube eher an den Einfallsreichtum dieses Volkes, an seine Fantasie, denn es wird darum gehen, einen Prozess zu durchlaufen, und in jedem Prozess sind es die Etappen, die zählen. Das Volk muss wachsam bleiben, um sich die Chancen zu erhalten, jede von ihnen zu meistern. Die jetzigen Zusammenstöße sind dazu da, den Machthabern zu zeigen, dass das Volk von nun an mitredet und dass man mit ihm rechnen muss.« Lolos sah Celio lange an.

»Und du, Celio, weißt du bei der Arbeit, die du tust, auf welcher Seite du mitredest?«

Celio lächelte.

»Du brauchst nicht zu lächeln! Sieh dir an, wohin das Regime, dem du dienst, dieses Land geführt hat! Alles ist kaputt, auch die Bevölkerung! Wie kannst du das, was man dich gelehrt hat, in den Dienst dieser Leute stellen? Der Ehrgeiz rechtfertigt nicht alles.« Noch nie hatten Lolos und er ernsthaft über seine Tätigkeit im BÜRO gesprochen. Celio kannte den Vater gut. Wenn der Alte das Thema nie angeschnitten hatte, dann weil er nicht wirklich einverstanden war. Aber da er ihn nicht daran hindern konnte, seinen Lebensunterhalt zu verdienen, hatte er die Diskussion nie anstoßen wollen.

»Es ist mir voll und ganz bewusst, dass ich gegen das Volk arbeite. Dass ich mit meiner Tätigkeit bei der Präsidentschaft dazu beitrage, das alles in die Länge zu ziehen. Aber ich bin bei der Kommunikation, ehrwürdiger Vater, ich bin weder Soldat noch Richter, ich bringe niemanden um. Außerdem, so wie die Dinge derzeit stehen, zählt das Individuum nicht mehr. Die Masse wird den Unterschied machen. Glaubst du, mein Vater, dass ich irgendetwas verhindere, wenn ich mit all den Leuten demonstrieren gehe? Ich glaube nicht. Ich denke vielmehr, das Volk hat in diesem Land eine Bewegung losgetreten, die nicht mehr rückgängig zu machen ist. Ganz egal, ob ich heute für die Präsidentschaft arbeite oder nicht.«

»Wir sind immer irgendwie verantwortlich, Celio. Weil der Geist der Dinge zählt. Wenn dein Handeln von einem Geist geprägt ist, der im Widerspruch zu deinen Überzeugungen steht, dann hör damit auf. Es sei denn, du hättest keine Überzeugungen mehr, mein Sohn.«

»Glaub das nicht, ehrwürdiger Vater. Eine meiner Überzeugungen ist die, dass ich in dieser Stadt Erfolg haben werde. Sie schenkt einem nichts, und das weißt du auch. Wenn ich dazu den Umweg über das Informations- und Planungsbüro gehen musste, bitte sehr, in meiner Lage hätte ich diese Chance wohl kaum ausschlagen können.« Der alte Lolos seufzte tief.

»Du willst erfolgreich sein, wie dein Chef? Verpflichte dich nicht, Dinge zu tun, die im Gegensatz zu dem stehen, was du bist, Celio, du riskierst, dir die Seele zu verbrennen. Lass mich dich trotzdem vor den Leuten, mit denen du arbeitest, warnen. Ich will dir etwas zeigen.«

Der Priester wandte sich zu einem Bücherregal, das die ganze Wand einnahm. Er stellte sich auf die Zehenspitzen und zog etwas heraus, das aussah wie ein in weinrotes Leder gebundenes Fotoalbum. Auf dem Buchrücken standen Daten. Der Alte legte das Album auf den Tisch und schlug es auf. Auf den Schwarz-Weiß-Fotos darin waren Reihen von Schülern abgebildet, fixiert für die Ewigkeit. Der Priester blätterte die Seiten um und hielt bei einer von ihnen inne.

»Schau, die hier.« Oben auf der Seite stand *Lubumbashi 1969–1970*. Celio begriff nicht, worauf Lolos hinauswollte.

»Erkennst du ihn?« Lolos zeigte mit dem Finger auf einen jungen Mann mit Brille und Afrolook, der in der letzten Reihe einer Gruppe Studenten stand. Celio fiel nichts Besonderes auf.

»Schau genau hin«, forderte der Priester ihn nachdrücklich auf. Celio beugte sich vor und sah ein Gesicht, in dem eine gewisse Arroganz lag. Sein Boss, Gonzague Tshilombo, nur dreißig Jahre jünger. Celio war verblüfft. Wie war es möglich, dass Pater Lolos ein Foto von Tshilombo besaß?

»Er war nur für kurze Zeit in Lubumbashi, im Jahr der ersten Massaker an der Universität. Ein schwarzes Jahr. Wir haben viele Studenten verloren. Sie hatten aufbegehrt, die Niederschlagung war grausam. Viele wurden gewaltsam in die Armee gesteckt. Es waren Hunderte, Celio. Schicksale, mit einem Schlag zerbrochen. Einige der Anführer, die auch auf diesem Foto zu sehen sind, wurden getötet. Auch Tshilombo hat eine Rolle gespielt. Die Staatsmacht war immer darauf bedacht, in der Studentenschaft Spitzel zu platzieren, die über das, was auf dem Campus vor sich ging, Bericht erstatteten. Tshilombo war einer von ihnen. Schon damals hat er Geld aus dem Budget eines Geheimdienstes bezogen. Ihm war es zu verdanken, dass die Anführer identifiziert werden konnten.« Celio blickte starr auf das Foto. Er machte sich tatsächlich keine großen Illusionen, was den Charakter seines Chefs anging. Er war davon überzeugt, dass Tshilombo bereits in mehrere schlimme Geschichten mit Todesfolge verwickelt gewesen war. Aber zu erfahren, dass er schon mit kaum zwanzig Blut an den Händen hatte, hinterließ bei Celio einen seltsamen Geschmack. Er sah das Foto gründlicher an. Betrachtete die Gesichter mit den erstarrten Mienen. Bestimmt hatten manche von ihnen hochfliegende Träume und Ambitionen gehabt, genau wie er. Wo waren sie heute? Sein Herz machte einen Satz. Einer der Studenten hatte seine Aufmerksamkeit erregt. Eine irgendwie geduckte Haltung. Eckiges Gesicht, schwere Züge, unreine Haut. Celio glaubte, Makanda Rachidi zu erkennen, den Präsidenten der Partei der neuen Demokratie.

»Mein Vater, kannten Sie diesen Studenten hier?« Pater Lolos sah genauer hin.

»Natürlich, das ist Makanda Rachidi. Wenn ich mich recht erinnere, ein Student, der eher schlau als intelligent war. Er hat es in der Politik weit gebracht. Makanda Rachidi und Gonzague Tshilombo haben im selben Semester angefangen.« Erregt versuchte Celio, die neue Konstellation einzuordnen. Makanda, dessen Männer seinen Freund Baestro getötet hatten. Celio versuchte, ruhig zu bleiben. Baestro stirbt bei einer Auseinandersetzung zwischen Makandas Männern und den Anhängern des Präsidenten. Und es ist Tshilombo, der Baestro und die anderen nach Limete schickt. Es gab vielleicht überhaupt keinen Zusammenhang, aber der Zweifel hatte sich in ihm festgesetzt.

»Sag mir, mein Vater, wie war die Beziehung zwischen Makanda und Tshilombo? Standen sie sich nah?«

»Na, und wie!«, antwortete der Priester. »Als die Verhaftungen anfingen, haben ein paar Studenten klugerweise die Zimmer auf dem Campus durchsucht, um Hinweise auf mögliche Spitzel zu finden. Wenn die Anführer der Bewegung fast alle verhaftet worden waren, dann weil sich unter ihnen ein Verräter befunden hatten. In Tshilombos Zimmer wurde ein Walkie-Talkie gefunden. Wenig später haben die Studenten Tshilombo abgefangen und in die Mangel genommen, dann haben sie ihn weggebracht, wohl um ihm die Hölle heiß zu machen. Auf Makandas Einschreiten hin ist er der Lynchjustiz um ein Haar entgangen. Danach hat man ihn in Lubumbashi nicht mehr gesehen.«

»Und heute wie damals stehen die zwei in gegnerischen Lagern, nur dass Makanda jetzt auch noch etwas hat, das Tshilombo ihm schuldet. Kein schlechtes Kapital.«

»Ist alles in Ordnung?«, fragte Pater Lolos.

»Mein Vater, erinnerst du dich an den Tod meines Freundes Baestro?«

»Ja, sicher.«

»Das BÜRO hatte ihn angeworben.«

»Was willst du damit sagen?«

»Wenn Tshilombo und Makanda politisch Feinde sind, privat aber ihre kleinen Arrangements haben, dann hat es an jenem Tag vielleicht gar keine echte Konfrontation gegeben. Vielleicht war alles eine Inszenierung? Bislang habe ich mich damit zufriedengegeben, dass Baestros Tod nur ein Unfall war, meinetwegen auch eine außer Kontrolle geratene Aktion, so etwas kommt vor, aber jetzt bin ich mir da nicht mehr sicher.«

»Jetzt mal ganz ruhig, Celio. Du meinst, sie haben sich abgesprochen, um diesen furchtbaren Zwischenfall zu inszenieren? Und die Opfer? Nein, das war ganz bestimmt ein Zufall. Vielleicht hat es ja eine Inszenierung gegeben, aber dann ist irgendetwas aus dem Ruder gelaufen, und dein Freund ist gestorben. Außerdem, welches Interesse sollen sie gehabt haben, deinen Freund umzubringen?«

»Welches Interesse? Erinnerst du dich noch, was für Wellen das Drama geschlagen hat? Wenn da irgendetwas faul war, dann werde ich es entdecken.«

»Reg dich nicht auf, Celio. Selbst falls du ein Komplott aufdecken solltest, was kannst du schon ausrichten? Diese Leute haben Macht. Was auch immer du findest, du wirst nichts weiter tun können, als es festzustellen und den Mund zu halten.«

»Baestro hat niemanden um etwas gebeten. Ich war da, an dem Tag, als er losgefahren ist, um zu sterben. Er wollte nicht mal hin zu dieser angeblichen Versammlung. So, wie ich Tshilombo und Makanda kenne, kann ich nicht mehr glauben, dass es ein Unfall war.«

»Celio, Celio, was ist nur in dich gefahren? Vor nicht einmal fünf Minuten warst du mit deiner Arbeit noch zufrieden. Was wäre denn, wenn du das Foto nicht gesehen hättest? Lass nicht zu, dass der Zweifel dir das Leben vergiftet. Dein Freund Baestro ist tot, und nichts wird ihn mehr lebendig machen. Vielleicht gibt es keine Wahrheit zu entdecken. Und so lange, geh in dich, wenn du deinen Seelenfrieden finden willst.«

Nach den zwei Stunden bei Pater Lolos sah es draußen aus, als verdüsterten Wolken den Himmel und als hätte die Sonne, weil die Gewalt ihr zuwider war, das Feld geräumt und nur ihre bleichsten Strahlen zurückgelassen. Doch das war nur eine Sinnestäuschung, hervorgerufen durch die drohende Gefahr. Das marineblaue Fahrzeug raste durch die Straßen, auf denen jetzt noch weniger Menschen unterwegs waren. Celio hatte gebeten, dass sie einen Umweg über das Bandalungwa-Viertel machten, er wollte die allgemeine Stimmung einfangen. Die Anspannung war merklich gestiegen. An manchen Kreuzungen verbrannten junge Leute Autoreifen. Weiter drüben standen Grüppchen lässiger Soldaten mit dem Finger am Abzug, die an den Kreiseln Stellung bezogen hatten. Die Rollen waren verteilt, die Tragödie in mehreren Szenen konnte beginnen. Die Protagonisten waren zahlreich genug, um den ganzen Tag durchzuspielen. Man hatte das Stück etliche Male geprobt, und die Schauspieler standen bereit, aber noch zögerte man, mit dem ersten Akt zu beginnen.

Celio saß im Wagen und blies Trübsal. Die Unterhaltung mit Pater Lolos hatte ihn verwirrt. Er blickte, ohne etwas zu sehen, nach draußen, gefangen in seinen Zweifeln. Der junge Landu war aufgedreht. Er liebte diese Situationen, er liebte die Elektrizität in der Luft. Dies waren Momente, in denen er hoffte, sich selbst verwirklichen zu können. Trotz des hohen Tempos wich er den zahlreichen Schlaglöchern geschickt aus. In seinem Abenteurerkopf stellte er sich das Schlachtfeld, die Bombenkrater vor. Bamba, schweigsam wie immer, blieb undurchdringlich hinter seinen schwarzen Brillengläsern. Der Geländewagen fuhr über die breiten Avenuen. Die entgegenkommenden Fahrzeuge waren

alle im gleichen Höllentempo unterwegs. Jeder hatte es eilig heimzukommen. Die Händler hatten ihre Buden vorsichtshalber geschlossen. Die kleinen Märkte waren menschenleer. Einige wenige *ligablos* versahen Notdienst. Der Wagen bog in die Avenue Kasa-Vubu ab, durchquerte Bandal und Matonge und erreichte über die Avenue Bokassa wieder die Innenstadt. Überall nur vereinzelte, gehetzte Passanten, zusammengedrängte Gruppen, die ihre Nervosität bezähmten, und auf der anderen Seite Soldatentrupps auf Abruf. Bedrohliche Rauchsäulen stiegen von den brennenden Reifen auf. In voller Fahrt stießen sie auf den Boulevard du 30 juin, als die Szenerie sich plötzlich verdüsterte, eine riesige Menschenmenge nahm den breiten Boulevard ein.
Demonstranten sangen Eroberungslieder. Man wollte Wahlen, sonst nichts. Die Brustkörbe hoben sich, um der Wut kraftvoll Ausdruck zu verleihen. Auf den entrollten Banderolen klare Forderungen: *Freie Wahlen, kein Aufschub!* Das Volk war in kriegerischen Phalangen vor der Soldateska aufmarschiert. Die Fahnen und Banderolen knallten wie Siegesbanner im Wind. Jeder war bereit zu einem mittelalterlichen Kampf, Körper gegen Körper, der Atem im Atem des andern. Kehlige Gesänge brachten die Atmosphäre zum Schwingen und machten sie instabil wie Nitroglyzerin.
Sie waren Tausende. Um ihre Zahl herunterzuspielen, würden die Autoritäten später behaupten, sie wären nur ein paar Hundert gewesen. Eine Lüge. Sie waren von überall aus der Stadt gekommen. Da waren Müßiggänger und Kleinkriminelle, wie gewisse Zeitungen schreiben würden. Aber gewiss! Es war ihnen wichtig gewesen zu kommen, und noch dazu in Massen. Sie hatten ernsthafte Forderungen

und wollten sie laut und deutlich zu Gehör bringen. Das Müßiggehen ernährte seinen Mann nicht, und die Kleinkriminalität ließ sich nicht lange durchhalten, deshalb hatten sie die Schnauze voll. Und dann waren da natürlich die Studenten. Die Wegbereiter aller Massenbewegungen. Entnervt von den »weißen Jahren«, hatten sie nichts mehr zu verlieren, sie waren da, um die Kämpfe zu organisieren, wenn es welche geben würde. Da waren Familienmütter, die es satt hatten, jeden Tag das Unmögliche zu versuchen, um über die Runden zu kommen und trotzdem mit anzusehen, wie ihre Kinder am Kwashiorkor starben. Da waren sogar vom Staat bestellte Beamte. Jenem Staat, der nichts mehr von einer schützenden und nährenden Mutter hatte. Jenem Staat, der sich von seiner Verantwortung losgesagt hatte. Sie waren gekommen, um sich für diesen Verrat zu rächen. Viele hatten sich noch nie der Obrigkeit widersetzt. Einer von ihnen, ein Angestellter des INSS hatte sich dazu entschlossen, weil er seine Kinder nicht mehr anständig großziehen konnte. Er hatte also seine schönste Krawatte umgebunden und den Weg zum Boulevard du 30 juin eingeschlagen, mochte da kommen, was wollte. Seine Tochter, eine begabte Studentin, war mit einem neuen Paar Schuhe nach Hause gekommen, aber das Geld hatte sie nicht von ihm bekommen!

Die Mauer aus Menschen zwang Landu zum Bremsen.

»Da geht's nicht weiter, Chef.« Celio wohnte ein Stück weiter vorne. Aber wenn sie den Eingang seines Gebäudes erreichen wollten, musste sich der Wagen auf dem Boulevard einen Weg durch die Demonstranten bahnen.

»Chef, wir sollten umkehren.« Aber das war schon nicht mehr möglich, da die Menge das Fahrzeug umringte und jedes Manövrieren unmöglich machte, außer vielleicht man hupte wie wild, eine Schnapsidee. Niemand schien auf sie zu achten. Bamba und Landu machten sich im Wagen ganz klein. Inmitten der feindlichen Masse wurde ihnen angst und bange.

»Versuch, langsam vorwärtszukommen. Bleib am Rand«, riet Celio. Im Takt seiner starken Zylinder zitternd, setzte sich das Fahrzeug bedächtig in Bewegung. Draußen wurde das Lärmen plötzlich lauter. Die Menge war nur noch eine einzige, einheitliche Masse, entschlossen und zu allem bereit. Im Wageninnern rauschten die Stimmen wie Wellen, die sich am Fels brechen. Die Hände und Körper, die das Blech des Geländewagens berührten, erzeugten ein regelmäßiges, beunruhigend dumpfes Klopfen. Gesichter beugten sich zu den Scheiben hinunter. Celios Gebäude war nur noch zwanzig Meter entfernt. Landu wollte daran vorbeifahren, gleich die erste Straße rechts nehmen, den jungen Berater absetzen und so schnell wie möglich verschwinden, bloß raus aus der Mausefalle. Die Gesichter wurden immer neugieriger, Hände formten muschelartige Gebilde darum. »*Bango wana*[37]*!*«, schrie einer. Das Klopfen auf der Karosserie verwandelte sich in Explosionen, in das Trommeln eines heftigen Hagelschauers. Landu ließ, um Eindruck zu schinden, den Motor aufheulen, aber vergeblich. Seine eigene Aufmachung und die seines Kollegen sowie Celios allzu makelloser Anzug hatten sie verraten. Die Demonstranten witterten plötzlich, dass sich Feinde in dem Fahrzeug befanden, dessen Hubraum zu eindrucksvoll war, um anständig sein zu können. Hände gingen auf die Karosserie nie-

---

37. Das sind sie!

der, klammerten sich an den Griffen der Türen fest. Die Menge legte sich einfach auf die Motorhaube. Die Insassen hatten Angst, dass die Scheiben zerspringen würden.
An der Spitze der Demonstration gegenüber dem Hauptbahnhof hatte sich zwischenzeitlich auf Seiten der Soldaten die Staatsmacht dazu entschlossen, zu reagieren und Verantwortungsgefühl zu beweisen. Truppentransporter und zwei leichte Panzer hatten sich in Bewegung gesetzt. Die Soldaten eröffneten das Feuer. Die kompakte Masse der Demonstranten hielt einige Sekunden stand, dann löste der Block sich auf. Alles rannte. Die Soldaten sprangen von den Fahrzeugen und fielen mit Kolbenhieben über die Menge her. Andere schossen mit angelegter Waffe in den Haufen, auf Brusthöhe. Währenddessen versuchten die Panzer, die vielen Menschen in die Zange zu nehmen. Die Lage wurde konfus, und die so schön angelegte Szene zerfiel in tausend Teile. In dem offenkundigen Chaos versuchten die Demonstranten, bewaffnete Männer zu isolieren. Man sah, wie einem, der sich vor den Steinwürfen zu schützen suchte, das Gewehr entrissen wurde. Sekunden später hing seine Uniform in Fetzen herab, und er verdankte sein Leben allein dem Eingreifen seiner Kollegen. Die Soldaten, die zu nah an der Menge standen, zögerten zu schießen, aus Angst, gelyncht zu werden, denn die Wut der Demonstranten hatte ihren Höhepunkt erreicht. Weiter drüben bemühte sich eine Gruppe Soldaten, Rücken an Rücken einen Einkesselungsversuch durch die Zivilisten zurückzudrängen, von denen einige, mit Petroleumflaschen bewaffnet, versuchten, sie damit zu bespritzen, während andere Streichhölzer hielten, um sie in Brand zu setzen. In den ersten Reihen hatten einige Prahler vor den Mündun-

gen der Waffen ihre Hemden ausgezogen. Um die Soldateska herauszufordern, zeigten sie mit dem Finger auf ihre Brust. Einige der Kämpfer hatten sich ein rotes Stoffband um die Stirn gebunden. Rot wie das Blut derer, die sterben würden. Im Angesicht von Feuer und Stahl hatten die Demonstranten keine andere Wahl als großspurig zu sein. Man musste seine Entschlossenheit klar zum Ausdruck bringen. Trotz ihres unbestreitbaren Mutes mussten sie sich, von den Militärfahrzeugen verfolgt, in benachbarte Straßen zurückziehen. Weit dahinter versuchte Landu, sich gewaltsam einen Weg durch die Aufständischen zu bahnen, wobei er nur mit der rechten Hand lenkte, während er in der linken seine Mini-Uzi hielt. Das beeindruckte offenbar keinen. Die Heckscheibe war zersprungen, und Bamba richtete seine Waffe auf die Öffnung, um die wütenden Demonstranten daran zu hindern, zu nah heranzukommen. Der Wagen fuhr an Celios Gebäude vorbei, löste sich aus der Menge, bog sofort rechts ab über eine Rabatte und raste mit quietschenden Reifen geradeaus weiter, wobei er gefährlich ins Schlingern geriet.

Celio wachte mit einem Ruck auf. Er hatte einen Albtraum gehabt. Das war bei dem, was er gestern erlebt hatte, nicht verwunderlich. Die Menge. Wenn sie es darauf anlegte, konnte sie gefährlich sein. Besonders, wenn es um Politik ging. Seine Gedanken führten ihn ganz von selbst zu Baestro, der unter ganz ähnlichen Umständen ermordet worden war. Das brachte ihn zurück zu seiner gestrigen Unterhaltung mit Pater Lolos. Sein Freund Baestro mochte im allgemeinen Durcheinander getötet worden sein, aber Celio war sich überhaupt nicht mehr sicher, dass sein Tod nur auf die Wut von Makandas Männern zurückzuführen war. Wenn er tatsächlich vorsätzlich herbeigeführt worden war, dann wollte Celio das wissen. Er stand auf und ging ins Bad. Eine Dusche, ein gutes Frühstück, und er würde klarer sehen. Das kalte Wasser spülte die Visionen der Nacht von ihm ab. Als er aus der Dusche trat, wusste er genau, was er tun würde. Als Erstes Baestros und Gauchers Tante besuchen. Er wollte die abstruse Geschichte, dass Gaucher in sein Heimatdorf zurückgekehrt war, mit eigenen Ohren hören. Das war die letzte Version, die Mutter Bokeke über das Verschwinden ihres noch lebenden Neffen ausgegeben hatte. Kurz nach dem Tod seines Bruders hatte man ihn ganz plötzlich nicht mehr gesehen, aber Celio konnte sich nicht vorstellen, dass er nach Hause in den tiefsten äquatorialen Urwald zurückgegangen war. Wenn man das elektrische Licht einmal kennengelernt hat, macht die Dunkelheit des Waldes Angst. Gaucher musste noch in der Stadt sein. Aber wo? Celio vertraute darauf, dass Mutter Bokeke es ihm verraten würde.

Der Respekt vor der Hierarchie und die Erziehung haben ihr Gutes: Sie erlauben es, in schwierigen Beziehungen weiter miteinander zu sprechen, Auge in Auge, ohne Unsicherheit, wenigstens konnte man das behaupten. Seit Celio etwas mehr über seinen Chef erfahren hatte, sah er ihn mit anderen Augen. Auch die Vermutung, dass vor ihm vielleicht einer der Männer, die den Tod seines Freundes zu verantworten hatten, saß, zwang ihn, ein angewidertes Grinsen zu unterdrücken. Mit zwei Sorgenfalten auf der Stirn saß der junge Mann Gonzague Tshilombo gegenüber und gab sich alle Mühe, stoisch zu bleiben.

»Dann wollen wir uns diese Unruhen einmal etwas genauer anschauen, Celio. Wir hatten schon lange keine so heftigen mehr. Es gab Schüsse und Schwerverletzte in Kalamu, zwei Tote auf dem Boulevard, sechs in N'djili, und dort auch Verletzte. Suchen Sie alle nützlichen Informationen, analysieren Sie die Situation. Ich dachte, die Opposition hätte sich für eine Weile beruhigt, aber wie es scheint, wollte sie uns mit dieser Demonstration etwas beweisen. Das gefällt mir nicht, ich will alles wissen. Tun Sie, was nötig ist. Warum diese Demonstrationen und warum jetzt?«
»Der Hunger«, murmelte Celio.
»Wie?«
»Nein, nichts, Boss, ich habe nur laut gedacht.« Celio stand auf, nahm einige Dokumente, die für ihn bestimmt waren, und ging hinaus.
Der junge Mann verkroch sich in seinem Büro und stürzte sich in die Arbeit, um nicht zu viel nachzudenken. Aber während er die Berichte über die gestrigen Unruhen, die ihn fast das Leben gekostet hätten, analysierte, wurde er niedergeschlagen. Kurz vor Mittag zog er es vor, etwas Luft zu schnappen beziehungsweise beim Alten Isemanga einen Fleischspieß zu essen und bei der Gelegenheit ein bisschen mit Mutter Bokeke zu plaudern.

Celio war offenbar nicht der Einzige, der ein wenig Frischluft benötigte, denn vor dem *ligablo* des Alten Isemanga standen zwei, drei Angestellte, die in der Gegend arbeiteten, und die Sekretärin, die nicht mehr sexuell belästigt wurde, weil sie sich vor geraumer Zeit in ihren allzu großzügigen Chef verliebt hatte. Die Zwillinge Mboyo und Boketshu waren an diesem Tag nicht in der Schule, und

wie üblich stritten sie sich darum, wer Celios Aktentasche tragen durfte. Wegen der gestrigen Ereignisse hatten viele darauf verzichtet, zur Arbeit zu gehen. Die Sicherheit war nicht gewährleistet. Der Verkehr war flüssig und die meisten Geschäfte geschlossen. Nur die Beamten fühlten sich, da sie am meisten in der Öffentlichkeit standen, verpflichtet, zur Arbeit zu gehen, wenn sie sich nicht dem Vorwurf aussetzen wollten, das Spiel der Opposition zu treiben.
Die Gespräche drehten sich natürlich um die Unruhen. Celio hörte mit halbem Ohr zu, man wusste nie, vielleicht konnte er ein paar passende Informationen für seinen Bericht aufschnappen. Die jungen Leute waren nicht da. Das Grundstück der NGO war so gut wie leer. Sicher, nach Arbeitskämpfen, Generalstreiks oder Demonstrationen wie der von gestern war es überlebenswichtig, rauszugehen und etwas zu essen zu organisieren. Denn für den Bewohner von Kinshasa, der sich seinen Unterhalt von Tag zu Tag verdiente, war ein Streiktag ohne Gewerkschaft gleichbedeutend mit einem Tag unbezahltem Urlaub inklusive freiwilligem Fasten. Dem Tod, der Sinn für Humor hatte, gefielen diese Zustände. Aber über den Preis von Freiheit und Demokratie ließ er bislang nicht mit sich verhandeln.
Vor ihrer Hütte war Mutter Bokeke Iyofa gerade dabei, den Boden aus gestampfter Erde zu fegen. Alles war sauber und die Küchengeräte aufgeräumt. Die weißen Gartenstühle aus Plastik waren übereinandergestapelt. Die Bank lehnte aufrecht an der Wand. Die kalten Holzscheite in einer Ecke zeugten davon, dass der Tag mager begann. Allem Anschein nach hatte die Mutter seit heute Morgen nicht einmal den gesüßten roten Tee ohne Milch zubereitet, in den man köst-

liche Scheiben trockenen Brotes tauchte. Die Jungen waren also auf die Jagd gegangen.

»*Mbote mama, simba naino oyo.*[38]«

»He! Danke, *mwana na ngai*[39]«, antwortete Mutter Bokeke, wobei sie die Geldscheine, die Celio ihr hinhielt, mit beiden Händen entgegennahm. Ihr Tag war gerettet. Mit dem Geld würden die Kinder in den nächsten Tagen essen können. Dazu ist anzumerken, dass diese Geste in Kinshasa ganz selbstverständlich war. Der, der nicht viel hatte, gab dem, der nichts hatte. So konnten, Gott sei's gedankt, kleine Summen von Hand zu Hand wandern, und das allein durch die Großzügigkeit eines jeden. Man stellte sich keine Fragen, man bedankte sich, das war alles.

»Celio, *mwana na ngai, vanda. Sango boni?*[40]« Celio nahm einen der Plastikstühle und setzte sich in den Schatten des kleinen Hauses. Sie unterhielten sich über dies und das. Der junge Mann strich lange um den heißen Brei herum, dann stieß er seine Frage hervor.

»*Sango boni na* Gaucher?«[41] Damit hatte Mutter Bokeke nicht gerechnet, sie war kurz sprachlos.

»Ach, mein Sohn! Seit mein Neffe ins Dorf zurückgegangen ist, hat er nicht einmal ein Lebenszeichen von sich gegeben. Das ist wirklich nicht recht von ihm. Darf man seine Tante so vergessen?« Celio ließ sich keine Sekunde täuschen. Er kannte Mutter Bokekes schauspielerisches Talent. Er beschloss zu bluffen.

---

38. Guten Morgen, Mamma, nimm mal das hier.
39. Danke, mein Sohn.
40. Celio, mein Sohn, setz dich. Wie geht es dir?
41. Wie geht es Gaucher?

»Das stimmt, Mutter, diese jungen Leute, sobald sie erst einmal die Lichter der Stadt entdeckt haben, mit dem Flugzeug geflogen sind, ...«
»Mit dem Flugzeug? Was denn für ein Flugzeug? Gaucher hat im Leben noch kein Flugzeug genommen. Ich bin es gewesen, deine Mamma, die hier vor dir steht, die ihm die Fahrkarte fürs Schiff bezahlt hat.«
»Aber als er gegangen ist, war das nicht die Zeit, als der Fluss für die Schiffe gesperrt war?« Mutter Bokeke erinnerte sich tatsächlich an etwas. Eine ganze Zeit lang war der geräucherte Fisch, der zum Großteil aus der Provinz Équateur kam, unbezahlbar gewesen. Aber war das vor Baestros Tod oder danach? Die Mutter war ganz durcheinander. Celio nutzte die Gelegenheit.
»Mutter, ich weiß, du hast gute Gründe, Gauchers Aufenthaltsort in Kinshasa zu verheimlichen. Ich weiß, es muss nach dem Tod seines Bruders schwer für dich gewesen sein.«
»Ach, mein Kind, was für ein Unglück! Warum willst du mich an diese schmerzlichen Dinge erinnern? Ihr alle wisst, dass mein Blutdruck zu hoch ist und dass ich es am Herzen habe. Warum erinnerst du mich an diese Dinge? Hab Mitleid mit mir, mein Sohn.« Mutter Bokekes Wehklagen hätte so manchen erschüttert, aber Celio blieb standhaft.
»Mutter, wenn ich von diesen schrecklichen Dingen anfange, dann nicht, um dich zu quälen, sondern weil ich Gaucher treffen muss. Ich muss wissen, was an jenem Tag wirklich geschehen ist.«
»Weck keine schlafende Grille, mein Sohn!«
»Ich wecke nichts und niemanden, Mutter. Es ist nur so, dass ich über den großen Chef von Baestros Mördern gewisse Dinge erfahren habe. Der Kerl heißt Makanda Rachidi.«

»Glaubst du, ich kenne nicht den Namen der Hyäne, die sich am Leichnam meines Neffen satt gefressen hat?«

»Eben, Mutter! Ich habe viel über ihn herausbekommen. Aber ich muss die genauen Umstände von Baestros Tod erfahren. Nur Gaucher kann mir dazu etwas sagen. Aber du, Mutter, willst du nichts wissen? Willst du weiter in Unwissenheit leben? Von dem Posten aus, den ich momentan innehabe, bin ich in der Lage, eine gründliche Untersuchung anzustellen. Mutter, vertrau mir. Baestro war mehr als ein Freund, er war ein Bruder, und du kennst mich lange genug. Alles, was ich will, ist die Wahrheit, sonst nichts.«

»Mboyo, lass deinen Bruder in Frieden!«, schrie Mutter Bokeke plötzlich. Die Zwillinge hatten sich in die Wolle gekriegt und schüttelten sich gegenseitig. Einer der beiden hielt ein Buch in die Luft, das Celio als den *Kurzen Abriss der Mathematik* von Kabeya Mutombo identifizierte. Er stürzte vor, um seinen Besitz zu retten.

»Er hat es zuerst genommen!«, petzte Boketshu.

»Gar nicht wahr, er war es!«, konterte sein Doppel. Die Bengel hatten das Buch aus Celios Mappe genommen und stritten sich nun um das Recht, es zu lesen.

»Schämt ihr euch nicht, in meinen Sachen herumzukramen? Ich vertraue euch meine Aktentasche an, und ihr bringt es fertig, dieses Vertrauen zu missbrauchen?«

»Wir wollen werden wie du, Onkel Celio«, antworteten die Zwillinge. »Wir wollten bloß deine Geheimnisse rauskriegen.« Celio sah die Kinder lange aufmerksam an: Sie schienen es ernst zu meinen. Der junge Mann wusste, dass ihn ihre Erklärung nicht überraschen sollte, statistisch gesehen konnte so etwas schon vorkommen, aber das unbestreitbare Interesse der beiden Knirpse für Kabeya Mutombos Werk und die Mathematik brachte ihn ein paar Sekunden lang doch aus dem Konzept. Ihm fehlten plötzlich die Argumente, die er ihnen an den Kopf hätte werfen können. Er erteilte ihnen einen knappen Tadel, und nahm seine Sachen wieder an sich. Mutter Bokeke schnappte sich beide Kinder am Ohr, und unter großem Wehgeschrei nutzte sie die Gelegenheit, um ihnen den Respekt vor den Älteren beizubringen.

»Mein Sohn«, fügte sie danach an Celio gerichtet fort, »ich werde dir sagen, was du wissen musst. Und du wirst tun, was du tun musst, ich vertraue dir.«

VIII

Die Vermehrung der Neutronen

Einen Namen sollte niemand aufgeben. Der Name formt den Menschen. Er macht ihn zu sich selbst. »Gaucher« war nur ein Spitzname. Er hatte zwar im Laufe der Zeit an Wert gewonnen, aber wenn man hoffte, mit einem neuen Namen auch ein neues Leben zu beginnen, riskierte man gleichzeitig auch, einen großen Teil seiner selbst zu verlieren. So weit war Gaucher in seinen Überlegungen gediehen, als er auf einer Bank vor seinem *ligablo* saß. Denn Gaucher nannte sich nicht mehr Gaucher. Als Bamba ihn freigelassen hatte, war er schnurstracks zu seinem Onkel gelaufen und hatte keinen Fuß mehr vor die Tür gesetzt. Er hatte alles getan, um in der Stadt unterzutauchen. Er war ängstlich und unauffällig geworden, nachdem er dem Tod zweimal von der Schippe gesprungen war. Er verließ Masina so gut wie gar nicht mehr. Vor allem aber wollte er nichts mehr von der Sache in Limete hören. Er wollte nicht mehr über den Tod seines Bruders Baestro nachdenken. Was auch geschehen sein mochte, Gaucher hatte Angst, an die Erinnerungen zu rühren. Er konnte sowieso nichts mehr ändern. Bamba hatte ihm befohlen zu verschwinden. Und wie versprochen war er von der Bühne Kinshasas abgetreten. Damals hatte er sich in die Hauptstadt aufgemacht, um groß rauszukommen, aber seit dem Drama sehnte er sich nur noch danach, ein vollkommen anonymer Staatsbürger zu sein. Masina eignete sich bestens dafür. Im Bezirk mit der größten Bevölkerungsdichte des Stadtgebiets wurde er unsichtbar wie eine Sardelle im Sardinenschwarm. Als Erstes hatte er seinen allzu auffälligen Spitznamen »Gaucher« abgelegt und seinen ursprünglichen Vornamen »Donatien« wieder angenommen, mit dem ihn sein Onkel immer noch rief. Zum Glück hatte er ihn zu »Dona« verkürzt, das war alles in allem nicht ganz so altbacken. Da ihn hier im Viertel sowieso niemand kannte, stellte er sich überall so vor. Um Trost zu finden, hatte er in einem alten Wörterbuch unter den Eigennamen nachgeschlagen, in der Hoffnung, eine berühmte Persönlichkeit mit demselben Vornamen zu finden. Aber da war nicht mal ein Papst! Nach langem Suchen hatte er schließlich einen Donatien gefunden, angehängt an den Familiennamen eines angeblich göttlichen Marquis, eines eingefleischten Knastbruders und Sadisten obendrein. So viel zum Vornamen.

Aber wenn er ehrlich war, lag zwischen »Dona« und »Gaucher«, was das Image betraf, ein himmelweiter Unterschied. Ein Spitzname wie »Linkshänder« verschaffte Selbstsicherheit und Coolness in allen Lebenslagen. Außerdem wurde er nur von harten Kerlen, die nicht danach aussahen, benutzt. Gefürchtete Boxer, ein Gangsterkind namens Billy the Kid. In seinem eigenen Leben hatte ihn der berühmte Spitzname voll und ganz für sein eher schmächtiges Äußeres entschädigt. Seit er sich Dona nannte, kam ihm alles eintöniger vor. Es passierte nichts mehr in seinem Leben. Dona verlebte friedliche Tage.

Am Anfang hatte er natürlich Panik bekommen, sobald irgendein marineblauer Geländewagen im Viertel aufkreuzte. Vor jedem noch so unbedeutenden Soldaten mit etwas forschenderem Blick wäre er am liebsten im Erdboden versunken. Hatten sie ihn etwa gefunden? Mit der Zeit wurde ihm klar: Kein Mensch interessierte sich noch für ihn. Aber nach Gombe zurückzukehren, war völlig ausgeschlossen. Seit über einem Jahr lebte er jetzt in Masina, und allmählich bedrückte es ihn. Vom Dorf in die große Stadt zu kommen, um Abenteuer zu erleben, und sich dann im hintersten Winkel eines Außenbezirks verkriechen zu müssen, was für ein Elend! In puncto Elend übertrieb Gaucher vielleicht ein wenig. Denn finanziell gesehen schlug sich der junge Mann eigentlich nicht schlecht. Aber er war ja auch nicht mit leeren Händen aufgebrochen. Er hatte sein ganzes Kapital mitgebracht, im vorliegenden Fall eine nachgemachte Versace-Jacke (mit Stickereien und echten Etiketten), eine Yohji-Yamamoto-Hose und ein Paar J.-M.-Weston-Schuhe mit Dreifachsohle. Der Anfang war nicht leicht. Er wohnte bei seinem Onkel, dessen Frau und ihren kleinen Kindern in einer Zweizimmerwohnung, aber er war das enge Zusammenleben gewohnt. Durch die erzwungene Isolation allerdings war er über drei Wochen lang vollkommen mittellos. Sein langzeitarbeitsloser Onkel konnte ihm nicht unter die Arme greifen. Was nicht so ganz stimmte, denn er lieh ihm eine alte Hose, ein gelbes T-Shirt mit dem aufgedruckten Helden einer berühmten Biermarke und ein Paar blaue Plastik-Flipflops, gemeinhin »Gummi« genannt. Gaucher alias Dona konnte dadurch seine eigenen Kleider waschen, sorgfältig bügeln und vor dem Grundstück zum Verkauf auslegen. Er hoffte, dafür locker an die zweihundert Dollar zu bekommen und dann sein eigenes Geschäft aufzumachen. Die Jacke wurde auf hundertzwanzig Dollar geschätzt. Sie ging nicht sofort weg, weil es sich um eine Prestigejacke handelte und es sich nicht jeder leisten konnte, sie zu tragen. Von der Zeit und vom Hunger getrieben, musste der junge Mann sie statt für die erwarteten hundertzwanzig Dollar schließlich für hundert Dollar anbieten. Der Kunde aber feilschte so gut, dass er sie für sechzig hergab. Die mit vierzig Dollar veranschlagte Hose ging aus purer Verzweiflung für zwanzig Dollar weg. Der Interessent der Weston-Schuhe drückte den Preis mit der fadenscheinigen Begründung, die Sohle sei schon lange nicht mehr original, von den erhofften fünfzig auf dreißig Dollar. Das Ganze brachte somit gerade einmal hundertzehn Dollar ein. Diese erlaubten dem jungen Mann jedoch, sich zum Großhandelspreis zwei Stangen Zigaretten zu besorgen, die er stückweise weiterverkaufen würde und so hundert Prozent Gewinn erwirtschaften konnte. Mit dem übrigen Geld erwarb er Artikel des täglichen Gebrauchs: Milchpulver, Toilettenpapier, Kerzen, Körpercreme und andere kleine Dinge. Das alles arrangierte er auf einem niedrigen Tisch und startete so, was später die »Firma Dona« werden sollte.

In Sachen Glück wollte Gaucher es nicht darauf ankommen lassen. Um Kundschaft anzulocken, schenkte er jedem Kind, das bei ihm einkaufte, ein Bonbon, das er selbst in einem alten Topf mit Kwilu-Ngongo-Zucker und Farbstoffen herstellte. Da es üblich war, seine Sprösslinge und sogar die der anderen zum Einkaufen loszuschicken, wurde sein *ligablo* im Viertel rasch beliebt. Einen Teil seines Gewinns investierte Gaucher in gebrauchte Bretter, mit denen er einen Kiosk baute, der 184 Zentimeter hoch und 120 breit war und ihm noch mehr Kunden bescherte. Was es ihm wiederum erlaubte, seinen Warenbestand aufzustocken. Sicher, die Geschäfte liefen gut, er machte mehr als zehn Dollar am Tag, ein Vermögen. Er hatte sogar ein wenig zugenommen. Außerdem stand er jetzt bei seinem immer noch langzeitarbeitslosen Onkel in hohem Ansehen. Aber Geld ist nicht alles. Gaucher gab zwar zu, dass »Firma Dona« mehr hermachte als »Firma Gaucher«, was noch am ehesten nach dem Reklameschild einer Boxhalle oder dem Schlupfwinkel schwerer Jungs klang, aber was hätte er nicht darum gegeben, einmal wieder sein altes Pseudo zu hören. Um Kraft zu tanken, sich selbst anders wahrzunehmen. War er denn auf immer und ewig dazu verdammt, getarnt und anonym zu leben?

»Gaucher!« Celio war, als er den Namen aussprach, klar, dass er seinen Freund überraschen würde, aber nicht, wie sehr. Als Gaucher seinen Namen hörte, drehte er sich entsetzt um und fiel im Zurückzucken rücklings von der Bank, auf der er saß.

»Hey, *mwana mai?*[42]«, fragte Celio und stürzte vor, um ihm beim Aufstehen zu helfen.

»Wie hast du mich gefunden?«, schrie Gaucher geradezu hysterisch.

»Bleib cool, es ist alles okay. Lass es mich dir erklären«, antwortete Celio beruhigend. »Deine Tante hat mir deine Adresse gegeben.«

»Was, meine Tante hat mich verraten?«

»Jetzt übertreib nicht gleich so. Setz dich, ich erkläre es dir.«

---

42. Wie geht es dir, mein Freund?

»Da, im Auto, wer ist das?« Gaucher hatte eben den Wagen entdeckt, in dem Celio gekommen war und hinter dessen Steuer Nana saß.

»Das ist meine Freundin. Reg dich ab, sie weiß nicht, wer du bist.«

Nachdem Celio mit Mutter Bokeke gesprochen und zu guter Letzt Gauchers Adresse bekommen hatte, war Nana bereit gewesen, ihn herzufahren. Sie hatten einen Sonntagnachmittag gewählt, so als wollten sie einen besonders lieben Verwandten besuchen.

Celio erklärte seinem Freund, warum er die genauen Umstände von Baestros Tod erfahren musste. Er erzählte ihm, dass er für Tshilombo arbeitete, was Gaucher erstaunte. Er hatte am Aussehen seines Kumpels und dessen erstklassiger Freundin gleich erkannt, dass sich seit seinem Weggang etwas in Celios Leben verändert hatte. Gaucher kannte die Aktivitäten des BÜROS, schließlich hatten die Angestellten ihn und die anderen für ihren Auftritt als Statisten rekrutiert. Celio berichtete ihm alles, was er bei Pater Lolos über Tshilombos Busenfreundschaft mit Makanda Rachidi erfahren hatte. Dass Tshilombos und Makandas Männer einander bekämpften, war völlig normal, sie gehörten ja gegnerischen Lagern an. Aber Celio musste alle Details erfahren. Wie war die Konfrontation genau verlaufen? Nach einigem Zögern schilderte Gaucher ihm den unheilvollen Nachmittag Punkt für Punkt. Ihr Aufbruch vom Gombe-Viertel, ihr Kurswechsel Richtung Limete. Die Frauen, die man am Matonge-Kreisel hatte absteigen lassen. Das Sammeln vor dem Sitz von Makanda Rachidis Partei. Bei der eigentlichen Konfrontation geriet Gaucher ins Stocken. Erregung lag in seiner Stimme. Er erzählte von

dem Offizier, einem Major. Von dem Ruf zum Sammeln, »*Mokili ebende*«. Von dem Major, der den Schießbefehl gegeben hatte. Von dem Bajonettstoß, den Baestro abbekommen hatte. Dann beschrieb er ihre verrückte Fahrt zum Krankenhaus. Mit leiser Stimme und jede Silbe abwägend, berichtete er von dem langsamen Sterben und dem Tod seines Bruders in einem Metallschrank auf der Intensivstation des Allgemeinen Krankenhauses. Celio und Gaucher schwiegen. Beide waren in ihre Erinnerungen versunken. Gaucher entsann sich, dass Baestro an jenem Tag nirgends hingewollt hatte und dass er selbst ihn mit allen Mitteln überredet hatte, doch mitzukommen. In Celios Kopf nahmen Worte und Situationen Gestalt an. Baestro war tot, aber sein Geist vermochte noch immer, lebendige und präzise Bilder in den Köpfen der Menschen, die ihn liebten, zu erschaffen.
Dann erzählte Gaucher, wie er von Bamba und Landu entführt worden war und wie der Stabsfeldwebel ihn auf eine göttliche Eingebung hin im letzten Moment verschont hatte. Celio verstand jetzt besser, warum sein Freund gezwungen war, sich zu verstecken. An der Geschichte von Limete war etwas faul, ganz abgesehen davon, dass man Gaucher verschwinden lassen wollte. Das Ganze war von A bis Z verdächtig. Die geänderte Route. Dieser Major. Wie zufällig war ein hoher Offizier am Sitz einer politischen Partei postiert gewesen, wo doch ein Obergefreiter als Wachhabender genügt hätte. Dass sie die Frauen hatten absteigen lassen, bewies, dass sie vorsätzlich handelten und sich darüber im Klaren waren, dass die Geschichte brenzlig werden würde. Hatte Tshilombo seine Finger im Spiel? Diese Frage beschäftigte Celio nun. Als er Gaucher verließ, fühlte er sich schwer von Fragen und Nostalgie.

Die Fahrt durch Masina und N'djili verlief schweigend. Als sie in Limete vor dem Sitz von Makandas Partei vorbeikamen, konnte Celio nicht umhin, einen Blick auf die unschuldige Villa zu werfen. Nana respektierte sein Schweigen. Sie fuhr konzentriert, aber ihre Gedanken waren bei Celio. Sie war noch immer überrascht von der Beziehung, die sich zwischen ihnen entsponnen hatte. Die Sache hatte sich ganz allmählich und auf Umwegen entwickelt. Sie konnte sich nicht daran erinnern, dass er je Witze gerissen oder andere Verrenkungen gemacht hätte, um sie zu verführen. Die Dinge waren ganz natürlich im Verlauf ihrer vielen Gespräche geschehen, bis er zuletzt in ihrem Bett gelandet war. Sie hatte sich zwar schnell von ihm angezogen gefühlt, wusste aber nicht wirklich, warum. Vielleicht dieses Unschuldige, das sich in seinem Blick bewahrt hatte. Sie wusste auch, dass sie wegen seiner Art, die eigene Leidenschaft zu zügeln, schwach geworden war. Schwer fiel ihr nur, mit seiner quälenden Vergangenheit zurechtzukommen. Nana fragte sich, wozu er nach Masina gegangen war. Er hatte ihr bloß gesagt, dass er auf der Suche war nach einem Freund, den er seit langem nicht gesehen hatte. Da Celio nicht Auto fuhr, war sie gezwungen gewesen, ihn zu begleiten. Sie glaubte nicht, dass er ihr die ganze Wahrheit gesagt hatte, und angesichts seines Schweigens jetzt war deutlich, dass die Begegnung ihn aus der Bahn geworfen hatte. Es war bestimmt keine Familienangelegenheit, denn, soweit sie wusste, hatte Celio keine Verwandten. Mit seiner Arbeit schien es auch nichts zu tun zu haben, obwohl. Er hatte ihr zwar nicht viel gesagt, aber die Tatsache, dass er sie mitnahm, zeigte, dass er ihr vertraute. Sicher würde er zur rechten Zeit reden, das würde man dann ja sehen. Vielleicht hatte er ihr im Moment einfach nichts zu sagen.

»Setz mich zu Hause ab.«

»Bei dir? Kommst du denn nicht mit zu mir? Ich wollte dich heute in meiner Nähe haben«, sagte Nana.

»Ich fürchte, ich bin keine sonderlich gute Gesellschaft.«

»Red keinen Blödsinn.« Sie fegte den Einwand beiseite, indem sie das Lenkrad entschlossen einschlug, Richtung Bandalungwa, wo sie wohnte. »Bei der Laune, die du gerade hast, entscheide besser ich für dich. Wenn du so drauf bist wie jetzt, bringst du nichts Anständiges zuwege, und außerdem redest du nur dummes Zeug.«

Sie brachte ihn zu sich nach Hause und nahm ihn vollständig in die Hand. Sie bat ihn, den Grill anzuzünden, solange sie Fisch und Hähnchenstücke zubereitete. Und während er sich auf die richtige Grillzeit konzentrierte, vergaß er bald schon ein wenig seine Sorgen und war überrascht, dass er über Nanas dauernden Unverschämtheiten sogar lachte. Sie aßen und tranken spät. In der Wärme der Nacht hörte man die Musik aus der Nachbarschaft, hinter den hohen Mauern aber sahen Celio und sie sich tief in die Augen und achteten lieber auf ihre eigenen Gefühle, ihre eigenen Wahrnehmungen, die sie selbstsüchtig genossen und auskosteten.

»Warum schließen wir uns nicht für immer hier ein und vergessen, was draußen passiert? Lassen den Traum andauern, geben acht, dass er nie mehr aufhört.«

»Träume und Wirklichkeit liegen nicht so weit auseinander, Nana. Erst sind da die Träume, dann kommt die Wirklichkeit.«

»Hast du das etwa aus deinem Schulbuch? Wie hieß es noch gleich?«

»Mach dich nicht über mich lustig, das ist die Wahrheit, ehrlich.« Die Zeit verging bei angeregter Unterhaltung und mit einem Lachen, das im Laufe der Nacht immer seltener wurde. Nanas Stimme wurde rau und tief. Celio war wieder schweigsam, nun allerdings aus anderen Gründen. Die Sterne hatten sich aus Diskretion ganz hoch ans Firmament zurückgezogen, um dem Paar die Intimität zu gewähren, die sich für solche Momente gehört. Nana wusste, dass sie in Celios Herz eine Bresche geschlagen hatte. Deshalb wollte sie sich heute Abend, wenn die kühle Nachtluft sie zwang hineinzugehen, alle Zeit der Welt lassen und all ihre Aufmerksamkeit darauf richten, die Leere zu füllen, die ihr Geliebter empfand und derentwegen er jedes Mal, wenn er sie ansah, so niedergeschlagen war. Mit Küssen und zärtlichen Worten wollte sie ihm die Lebensenergie zurückgeben, die er brauchen würde, wenn morgen die Sonne am Horizont aufstieg.

Trotz der Klimaanlage, die die Luft abkühlte, meinte Celio, die Fenster seines Büros weit aufreißen zu müssen, um einen großen Schwall verhältnismäßig frischer Luft vom Fluss unten einzulassen. Wasserhyazinthen schwammen wie auf einem riesigen Fließband stromabwärts. Celio fühlte sich in diesen Mauern schlecht. Eine Zeit lang war er stolz darauf gewesen, im BÜRO und bei der Präsidentschaft der Republik zu arbeiten. Eine große Ehre, aber jetzt hinterließ es den Geschmack verfaulten Fleisches. Er fragte sich, was ihn mehr anekelte: er selbst oder seine Arbeit. Er musste aussteigen, unbedingt. Um die Bitterkeit zu vertreiben, konzentrierte er sich auf den breiten Strom jenseits des kleinen Fleckchens Erde.

Als Celio diese Arbeit angenommen hatte, war sie ihm leicht vorgekommen. Er hatte gemeint, der Kontakt mit dem Niederträchtigen werde keine Auswirkungen auf ihn haben. Zu Unrecht hatte er geglaubt, das Geld werde sein Gewissen schon zum Schweigen bringen. Seit sich die Geschichte mit Baestro verkomplizierte, klappte das überhaupt nicht mehr. Celio war für diese Art von Arbeit ganz einfach nicht gemacht. Armer Einfaltspinsel! Wo hatte er nur seinen Kopf gehabt? Hatte er tatsächlich vergessen, dass der Durchschlängler am Hofe der Halunken niemand anderes ist als der Narr? Während er so darüber nachdachte, wurde ihm auch deutlich, dass er es sich nicht erlauben durfte, Knall auf Fall seine Stelle zu kündigen, und vor allem nicht, einen so mächtigen Mann wie Tshilombo frontal zu attackieren. Die Stadt wäre danach nicht groß genug, als dass er auf die geringste Chance hoffen könnte, irgendwo neu anzufangen. Gleichzeitig hatte er eine wahnsinnige Lust, seinen Boss und das System, das ihn nährte, herauszufordern. Tshilombo hatte Baestro bewusst geopfert, das war Celio jetzt klar.
Als er die Stelle angetreten hatte, war es ihm nur darum gegangen, ein wenig zu verschnaufen. Nicht mehr am Hungertuch zu nagen, mit dem ewigen Loch im Bauch. Und jetzt zerstörte Tshilombo seinen bislang ungetrübten Traum und setzte ihn quasi auf Bewährung. Celio hasste ihn auch dafür. Seit ein paar Tagen vermied er es, ihm zu begegnen. Er zögerte den Bericht über die Hintergründe und den Ablauf der letzten Demonstrationen hinaus. Der junge Mann wusste auch, dass die berufliche Situation seines Chefs nicht mehr so gesichert war. Mit der Planung der Unruhen hatte die Opposition ihn persönlich getroffen. Der Präsi-

dent warf ihm vor, dass er nicht imstande gewesen war, die ärgerlichen Zwischenfälle vorherzusehen und vor allem zu verhindern. Angesichts der Neigung des Staatschefs, seine Mitstreiter regelmäßig zu ersetzen, fühlte Tshilombo sich alles andere als wohl in seiner Haut, und Celio wollte, dass er in eine noch brenzligere Lage kam. Er wollte ihn am Boden sehen. Von Wut und Groll erfüllt, stellte der junge Mann sich einen zerfleischten Tshilombo vor, von ihm persönlich in Stücke gerissen.
Gleichzeitig lachte Celio sich selbst aus. Bis auf Weiteres war er nur ein stiller Berater in einer noch stilleren Dienststelle. Niemand kannte ihn. Sein Metier zwang ihn zur Diskretion. Was konnte er gegen den mächtigen Gonzague Tshilombo schon ausrichten? Er war bloß ein Waisenkind. Einer, der seit seiner frühen Jugend zu kurz gekommen war, von der Gesellschaft ausgespuckt wie ein ungenießbarer Kern. Er hatte nichts und niemanden, auf den er zählen konnte, um sich auf die eine oder andere Weise zu rächen. Mit einer einzigen Anweisung konnte Tshilombo ihn bis auf alle Ewigkeit in der Versenkung verschwinden lassen. Wer, abgesehen von Pater Lolos und Nana, würde nach ihm fragen? Celio fühlte sich auch nicht zum Märtyrer berufen. Er konnte sich schlecht vorstellen, dass er sich vor dem mächtigen Mann aufbaute, ihn beschuldigte und ihn seine Verachtung spüren ließ. Seine Ohnmacht machte ihn rasend. Er versuchte erst gar nicht, seine Wut zu zügeln und ruhig nachzudenken, denn er hatte keinen blassen Schimmer, was er gegen Baestros Mörder unternehmen sollte. Trotzdem hatte er nicht vor, ihn einfach so davonkommen zu lassen. Aber im Moment konnte er nichts tun als abwarten.

Celio stand am offenen Fenster und atmete die kräftige, nach Humus riechende Luft ein. Hin und wieder hörte man das Plätschern des Wassers, das am Erdboden leckte. Vogelarten in unglaublichen Farbkleidern vollführten anmutige Luftnummern bei ihrer Jagd auf die zahlreichen Insekten. War es das, was die Welt regierte? Dass die Größeren die Kleineren fraßen? Waren Baestro und all die Unglücklichen in den Augen von Menschen wie Tshilombo nichts weiter als Insekten? Sicher, er und Tshilombo waren bei den durchgeführten Operationen bislang Komplizen gewesen, aber am ehesten gefiel es dem jungen Mann eindeutig, sich beispielsweise korrupte Oppositionelle vorzuknöpfen. Auch die Franzosen aus dem Tritt zu bringen, war ein Spaß gewesen, aber mit großem Widerwillen sah er den Weg voraus, auf den ihn die Operationen des Informations- und Planungsbüros in Zukunft führen würden. Die einzige Alternative, um diesem Los zu entgehen, war die Durchführung einer heiklen Operation: Er musste den Ast, auf dem er saß, durchsägen und gleichzeitig die durch den Sturz verursachten Schäden begrenzen.

Tshilombo saß auf seinem breiten Sofa und tat, als würde er eine Zeitschrift lesen. Mit gespitzten Ohren versuchte er, Bruchstücke der Unterhaltung zwischen Kapinga und Odia aufzuschnappen, die in der Küche irgendwelches Geschirr spülten und sich dabei sehr zu amüsieren schienen. Diese Heiterkeit machte ihn stutzig, denn seit geraumer Zeit – exakt seit Odias Rückkehr aus Maskat, wo sie über einen Monat verbracht hatte –, war seine Frau noch kälter und abweisender als sonst. Was genau trieb sie mit diesem Zouher? Und wenn dieses Biest von Kapinga ihr etwas verraten hatte? Es stimmte schon, er hätte besser daran getan, ruhig Blut zu bewahren und sich zurückzuhalten, aber dieses Mädchen hatte ihn regelrecht verhext. Nach jener Episode am späten Abend, als Kapinga sich ein paar Sekunden lang hatte gehen lassen, hatte er den Fehler begangen, am nächsten Tag an ihre Tür zu klopfen. Sie hatte ihn zurückgewiesen, und er war so geschmacklos gewesen, nicht lockerzulassen. Vielleicht hatte sie seiner Frau alles erzählt? War das der Grund, warum die beiden sich hinter stummer Missbilligung verschanzten? Odia ging wirklich zu weit! Er hatte ihr für ihre Investitionen eben einen Rembourskredit über 40 000 Dollar verschafft, und so dankte sie es ihm? Tshilombo war wütend, aber aus Angst, schlafende Hunde zu wecken, wagte er nicht zu fragen, warum sie so gleichgültig tat. Bei dem Ärger, den er momentan im BÜRO hatte, war es nicht die passende Zeit für Streitereien. Tshilombo fühlte sich verletzlich, und gerade in solchen Augenblicken brauchte er Zuneigung. Angesichts der allgemeinen Gleichgültigkeit zog er es vor, zur Arbeit zu gehen, an Beschäftigung mangelte es ihm ja nicht. Als er das Haus verließ, grüßten die beiden Frauen zerstreut und setzten ihre Unterhaltung fort, als wäre er nur ein Schatten gewesen. Er fand, dass ihm das gleichgültig war, aber das Lachen, das einsetzte, sobald er aus der Tür war, versetzte ihm doch einen Stich.

»Hast du sein Gesicht gesehen?«

»Große Schwester, du übertreibst es. Er bekommt noch Depressionen.«

»Was anderes hat er auch nicht verdient! Es ist nicht zu fassen, er hat sich unterstanden, dich zu belästigen! Dich, meine eigene Cousine!«

»Du hast mir selbst gesagt, ich soll ihn ein bisschen provozieren, schon vergessen?«

»Ich hatte nicht gedacht, dass er so schnell anbeißen würde. Ich wollte ihn bloß, wie soll ich sagen, in eine schwierige Lage bringen. Ich kenne ihn gut genug, um zu wissen, dass er gewissen Dingen nicht widerstehen kann.« Odia wusste nicht, wie unrecht sie ihm tat, denn sie war nicht über alles im Bilde. Von der abendlichen Episode auf dem Sofa, als Tshilombo von der Party im Präsidentenpalast heimkam, hatte das junge Mädchen ihr natürlich nichts erzählt. Kapinga hatte ihrer älteren Cousine lediglich berichtet, dass Tshilombo eines Abends ganz erregt an ihre Tür geklopft hatte und sie ihn wie einen Straßenköter verjagt hatte. Für sich behielt sie die Erinnerung an die Wärme und die unerhörte Größe des schwägerlichen Geschlechts, welches sie ein paar köstliche Sekunden lang in der Hand gehalten hatte. Dann, sie wusste selbst nicht wie, hatte sie es plötzlich im Mund gehabt. Einen kurzen Augenblick nur, denn sie hatte ein Stöhnen nicht unterdrücken können, das ihm Angst gemacht hatte weiterzugehen. Während Tshilombo die Zähne zusammenbiss und seine Triebe bezwang, hatte sie Schwierigkeiten, das Glied, steif wie es war, wieder dorthin zu befördern, wo es hingehörte, nämlich unter den Seidenstoff des Armani-Smokings.

»Siehst du, wie er momentan kuscht? Er fühlt sich schuldig. Ich mag es, wenn er so ist. Dann traut er sich nicht mehr, mir irgendetwas abzuschlagen. Nimm dir daran ein Beispiel, Kapinga. Bald wirst auch du verheiratet sein. Druck. Nur so kann man sie halten. Das ist alles, was diese Dreckskerle verdienen. Du spielst jetzt weiter die Empörte. Gelächelt wird nicht mehr, außer natürlich, um ihm Geld abzuknöpfen.« Sie legte ein paar Gabeln auf die Edelstahlspüle. »Mein Mädchen, du musst von jetzt an lernen, wie man die Männer behandelt. Wenn du zu deinem Mann zu nett bist, lässt er dich bald links liegen, um sich jüngere Liebhaberinnen zu nehmen. Ich habe diesem Kerl meine Jugend geopfert, während er durch die Stadt stolziert ist. Gonzague Tshilombo hier, Gonzague Tshilombo da. Ich habe zu Hause rumgesessen und auf Monsieur gewartet. Heute spiele ich da nicht mehr mit, Kapinga, so blauäugig bin ich nicht mehr.«

»Du siehst nicht aus, als würdest du dich schlecht schlagen, bei so einem schlechten Ehemann.«

»Weil ich gesunden Menschenverstand habe. Weil ich nicht mehr träume. Du kannst dir nicht vorstellen, wie wütend ich auf ihn bin. Seinetwegen habe ich all meine Illusionen, meinen Sinn für Romantik verloren. Ich glaube nicht mehr an die Liebe, Kapinga.«

Die junge Frau betrachtete ihre Cousine, die sich mit einem Geschirrtuch behutsam die Finger abtrocknete. Sie sah ihre Schönheit und fragte sich, ob es, um einen Ehemann unter Kontrolle zu halten, notwendig war, so hart zu taktieren. Offensichtlich hatte sie über die Schändlichkeiten des Ehelebens noch einiges zu lernen.

Der metallicgraue Mercedes fuhr still die Avenue Nguma hinunter. Tshilombo schaffte es nicht wie sonst, sich am Steuer zu entspannen. Er wollte mit dieser undisziplinierten Opposition Schluss machen. Und ganz besonders mit Makanda Rachidi. Der Kerl hatte sich nicht an ihre Abmachung gehalten. Tshilombo hätte seine Drohungen ernst nehmen sollen. An drei wichtigen Krawallherden waren jedes Mal Makandas Anhänger massiv beteiligt gewesen. Überall hatten sie die Demonstrationen gestört und sie ausarten lassen. Natürlich hatte das in Ausschreitungen geendet. Es waren zu viele Tote zu beklagen, und das kam jetzt wirklich ungelegen. Außerdem war der Präsident alles andere als zufrieden, noch nie hatte er in diesem Ton mit ihm geredet. Tshilombo musste schleunigst etwas unternehmen. Die Opposition zum Schweigen zu bringen, notfalls mit Gewalt. Und zuallererst Makanda. Was fiel dieser Kanaille eigentlich ein aufzumucken, nach dem ganzen Geld, das er bekommen hatte, und genau dann, wenn man ihn am meisten brauchte? Das würde ihn noch teuer zu stehen kommen. Er hatte da auch schon eine Idee. Die er übrigens Celio zu verdanken hatte. Dieser Kleine hatte eine bemerkenswerte Art zu denken. Es amüsierte ihn zuzuhören, wenn er von seinem mathematischen Universum erzählte. Tshilombo verstand nicht viel davon, aber das Ganze gefiel ihm recht gut. Von all den Theorien fand er die Quantenphysik besonders faszinierend. Wie war das noch mal? Eine Welt, bevölkert von winzigen, beinahe geisterhaften Einheiten? Tshilombo hatte gelernt, dass die Quantenphysik eine bizarre Welt beschrieb, in der die Materie, aus der unser Universum besteht, sich zwar scheinbar eindeutig im Raum verorten lässt, in Wirklichkeit aber irgendwo ausgebreitet ist. Tshilombo liebte dieses »Irgendwo«. Das Hier und Dort hatten an diesem Ort überhaupt keinen Sinn mehr. Die Elementarteilchen waren keine greifbaren Punkte, sondern so etwas wie Phantome von Teilchen. Sobald man die genaue Position eines dieser Teilchen messen wollte, wurde die Information über seine Geschwindigkeit plötzlich ungewiss. Wollte man umgekehrt seine Geschwindigkeit berechnen, wurde seine Position unscharf. In dieser Theorie existierte sogar ein Prinzip, das man die Unschärferelation nennt. Die reine Poesie! Tshilombo fand es fantastisch. Das war ein ganzes Programm. Die Theorie verwirrte ihn, denn wenn sich das Wesen der Materie selbst wie ein Trugbild entzieht, ist es ein Leichtes, ganz im Irrationalen zu versinken. Und wie sollte man unter solchen Voraussetzungen noch eine Wahrheit erkennen? Das Elementarteilchen legte keinen exakten Weg mehr zurück, sondern einen möglichen. Es ist kein Objekt mehr, sondern eine unsichtbare und nicht zu fassende Wolke, die nichtsdestoweniger ihre Umgebung beeinflusst. Sobald man ein Teilchen misst, wird ein anderes automatisch mit beeinflusst. In dieser Welt lässt sich über das Teilchen nichts weiter erfahren, als dass es sich zu einem bestimmten Zeitpunkt an einem bestimmten Ort befinden kann, mehr nicht. Verblüffend!

In seinen eigenwilligen Gehirnwindungen hatte Tshilombo rasch den Nutzen erkannt, den er aus einer solchen Theorie ziehen konnte. Er wollte sie auf die nationale Armee übertragen, die tatsächlich einem weiten Quantenfeld glich, wo nichts klar und begrenzt ist. Tshilombo vertraute auf die Brüchigkeit der Kommandokette im militärischen Apparat. Zu viele Verästelungen. Zu viele Dienststellen, die untereinander nicht verbunden waren. Jeder wollte das Regiment führen. Keiner wusste, wer da was befehligte. Tshilombo hatte vor, einen Teil dieser Armee in den Dienst der Opposition und insbesondere Makanda Rachidis zu stellen. Makanda wollte immer mehr Parteigänger? Na denn, das BÜRO würde ihm welche liefern. Tshilombo frohlockte bereits. Er würde den Politiker in eine der zahlreichen echten oder vermeintlichen Verschwörungen gegen die Staatsmacht verstricken, die das Land seit der Unabhängigkeit erlebt hatte. Makanda wollte Anerkennung? Tshilombo würde ihm dazu verhelfen, und gemeinsam würden sie Geschichte schreiben. Er gedachte, aus ihm den Revolutionär zu machen, für den er sich schon hielt. Makanda wollte der unangefochtene Führer der Opposition werden? Das Informations- und Planungsbüro würde seine Ambitionen verwirklichen.

Unter der Baumreihe der Utexco-Textilfabrik angekommen, fühlte Tshilombo sich schon optimistischer. Er passierte einen Kreisverkehr, bog Richtung Petit Pont ab. Auf der Avenue de la Justice, deren Name wie ein Zeichen klang, sagte er sich, dass, auch wenn sein Eheleben so wenig perfekt war wie wohl jedes andere Eheleben auch, sein Berufsleben ihm doch Befriedigungen verschaffte, die ihm über so manche Widrigkeit hinweghalfen. Er überraschte sich selbst, und die Welt verzauberte ihn. Jeden Tag stellte sie sich ihm aus anderen fantastischen Perspektiven dar. Tshilombo liebte dieses Quantenuniversum, das sich den Gesetzen, die die gewöhnlichen Dinge regieren, so vollständig entzog. War die Unabhängigkeit etwa die notwendige Voraussetzung der Exzellenz? Sind wir, um die großartigsten Pläne zu verwirklichen, dazu gezwungen, uns von gewissen Regeln zu befreien? Über den Gesetzen zu leben? Tshilombo war davon im Innersten überzeugt. Dieses Mal wollte er den Menschen geistig seinen Stempel aufdrücken. Etwas entwickeln, das dauerhafte Spuren hinterlassen würde.

Sein erstes Ziel war es, Makanda zu stoppen, und zwar ein für alle Mal. Er musste den Leuten auch jede Anwandlung austreiben, irgendetwas gegen diese Regierung zu unternehmen, was bei den Unruhen der letzten Tage unglücklicherweise der Fall gewesen war. Er würde die Opposition verteufeln und die Bevölkerung traumatisieren. Sie wollten Gewalt und radikale Methoden? Tshilombo war bereit, sie ihnen zu servieren.

Als der Mercedes durch die Toreinfahrt des BÜROS fuhr, standen die diensthabenden Wachen tadellos stramm. Tshilombo verlor keine Zeit. Er ließ Celio sofort kommen. Er bot ihm einen Platz an und ging zur Tagesordnung über.

»Glauben Sie, die Opposition wäre für einen Staatsstreich zu haben?« Die Frage überraschte Celio etwas, und er brauchte ein paar Sekunden, bevor er antworten konnte.

»Um vor dem Erschießungskommando zu landen? Ich glaube kaum. Außerdem liegt es eigentlich nicht in der Kultur des Landes. Wie Sie wissen, ziehen wir das Palaver der Gewalt vor.«

»Nun gut, mit diesem Vorurteil werden wir aufräumen.« Celio sträubte sich innerlich, zwang sich aber zur Besonnenheit. In was für eine moralische Fallgrube würde dieser Typ ihn wieder locken? Bevor er weiterdenken konnte, bat Tshilombo ihn aufzustehen und führte ihn zu dem kleinen Salon, der einen Teil des Büros einnahm. Auf dem niedrigen Tisch stand ein Laptop. Sie setzten sich auf das Sofa, und der Chef schaltete das Gerät ein. Ein paar Mausklicks, und auf dem LCD erschien ein Bild. Tshilombo drehte das Gerät, um einen besseren Winkel für den Kontrast zu finden. Man sah eine ungeordnete Menschenmenge und Soldaten. Der Ton war furchtbar, aber es waren Detonationen und Schreie zu hören. Der Direktor des BÜROS hatte vorsorglich darauf geachtet, dass gewisse Szenen der Demonstrationen gefilmt wurden. Die beiden Männer sahen schweigend zu. Tshilombo klickte ein paarmal. Sie konnten die Unruhen in verschiedenen Stadtteilen begutachten.

»Merken Sie nichts?«, fragte der Boss.

»Abgesehen vom Chaos ...«

»Schauen Sie genauer hin, da!«, sagte er und bewegte den Cursor in eine Bildecke. Dort waren Soldaten mit einer Gruppe von besonders widerspenstigen Demonstranten beschäftigt.

»Sehen Sie da, die Banderolen. Schauen Sie noch mal hin«, sagte er nachdrücklich und scrollte die Bilder schneller vor, wobei er bestimmte Sequenzen ausließ. Celio musste sich belehren lassen: Überall dort, wo es besonders gewalttätig wurde, waren Anhänger von Makanda Rachidis Partei der neuen Demokratie beteiligt. Celio versuchte, ungerührt zu bleiben. Der Dreckskerl, der zur Hälfte für Baestros Tod verantwortlich war, brachte sich ihm wieder ins Gedächtnis.

»Sehen Sie diese Rowdys? Das sind Männer der PND. Diesen Krawalltag haben wir Makanda zu verdanken. Er hat alles getan, um diese Masse zusammenzutrommeln. Über unsere Dienststellen wissen wir, dass es unter den führenden Köpfen der großen Parteien hitzige Diskussionen gab. Alle waren sich über das Prinzip der gewaltlosen Demonstration einig, Makanda hat sie getäuscht und entgegen der Neutralität, die man von ihm erwartete, dafür gesorgt, dass die Demonstrationen so ablaufen, wie sie dann auch abgelaufen sind. Die Bilder in unserem Besitz sind der Beweis. Seine Männer waren an allen Gewaltherden. Acht Tote offiziell, das kann sich die Regierung derzeit nicht leisten. Dieser Kerl muss endgültig von der Bühne abtreten. Ich werde es so einrichten, dass man lange nichts mehr von ihm hören wird.«

In diesem Punkt waren sich Celio und Tshilombo einig. Der junge Mann hätte viel darum gegeben, das mitzuerleben. Wie es schien, war die Freundschaft zwischen Makanda und Tshilombo erkaltet. Die Wölfe zerfleischten sich gegenseitig. Celio konnte sich durchaus vorstellen, andernfalls den Überlebenden selbst zu Fall zu bringen. Er wusste noch nicht genau, wie, aber er hatte nicht vor, Tshilombo entwischen zu lassen. Bis dahin würde es ihm immer schwerer fallen, seinem Chef gegenüberzutreten. Aber es half nichts, das musste er in Kauf nehmen.
»Makanda will uns unter Druck setzen. Ich kenne ihn gut genug, um zu wissen, worauf er hinauswill.«
»Und wie gut kennen Sie ihn, Boss?« Celio stellte die Frage so unschuldig wie möglich. Er versuchte, seinen Groll nicht durchscheinen zu lassen. Tshilombo unterbrach sich. Mit leicht geneigtem Kopf sah er Celio an. Was fiel diesem Knirps ein, Fragen zu stellen?
»Es gehört zu unserem Job, unsere Gegner zu kennen«, antwortete er, »aber auch, vorhersehen zu können, zu was sie fähig sind. Sie haben diese Bilder gesehen, glauben Sie wirklich, ein Subjekt wie Makanda Rachidi würde zögern, einen Staatsstreich vorzubereiten, wenn er die Gelegenheit dazu hätte?
»Warum nicht?«, antwortete Celio, ohne vorpreschen zu wollen.
»Erinnern Sie sich an unser Gespräch über das Universum der Quanten? Ich habe viel über diese seltsame und scheinbar unpräzise Welt nachgedacht. Also, wir werden die Unschärferelation auf die nationale Armee anwenden. Wir kommandieren einen Teil dieser diffusen Armee ab und stellen sie Makanda zur Verfügung. Ihm sagen wir natürlich nichts. Er wird es früh genug erfahren.«

»Wie wollen Sie vorgehen? Ein paar Offiziere aufwiegeln und die Stadt in Brand setzen?«
»Ganz sicher nicht. Sie wissen ja, hier wird mit Raffinesse gearbeitet. Wir überzeugen nur die, die auch überzeugt werden wollen. Ich weiß noch nicht, wie alles konkret ablaufen soll, aber vertrauen Sie mir, ich habe da schon so eine Idee. Kommen Sie, ich spiele Ihnen etwas vor.« Tshilombo stand auf und nahm von seinem Schreibtisch etwas, das wie ein Minidisc-Player aussah. Dann ging er zu einer Stereoanlage, die auf einem Schränkchen stand, schloss den kleinen Apparat an, drückte ein paar Tasten, und eine zitternde Bassstimme erklang aus den im Raum verborgenen Lautsprechern.
»Ich habe in gewisser Weise ein Mandat des Volkes erhalten! Jeder weiß, welche Opfer ich auf mich genommen habe, damit dieses Land einer strahlenden Zukunft entgegengeht. Wir haben unser Blut vergossen. Wir haben uns im Namen des Kampfes aufgeopfert!«
Ein Schauder lief Celio das Rückgrat entlang. Er hatte Makanda Rachidis Stimme wiedererkannt. Er war ja oft genug in Radio und Fernsehen aufgetreten und hatte Predigten gehalten, wie man am besten Politik machte. Celio fand, dass seine Stimme sehr viel unsicherer klang als gewöhnlich. Seine Sprechweise war nicht so vollendet, und es lag so etwas wie Hilflosigkeit darin. Aber was er sagte, war vom selben Schlag wie immer.
»Heute ist die Zeit gekommen, dass die Partei der neuen Demokratie den Platz einnimmt, der ihr zusteht. Solange ich lebe, werde ich, Makanda Rachidi, bis zum Ende dafür kämpfen, dass diese Partei ...«
»Hier stoppe ich«, sagte Tshilombo und unterbrach den Wortschwall.

»Gehe ich recht in der Annahme, dass diese Aufnahme für den Staatsstreich benutzt werden soll? Nur, das, was er da sagt, hat nichts Subversives.«
»Alles hängt davon ab, in welchem Kontext diese Worte später ausgesprochen werden, Celio. Stellen Sie sich das hier während eines Staatsstreichs vor, live im Fernsehen, direkt nach einem von uns ausgearbeiteten Exposé.«
»Aber im Fernsehen braucht ein Staatsstreich Szenen, Bilder. Wenn Makanda nicht auftritt, wird niemand glauben, dass er in irgendwas verwickelt ist.«
»Da machen Sie sich mal keine Sorgen. Bilder wird es geben. In sehr schlechter Qualität, das ja, aber so ist das eben bei Bildern, die in aller Eile aufgezeichnet wurden, bei Bildern, die Geschichte schreiben.«

Das Informations- und Planungsbüro war selbstverständlich mit der menschlichen Hardware ausgestattet, die für Manipulationen aller Art nötig war, aber auch am technischen Equipment mangelte es nicht. Celio und Tshilombo beobachteten über die Schulter eines jungen Informatikers hinweg, wie dieser auf einem Computerbildschirm kleine, farbige Rechtecke ausschnitt, um sie dann nach Belieben neu zusammenzusetzen. Der junge Mann berührte die Tastatur, und ein vertikaler Strich begann, über die bunten Rechtecke zu laufen. Makandas Grabesstimme erklang, in rosa Darstellung. Sie erfüllte den ganzen Raum. Die langsame Sprechweise zwang zum Zuhören.
»Wir haben in gewisser Weise ein Mandat des Volkes erhalten! Jeder weiß, welche Opfer ich auf mich genommen habe, damit dieses Land einer strahlenden Zukunft entgegengeht. Wir haben unser Blut vergossen. Wir haben uns

im Namen des Kampfes aufgeopfert! Heute ist die Zeit gekommen, dass die Partei der neuen Demokratie den Platz einnimmt, der ihr zusteht. Ich werde bis zum Ende kämpfen. In dieser historischen Stunde fordere ich euch auf, mich zu unterstützen, ihr werdet es nicht bereuen. Das ist ein Staatsstreich! Am heutigen Tag wende ich mich an euch, damit ihr mich unterstützt, das ist ein Staatsstreich!«

»Bravo«, sagte Celio. »Aber wo zum Teufel haben Sie das her?«

»Das ist kein Hexenwerk. Bloß ein bisschen Copy-and-paste von einer Unterhaltung, die ich neulich mit ihm geführt habe. Ich war so klug, sie aufzuzeichnen, das ist alles. Sicher, die Tonqualität muss noch verbessert werden, aber das kriegen wir hin.« Auf Tshilombos Anweisung klickte der Techniker ein paarmal. Mit Filtern, Effektgeneratoren und allerlei virtuellen Werkzeugen wurde Makandas Stimme ausgebessert. Man unterdrückte das Knistern und andere Störgeräusche. Man verstärkte den Ton. Die Stimme bekam einen metallischen Klang, aber der Operator reduzierte den Widerhall, führte zwei, drei ausgeklügelte Operationen durch, und bald hatte man den Eindruck, dass Makanda neben einem stand und redete. Dieses Prozedere dauerte eine ganze Weile. Danach wechselte der Informatiker in eine andere Software, und auf dem Schirm erschienen Bilder des Politikers. Es waren Ausschnitte des Staatssenders RTN, die Makanda in einem Fernsehstudio hinter einem Mikro sitzend zeigten.

Celio sah schon, wie sich die Schlinge um Makandas Hals zuzog. Mithilfe der Bilder würde Tshilombo ihn live im Fernsehen zu einem Staatsstreich auffordern. Ganz einfach. Alles war da. Die Bilder, der Ton, jetzt fehlten nur noch die

Zuschauer. Celio fand, Tshilombo hatte etwas Machiavellistisches, aber warum sollte man an den Mitteln sparen, wenn diese im Überfluss zur Verfügung standen, vor allem aber, wenn man freie Hand hatte, sie zu missbrauchen? Von einem solchen Schlag würde Makanda sich nur schwer erholen. Der Präsident würde kurzen Prozess mit ihm machen, so viel stand fest. Celio konnte sich nicht vorstellen, wie er mit heiler Haut davonkommen sollte. Sein Schicksal war schon in diesem Stadium der Operation besiegelt. Einmal mehr würden die Bilder ihr zersetzendes Werk tun. Armes Jahrhundert, in dem der Geist der Dinge nichts mehr zählte. Beachtung fand nur der Schein. Ein bisschen virtueller Ton, ein paar gefakte Bilder, und die Sache war geritzt. Auf die Art konnte man noch den versiertesten Zuschauer täuschen. Das computergenerierte Bildmaterial, wie man es von Videospielen kannte, wurde zum visuellen Bezugspunkt. Mit Bildern dieser Qualität konnte Makanda noch so laut beteuern, dass er nie bei irgendetwas mitgemacht hatte, niemand würde ihm glauben. Celio stellte sich das plötzlich unterbrochene Fernsehprogramm vor, den Tumult, die Uniformen. Tshilombos Inszenierung würde so manchem das Blut in den Adern stocken lassen und die Leute eine Zeit lang ruhigstellen. Die Opposition ebenso wie die Bevölkerung. Celio betrachtete die Bilder auf dem Schirm und sagte sich, dass Makanda Rachidi bald nicht mehr Konsistenz haben würde als die Bilder, die man hier vor seinen Augen retuschierte. Nach den Anweisungen des Chefs des Informations- und Planungsbüros isolierte und formatierte der junge Techniker das Bildmaterial. Verstärkte die Schatten, spielte mit ihnen, hauchte ihnen rings um den digitalisierten Makanda Leben ein, um den Anschein einer Geschäftigkeit zu erwecken, die ungemein an die Vorbereitungen zu einem Staatsstreich erinnerte. Das unscharfe Bild würde zusammen mit dem grobkörnigen Ton noch gute Dienste leisten, wenn es darum ging, die Völker zu belügen. Nach ein paar geduldig dosierten Klicks, einigem Copy-and-paste und anderen Taschenspielertricks geschah vor Tshilombos und Celios Augen das Wunder. Da, vor ihnen, begannen Makanda Rachidis Lippen die Worte auszusprechen, die man ihm hier und jetzt verlieh. Und genau in dem Moment, als es mit der Synchronität nicht mehr ganz klappen wollte, senkte Makanda wundersamerweise den Kopf. Der geniale technische Assistent hatte sorgfältig die optimalen Bildsequenzen herausgesucht, auf denen Makanda im richtigen Moment nach unten sah, um seinen Text abzulesen. Hinter ihm bewegten sich Schatten, flüchtig und verschwommen. Man erkannte nichts, glaubte aber, alles zu sehen. Als Hintergrundgeräusch war nichts Deutliches zu hören, doch die zuvor aufgezeichneten Ausrufe und anderen unterdrückten Töne, die auf dem Computerbildschirm als kleine, grüne Rechtecke erschienen, ließen ahnen, dass um Makanda herum gekämpft wurde. Die unbestimmten Laute machten den Mann und seine Rede noch niederträchtiger und seine Absichten noch dubioser. Was er sagte, würde egal sein. Der Fernsehzuschauer würde nur wissen wollen, was rings um den Verschwörer gerade passierte. Er würde Schreie und unverständliche Worte identifizieren, die Schatten durchschauen wollen, um eventuelle Komplizen enttarnen zu können. Aus der Art, wie sich die Schemen bewegten, konnte man leicht schließen, dass Makanda und seine Schergen zum Schlimmsten bereit waren und vorhatten, das Land in Schutt und Asche zu legen.

Tshilombo hatte dem RTN-Generaldirektor eingeschärft, bei der Suche nach Bildsequenzen solche auszuwählen, die wegen ihrer miserablen Qualität noch nie ausgestrahlt oder montiert worden waren. Tshilombo wusste, dass man in den Verschnittsammlungen der Fernsehsender die wahre Natur des Mannes und der Frau entdeckt, ihre spontane, wesenhafte Seite. Tshilombo hatte aus dem Archivmaterial Bilder von Makanda ausgewählt, auf denen er ein wenig verwirrt und leicht verschwitzt aussah, sodass man unterschwellige Ängstlichkeit und Verschlagenheit in seinen Zügen lesen konnte; Eigenheiten, die bei jedem krummen Ding in Erscheinung treten. Selbst seine Mitstreiter würden, nachdem sie ihn so gesehen hatten, davon überzeugt sein, dass er schon immer ein Verräter gewesen war. Wie hatten sie sich von einem Kerl mit einer solchen Visage so lange täuschen lassen können? Man würde gar nicht zuhören, was er zu sagen hatte. Sein Gesichtsausdruck würde für ihn sprechen beziehungsweise gegen ihn. Auf seine Botschaft von der Revolte des Volkes und einer glorreichen Zukunft des Landes würde keiner achten. Sein schweißtriefendes Gesicht würde das genaue Gegenteil sagen. Wir sitzen in der Scheiße, das war es, was die Leute denken würden. Was ist denn das für ein Typ? Der schafft es ja noch nicht einmal in dem Moment, wo er die Verantwortung übernehmen will, Ruhe zu bewahren. Wie soll man jemandem vertrauen, der es nicht einmal hinbekommt, sich kurz das Gesicht zu pudern, bevor er im Fernsehen auftritt? Und an die Vergeltungsmaßnahmen, die die Regierung dem Volk in kürzester Zeit auferlegen würde, wollte man gar nicht erst denken.

Sie arbeiteten bis spät in die Nacht. Die Belegschaft hatte das BÜRO seit langem verlassen. Der Computer rekonstruierte ausgehend von zusammenhanglosen, nichtssagenden Bildern eine machtvolle Wirklichkeit. Die drei Männer schwiegen. Man hörte nichts als das Klicken der Maschine und Makanda Rachidis grabestiefe Stimme, die in unaufhörlichen Schleifen wiederkehrte und für eine einmalige Show probte, die allerdings natürlich in die Annalen eingehen würde. Als Tshilombo, Celio und der junge Informatiker das Büro spät in der Nacht verließen, erhellte der im ersten Viertel stehende Mond den Garten des BÜROS wie das Innere eines Schattentheaters. Sein Zyklopenauge wachte am Himmel diskret über die Republik.

IX

Die Kepler'sche Bahn

Es war nicht einfach, der Welt der Finsternis so nah zu kommen. Wirklich, es war gar nicht so leicht, in dem beklemmenden Universum der Hexerei zu leben. So lautete wieder einmal Bamba Togbias bittere Bilanz, als er in seinem Wohnzimmer saß und einen seiner Berichte durchblätterte. Aber für den, der zu warten versteht, ist nichts unmöglich. Er las einige Zeilen, musste das Heft dann aber auf den Knien ablegen, weil die Buchstaben undeutlich wurden und verschwammen. Bamba fasste sich mit den Händen an die Schläfen, um den Druck auf seine Augäpfel zu lindern. Ein fürchterlicher Schmerz strahlte von den Augenbrauenbögen aus in die gesamte obere Schädelhälfte. Jede Augenbewegung löste in seinem Kopf und seinem Sichtfeld weiße Blitze aus. Die Buchstaben hatten die Tendenz, unscharf zu werden. Durch seine Schlaflosigkeit erfuhren die Gegenstände unglaubliche Verzerrungen. Jeden Tag versuchte Bamba, sich der Situation anzupassen, und jeden Tag verlangte es größere Anstrengungen. Er hatte das Gefühl, dass er es bald nicht mehr schaffen würde, dass er irgendwann einschlafen und in der Folge sterben würde.

Wie viele Monate schlief er jetzt schon nicht mehr, kämpfte pausenlos gegen die Müdigkeit, in dem Versuch, die Verwünschung abzuwehren, die ihn daran hinderte, nachts die Augen zu schließen? Er hätte es nicht sagen können. Trotzdem, seit gestern, seit der Chef ihn in sein Büro hatte rufen lassen, schöpfte er wieder Hoffnung. Nicht, dass er den Fluch, der in den letzten Worten des Hexers lag, ganz loswerden würde, aber Tshilombo gab ihm die Möglichkeit, eine Aktion anzuvisieren, die ihn aus dem Bann seiner höllischen Qualen befreien würde.
Gonzague Tshilombo hatte sofort angefangen, von dem Vertrauen, das er in ihn setzte, zu sprechen, und an Operationen erinnert, die sie gemeinsam durchgeführt hatten. Dieses Mal wollte er dem Stabsfeldwebel nicht nur eine außergewöhnliche Mission übertragen, sondern ihm auch die Gelegenheit geben, einen kleinen Urlaub zu machen, gepaart mit einem Bonus von zweitausend Dollar, damit er seine Familie auch voll und ganz würde genießen können. Die Operation war ein wenig heikel, und es war für Bamba und alle anderen ratsam, dass er danach etwas frische Luft schnappte, weit weg von Kinshasa, sagen wir für zwei, drei Monate, bis sich alles wieder beruhigt hatte. Mit dem Geld würde er das ein oder andere Projekt in Angriff nehmen können. Kurzum, Tshilombo brauchte einen Vertrauensmann. Bamba klopfte das Herz bis zum Halse. Konzentriert hörte er sich den Rest an, aber nebenher arbeitete sein Geist im Akkord. Zweitausend Dollar waren nicht schlecht. Das war das Zwanzigfache seines monatlichen Einkommens, aber er hatte, was das Geld betraf, andere Vorstellungen. Den Urlaub brauchte er: Er würde seine Familie drü-

ben im Ubangi[43] wiedersehen können, mehrere Wasserläufe entfernt von Kinshasa und diesem Fluch, der ihn in seiner Gewalt hatte und ihm das Leben zur Hölle machte. Bei dem Wort »Prämie« schlug das Herz des Unteroffiziers höher. Sein vom Schlafmangel gestörtes Gehirn hatte angefangen, Pläne zu schmieden. Denn Bamba wusste: Nur Wasser und Gebete konnten, wenn man bestimmten Leuten Glauben schenkte, Flüche unwirksam machen. Um die Macht eines Fetisches zu brechen, ist es nach Vollzug der geeigneten Beschwörungen nötig, Wasser darüberzugießen, um ihm jede schädliche Kraft zu nehmen. Im Laufe des Gesprächs hatte der Stabsfeldwebel es sich in den Windungen seines Gehirns so zurechtgelegt: Wenn er mehrere Wasserläufe, den großen Strom und, warum nicht, den Atlantischen Ozean zwischen sich und den Ort, an dem der Hexer den Fluch ausgesprochen hatte, brachte, hatte er eine gewisse Chance, sich aus seiner jetzigen Lage zu befreien. Dazu aber brauchte er weit mehr als zweitausend Dollar.
In den ganzen Monaten ohne Schlaf hatte er tagtäglich darüber nachgedacht, wie er der ihm auferlegten Folter entkommen konnte, und jetzt bot ihm das BÜRO beziehungsweise Tshilombo die Gelegenheit, dem Griff der Hexerei zu entkommen. Selbstverständlich würde er untertauchen, wenn er es musste. Bamba ließ sich seine Befriedigung nicht anmerken. Er war Soldat vom Scheitel bis zur Sohle, sein Gesicht blieb vollkommen reglos. So lautete die Regel, der Soldat lächelt nicht. Außer am 20. des Monats, dem Zahltag.
Er hörte sich die Instruktionen an. Es war einfach. Mit einem ordnungsgemäßen Dienstbefehl ausgestattet, sollte

43. Region im Nordwesten des Kongo.

er zuerst gemeinsam mit Landu den Zug Soldaten, der die Matete-Brücke bewachte, abkommandieren. Diese Örtlichkeit, die man in Krisenzeiten wie der aktuellen als strategisch bedeutsam einstufte, wurde ständig von einem Dutzend Soldaten geschützt, die sich Tag und Nacht abwechselten. Bamba sollte ihnen den Befehl erteilen, ihm zum nationalen Radio- und Fernsehsender zu folgen und dort die Kontrolle zu übernehmen. Das alles teilte Tshilombo ihm im Plauderton mit, wie man ein Kind zum Einkaufen schickt. Der alte Soldat, der schon ganz anderes gehört hatte, wartete auf die Fortsetzung. Sie sollten die Studios umzingeln und daraufhin ein Videoband ausstrahlen, das Tshilombo ihm im geeigneten Moment übergeben wollte. Wenn alles so weit war, sollten der Gefreite und er sich absetzen, die Soldaten vor Ort zurücklassen und ins BÜRO kommen, um ihre Prämie in Empfang zu nehmen. Danach hatten sie nichts mehr zu tun, als die Stadt zu verlassen. Bamba hatte zugehört, ohne mit der Wimper zu zucken, aber in dem Moment, als er mit »Zu Befehl!« hätte antworten müssen, traf er seine Entscheidung. Zum ersten Mal in seinem Leben erlaubte sich Stabsfeldwebel Bamba Togbia innerhalb der Wände dieses Büros, freiheraus zu einem Dienstvorgesetzten zu sprechen. Er machte sich nicht die Mühe, um den heißen Brei herumzureden, in Habachtstellung eröffnete er seinem Chef, was er über ihn wusste. Er ließ ihn wissen, dass er seine Augen überall hatte und gewisse Dinge über ihn entdeckt hatte. Er sagte ihm alles. Ohne Unterbrechung erklärte er ihm, welche Beweise er für das, was er behauptete, hatte. Tshilombo schienen die Worte des Soldaten nicht zu erstaunen, und wenn, dann zeigte er es nicht. Der Stabsfeldwebel erklärte, dass zwei-

tausend Dollar für seine Pläne nicht ausreichten, dass er sehr viel mehr brauchte. Er schlug ihm einen Handel vor. Es wurde eine lange Unterredung. Als Bamba aus Tshilombos Büro trat, hätte man, wäre er nicht Soldat gewesen, ein zufriedenes Lächeln auf seinen Lippen erkennen können.
Diese Episode war jetzt ein paar Tage her. Heute Morgen hatte Tshilombo ihn zu sich gerufen und ihm gesagt, dass der große Tag gekommen war. Er hatte seine Anweisungen wiederholt. Und er hatte ihm zehntausend Dollar in 20er- und 50er-Scheinen übergeben und ihm empfohlen, sich ausruhen zu gehen. Endlich war für Bamba die Stunde gekommen, in Aktion zu treten. Er leerte ein großes Glas Wasser, um wieder ganz zu sich zu kommen. Er hatte den Nachmittag über geschlafen, aber wie immer hatte er den Eindruck, als habe er die Augen nur ein paar Minuten zugemacht, so entkräftet waren Körper und Geist. Zum Glück war das alles bald vorbei. Er klaubte, was ihm an Verstand noch blieb, zusammen und sagte sich, dass er bereit war. In eine Tasche hatte er ein paar Habseligkeiten gepackt. Natürlich würde er seine Wohnung nie wieder betreten. Bamba setzte alles auf eine Karte. Seine Unruhe hatte sich bis jetzt ununterbrochen gesteigert.
Seit dem Tag, als er Tshilombo eröffnet hatte, was er über ihn wusste, hatten sie nicht mehr miteinander gesprochen, bis heute Morgen, als der Chef ihn zu sich gerufen hatte, um ihm zu sagen, dass der Tag X gekommen sei, und um ihm Geld zu geben. Bamba trug jetzt zehntausend Dollar bei sich! Seine kleine Rede hatte den Boss überzeugt und von den ursprünglich zweitausend Dollar Prämie war die Summe wie durch Zauberei auf zwanzigtausend gestiegen. Er hatte keine Wahl, er brauchte diese zwanzigtausend. So-

bald die Mission abgeschlossen war, sollte Tshilombo ihm die noch ausstehenden zehntausend übergeben. Von nun an teilten sie ein Geheimnis, und auch Tshilombo hatte keine Wahl mehr. Ihm blieb nichts anderes übrig als zu zahlen. Jetzt, da die Aktion unmittelbar bevorstand, fühlte sich der Stabsfeldwebel ruhiger. Das nationale Fernsehen zu stürmen, war für ihn nun wirklich kein Problem. Es würde ihn eher entspannen. Es war einfach, aber man musste sorgfältig vorgehen. Sich zurückziehen und dann die Früchte seiner Arbeit genießen. Stabsfeldwebel Bamba Togbia stand auf, strich seine neue Uniform glatt, rückte das grüne Barett zurecht und sah sich in einem Spiegel an, um die Wirkung der zwei Goldspangen, die er an den Schultern trug, zu überprüfen. Man hatte ihn für diesen Anlass zum Leutnant befördert, um ihm mehr Autorität zu verleihen. Der Soldat kontrollierte ein letztes Mal seine Glock-Pistole und griff nach seiner alten M16 auf dem Tisch. Er warf einen Blick auf den Stapel Schulhefte und ging aus dem Haus, ohne auch nur das Schloss vorzuhängen. Wenn er schon mit einer Überraschung durch Tshilombo rechnen musste, dann wollte er auch ihm eine bereiten. Bamba hatte die Hefte gut sichtbar liegen lassen. Falls ihm etwas zustoßen sollte, würde auch sein Chef nicht ungeschoren davonkommen. Alles würde jedoch davon abhängen, wer die Hefte als Erster fand. Der Stabsfeldwebel verließ sich auf sein Glück, oder sein Unglück, je nachdem. Man konnte nicht alles kontrollieren. Er stieg in den Geländewagen, startete und fuhr zum Wohnsitz des Gefreiten Landu.
Als Bamba seinem Chef mitgeteilt hatte, dass er gegen ihn ermittelt hatte und Dinge über ihn wusste, die man besser nicht unter die Leute brachte, hatte dieser nicht überrascht

gewirkt. Er hatte seinem Untergebenen ruhig zugehört, und als Bamba vom Geld anfing, wegen der Höhe des verlangten Betrages weder gefeilscht noch herumgedruckst. Bamba war sicher, dass Tshilombo seine Bedingungen akzeptieren würde. Er hatte ihn in der Hand, aber er wusste auch, dass sein Chef ein falscher Hund war: Wenn er den Vorschlägen so schnell zugestimmt hatte, dann sicher, weil er einen letzten Trumpf auszuspielen gedachte. Bamba fragte sich nur, welchen.

Am Rand der großen Avenuen herrschte das übliche Gewühl des ausgehenden Tages. Manche hatten ihren Lebensunterhalt verdient und eilten schnurstracks nach Hause wie der Vogel, der Futter ins Nest bringt. Andere hatten schon die Terrassen der Bars und *ngandas* gestürmt, wo man Bier trank und gegrilltes Ziegenfleisch dazu aß. Natürlich wurde das ganze Treiben von Musik begleitet. Am Ende des Tages nahm die Spannung wieder ein wenig ab, trotz der Anstrengungen zum täglichen Überleben. Die Euphorie, den Hunger besiegt zu haben, oder das resignierte Warten auf eine Nacht mit leerem Magen hatten etwas von einem Waffenstillstand, wenn alles in der Schwebe hing. Bambas Gedanken führten ihn zu dem jungen Landu. War er der Trumpf, den Tshilombo ausspielen wollte? Sollte der Gefreite ihn am Ende der Operation beseitigen? Tshilombo hatte ihm gesagt, er solle Landu mitnehmen. Genügte der Trupp von der Matete-Brücke etwa nicht? Bamba beschloss, nicht zu viel nachzugrübeln, aber gegen seinen Willen zogen die Gedanken ihn mit sich fort.

»Im Grunde genommen hat dieser halbwüchsige Schwachkopf mich in diese Lage gebracht«, dachte er und erinnerte sich an das Zahnputzstöckchen. Warum musste dieser kleine Idiot auch die Zahnbürste des Fetischisten holen? Denn dadurch hatte sich das Ganze verkeilt, bis hin zu Mbuta Luidis Tod und dem gegenwärtigen Fluch. Was konnte man zu so viel Leichtfertigkeit sagen? Und warum sollte Landu ihn jetzt begleiten? Nach reiflicher Überlegung hatte Bambas vom Schlafmangel gehandicaptes Gehirn so einige Beschwerdegründe gegen seinen Untergebenen zusammen. Als Bamba bei dem jungen Soldaten vorfuhr, war auch dieser schon startklar, er trug eine neue Uniform. Das grüne Barett auf dem Schädel und die schwarze Brille vervollständigten seinen Aufzug. Mit der Uzi in der Hand sprang er in den Wagen. Sie fuhren sofort los Richtung Route des Poids Lourds, die direkt zur Matete-Brücke führte. Unterwegs gab Bamba seinem Assistenten Anweisungen, bevor er als Einsatzleiter und Mann der Tat die entsprechende, stumm konzentrierte Haltung annahm. Landu war auf einmal nicht mehr gesprächig. Seit sie bei ihm losgefahren waren, hatte er kein Wort von sich gegeben. Bamba bemerkte, dass Landu unter seinem Barett stark schwitzte. Dabei war es heute Abend gar nicht heiß. Er wirkte angespannt. Erst jetzt wurde dem Stabsfeldwebel klar, dass Landu seine eigene Person beruflich noch nie in echte Gefahr gebracht hatte, außer wenn er die Bevölkerung terrorisierte. Diese Operation war für ihn eine Art Feuertaufe. Das hier war kein Kinderspiel mehr. Die Konsequenzen waren möglicherweise tödlich. Innerlich freute Bamba sich, wenn jetzt auch sein Untergebener an den Qualen der Ungewissheit litt. Man erkannte den furchtlosen Landu nicht wieder, den wütenden jungen Hund, der zu jeder krummen Tour bereit war. Hier arbeiteten sie aus politischen Motiven, und auf dem Gebiet konnte alles passieren. Das war unübersichtlicher als ein Schlachtfeld. Leicht wurde man zum Spielball eines anderen, der verborgene Absichten hegte. Man war wie eine Marionette. Konnte sich nicht wirklich frei bewegen. Bamba aber hatte seit langem gelernt, mit den Fäden, an denen die Puppen hingen, zu spielen. Er verstand es, sich mit der Schwerelosigkeit in Einklang zu bringen. Sich tragen lassen, aber immer etwas Ballast zurückbehalten, um im letzten Moment loszukommen. Wie in diesen Flugzeugen – das hatte er im Fernsehen gesehen –, die aufsteigen und dann urplötzlich im Sturzflug niedergehen, und dann kommt dieser ganz besondere Moment, wenn alles in ihnen schwebt, der Schwerkraft enthoben. Auf der Welle des Kommandos reiten, aber alles geben und sich rauskatapultieren, wenn es schiefgeht. Auf die Art hatte er in jungen Jahren die Kämpfe während des Mulelisten-Aufstands in den 1960er-Jahren überlebt. In Angola hatte er sich mit derselben Methode aus einem Hinterhalt von Elementen der FAPLA[44] befreit. Der Wüstensand hatte seine klare Sicht nicht getrübt, als sie den Katjuschas des Obersts Gaddafi im tschadischen Aouzou-Streifen gegenüberstanden. Und was hätte er ohne seinen Dolch und eben diese Tugend getan, als ihn 1990 mitten in der Nacht Männer der FPR-Truppen bei Byumba in Ruanda schnappten? Das alles lag weit zurück, in der Zeit, als das Land den Gendarm von Afrika spielte und er selbst als Speerspitze überall mit von der Partie war.

44. Forças Armadas Populares de Libertação de Angola; bewaffneter Arm der MPLA (Movimento Popular de Libertação de Angola, Volksbewegung zur Befreiung Angolas).

Landu waren all diese Dinge fremd. Sie waren für ihn nur Heldentaten, wie er sie aus seinen Comics kannte. Die heutige Operation, bei der sie die Fernsehgebäude einnehmen, in den Studios eine kleine Show abziehen und sich dann absetzen sollten, war wirklich nicht besonders kompliziert, nur absetzen mussten sie sich eben rechtzeitig. Also vor der Ankunft der Kavallerie beziehungsweise der Armee. Sie würden sekundengenau vorgehen müssen. Denn wenn sie sich mit den Pseudorebellen schnappen ließen, würde das die Dinge deutlich verkomplizieren. Noch bevor sie irgendeine Erklärung abgegeben hätten, konnte alles passieren. Allmählich erfasste Landus Gehirn die drückende Verantwortung und die bleierne Furcht, welche die wildesten Phantasmen erzeugt. Sie erreichten die Matete-Brücke, an der in der Tat ein Zug von einem Dutzend Soldaten stationiert war, um diesen strategischen Riegel der Hauptstadt zu schützen.

Als die Soldaten Bambas Tressen erkannten, standen sie auf der Stelle stramm. Ihre Haltung war nicht perfekt, aber Bamba gab sich damit zufrieden. Der wachhabende Stabsunteroffizier stellte sich vor. Bamba händigte ihm unverzüglich den Dienstbefehl aus, laut welchem der Stabsunteroffizier und sein Zug dem Überbringer des Schreibens unbedingt zu folgen und sich seinem Befehl zu unterstellen hatten. Bamba erklärte ihnen, ihre Aufgabe bestehe darin, Staatsfeinde in den RTN-Anlagen zu neutralisieren und die Gebäude zu sichern. Sie sollten jeden bewaffneten oder anderweitigen Einfall innerhalb der besagten Örtlichkeit verhindern. Die Männer fragten, warum man ausgerechnet sie für eine solche Aufgabe ausgewählt hatte. Bamba antwortete, Befehl ist Befehl, aber es sei eine Prämie vorgesehen, welche er auch gleich in Dollars austeilte. Jedem zwanzig. Er nutzte die Gunst der Stunde und schickte einen von ihnen los, um eine Kiste mit 75-Zentiliter-Flaschen Bier zu holen, das die Soldaten hinunterstürzten, um sich Mut zu machen. Dann beschlagnahmten sie einen knallroten Bus mit Coca-Cola-Emblem, der leer von seiner Runde zurückkehrte. Der Fahrer wurde rücksichtlos herausgezerrt, und so konnte man eine fröhliche Bande roter Baretts sehen, groteske und bis an die Zähne bewaffnete Weihnachtsmänner, die während der Festtage ihre abendliche Werbetour machten.

Die Mannschaft fuhr dem marineblauen Geländewagen hinterher und war bald vor dem Gebäudekomplex des Nationalsenders angekommen. Die Männer sprangen aus dem roten Bus, und ein Teil von ihnen umstellte die Gebäude. Die große Empfangshalle wurde eingenommen, ohne auf Widerstand zu stoßen. Den beiden Sicherheitsleuten wurden die Walkie-Talkies abgenommen. Man befahl ihnen, die Hände auf den Kopf zu legen und sich auf den Boden zu setzen. Dann erhielten sie Order, den Mund zu halten. Bis auf Weiteres wurden alle Anwesenden als potenzielle Verdächtige betrachtet. Bamba hatte nur wenige Männer zu seiner Verfügung, aber er wusste sie effektiv einzusetzen. Drei Soldaten hielten unter dem Befehl eines noch immer nervösen und stummen Landu die Rezeption in Schach. Mit dem Rest der Männer fuhr Bamba per Fahrstuhl zu den Studios im zwölften Stock. Als die noch arbeitenden Angestellten und Journalisten die Bewaffneten auftauchen sahen, herrschte allgemeine Verblüffung, doch sie begriffen sofort, was los war. Es wurde viel herumgefuchtelt und -geschrien, aber ein paar gebrüllte Befehle des falschen

Leutnants sorgten augenblicklich für Ruhe. Alle mussten sich auf den Boden legen. Bamba brauchte einen Kameramann.

»Wer von euch ist Kameramann?« Ein Typ hob schüchtern den Finger. Einer der Soldaten eskortierte ihn, als er sein Arbeitsinstrument holen ging. Zwischenzeitlich erläuterte der falsche Offizier, ihre Aufgabe bestehe darin, die Örtlichkeiten zu sichern. Man befürchte einen Staatsstreich, und sie seien da, um für Ordnung zu sorgen.

»Keine Angst!«, beschwichtigte er. Man zeigte ihm die Hauptstudios A und B. Gefolgt von dem Kameramann drangen Bambas Männer in beide Räume gleichzeitig ein. In Studio A wurde gerade eine sentimentale, nigerianische Soap gesendet, die seit Monaten immer zur gleichen Uhrzeit Millionen von Kinshasaern an ihre Fernsehgeräte lockte. Sehr schön, dachte Bamba, genau der richtige Zeitpunkt. Sie mussten sich beeilen. Er hielt dem Sendeleiter, der hinter seinen Konsolen saß, eine Videokassette hin. Dann stellte er die Kamera auf den Boden und ließ sie an den Kontrolltisch anschließen. Man hatte ihm aufgetragen, ein paar Liveaufnahmen zu machen: Militärstiefel würden genügen. Er hatte keine Zeit zu verlieren. Er gab Anweisung, die Kassette auszustrahlen und die Livebilder der soeben angeschlossenen Kamera davorzusetzen. Es war kinderleicht, der Sendeleiter beeilte sich.

»Wartet hier auf mich!«, befahl der falsche Leutnant und ließ das Technikerteam unter der Aufsicht seiner Männer zurück. Bamba nahm den Fahrstuhl, der für seinen Geschmack etwas zu langsam hinunterfuhr. Über ihm wurde das Video, dessen Inhalt er nicht kannte, landesweit ausgestrahlt. Was darauf war, konnte ihm egal sein, aber er wusste, dass es auf die eine oder andere Art Schaden anrichten würde. Schon immer hatte man ihn nur gerufen, um Chaos zu säen.

Bamba wusste nicht, wie recht er damit hatte. In den Haushalten Kinshasas wich die maßlose Enttäuschung über die jähe Unterbrechung der Soap einer großen Verblüffung, als plötzlich Militärstiefel und dann Makandas Gesicht auf dem Bildschirm erschienen. Den Fernsehzuschauern war sofort klar, worum es ging. Noch ein Staatsstreich! Und auch der wieder zum Scheitern verurteilt! Was würden die sich noch alles einfallen lassen, um ihnen das Leben schwer zu machen? Vor den Bildschirmen war alles in heller Aufregung. Die Mobiltelefone der Staatsbediensteten liefen heiß. Man rief sich gegenseitig an, um zu erfahren, was das Ganze sollte, ob die Nation, und damit man selbst, in Gefahr war. In den Führungsspitzen der Oppositionsparteien war der Effekt noch verheerender. In aller Eile zimmerte man sich dort Alibis, für den Fall, dass man später irgendeine Komplizenschaft abzustreiten hatte. Man suchte bereits Argumente, um sich aus jedweder Verwicklung herauszuwinden. Aber was fiel Makanda ein, einen solchen Coup zu versuchen? Umso mehr als jeder wusste, dass er überall und vor allem vor dem Präsidenten die Hand aufhielt. Und das war der Dank! Die Ersten bereiteten Kommuniqués vor, um diese antidemokratische Tat zu verurteilen.

Bei der Armee verlor man keine Zeit. Auch die hochrangigsten Würdenträger der Nation verfolgten die nigerianische Soap. Wie alle anderen wurden sie beim Genuss der Intrige unterbrochen, die in diesem Augenblick auf einen Höhepunkt zuging, da endlich der Name des biologischen Vaters des Babys der Heldin enthüllt werden sollte. Umso eifriger und ohne weiteren Aufschub wurden daher auf höchster Ebene der Nationalen Sicherheit Kontakte hergestellt, und das ab dem Moment, da Makanda Rachidi mit seiner subversiven Rede auf den Bildschirmen erschien. Blitzschnell wurden Truppen zum RTN-Sitz beordert, um die Gebäude zu umstellen und den tollkühnen Putschversuch gegebenenfalls blutig niederzuschlagen.

Der Fahrstuhl hatte Bamba in die Eingangshalle befördert. Die Angestellten saßen noch immer auf dem Boden, in Schach gehalten von Landu und den roten Baretts, die durch die Glaswände neben der Eingangstür nach draußen spähten. Mit der M16 im ausgestreckten Arm stürmte Bamba durch die Halle.
»Rückzug!«, zischte der Stabsfeldwebel seinem Partner zwischen den Zähnen zu. Schon war er zum Gebäude hinaus und auf dem Weg zum Geländewagen, der neben dem coca-cola-farbenen Bus stand. Landu folgte ihm raschen Schritts, die letzten Meter rückwärts. Er musste sich beeilen, denn Bamba saß schon am Lenkrad. Der junge Soldat hastete um das Fahrzeug herum, öffnete die Beifahrertür und sagte die ersten und letzten Worte seines Tages.
»Mein Kommandant, wir haben es ...«
»Verpatzt, mein Kleiner!«, und in einer Wolke aus Blut traf die 9-mm-Kugel aus Bambas Pistole Landu am Kinn, zertrümmerte seine Zähne und einen Haufen Knochenmasse bis hin zum Kleinhirn, das sich komplett auflöste. Der Gefreite kippte mit ausgebreiteten Armen und einem fragenden Röcheln nach hinten. Bamba streckte sich vor und zog die Wagentür zu. Richtete sich auf und legte einen Blitzstart hin.

Der Geländewagen hatte etwa hundert Meter zurückgelegt, als er plötzlich ausweichen musste, um einen Konvoi aus Truppentransportern und mehreren Panzer vorbeizulassen, die im Höllentempo Richtung Nationalsender rasten. Der Unteroffizier bog sofort rechts ab zum Gombe-Viertel und dem Informations- und Planungsbüro. Er musste nur noch sein Geld kassieren. Den Preis seines Schweigens und seines Seelenfriedens. Danach würde er abhauen, weit fort in freundlichere Gefilde für einen, den der Fluch eines Hexers mit posthumen, aber hartnäckigen Rachegelüsten getroffen hatte.

»Mich kriegst du nicht! Mich kriegst du nicht, wie du alle anderen gekriegt hast! Dein letzter Trumpf ist geplatzt, Tshilombo. Der alte Bamba lässt sich nicht verarschen. Ich weiß alles, und du wirst bezahlen!« Der Soldat sprach mit sich selbst. Korditgeruch erfüllte das Wageninnere, und Bamba atmete ihn tief ein. Die berauschende Schärfe stieg ihm zu Kopf, und in dem Zustand, in dem er sich befand, hatte sie dieselbe Wirkung wie geschnupftes Kokain, er knallte durch.

»Den großen, schweigenden Krieger Bamba bremst so schnell keiner aus, und schon gar nicht dieser Klugscheißer von Landu. Und dir, Tshilombo, bleibt nichts anderes übrig, als mir die restlichen zehntausend zu geben. Zehntausend Dollar, und du kriegst keinen Ärger.« Bamba war seinem Albtraum komplett ausgeliefert und redete weiter, ohne sein Gehirn oder sonst was im Griff zu haben. Der Wagen raste durch die Nacht, ohne sich um die Lampions zu kümmern, die überall in der Dunkelheit glänzten wie übereifrige Spionenaugen.

Bambas Wünsche waren ja auch nicht übertrieben. Sie waren weder ausgefallen noch irgendwie spinnig. Der Soldat wollte vor allem eines Tages eine gewisse Höhe erreichen und von dort aus die leise Abendbrise auf dem Gesicht spüren. Nach einem befriedigenden Tag dasitzen und sein Bier trinken, ruhig und friedlich, von einer gewissen Höhe aus. Keiner großen, nein. Er hatte lediglich vor, sich eine Veranda in, sagen wir, einem Meter Höhe über dem Erdboden zu bauen. Eine Terrasse als Fundament für das zukünftige Haus, das er in der Nähe von Gemena in der Provinz Équateur bauen wollte. Der alte Soldat wollte einen weitläufigen Wohnsitz mit mehreren Schlafzimmern für seine Kinder und eventuelle Besucher. Das besagte Fundament musste aus Quadersteinen bestehen. Das Dach würde speziell belüftet, damit es sogar an den heißesten Tagen drinnen kühl blieb. Er beabsichtigte, dieses Haus selbst zu bauen. Die Pläne hatte er seit langem im Kopf. Er würde das Haus mitten in der kleinen Kaffeeplantage errichten, die er bei Bokuda zu erwerben gedachte. Auch nicht riesig, nur ein paar Hektar, aber doch groß genug, damit er das ganze Jahr über für seinen Unterhalt sorgen und sogar andere Geschäfte in die Wege leiten konnte. Kaffee war eine sichere Sache, es gab nichts Besseres, natürlich gab es auch Höhen und Tiefen, aber alles in allem kam man immer ganz gut über die Runden. Seine Frau könnte ein kleines Geschäft aufmachen, wenn sie Lust dazu hatte. Mit zwanzigtausend Dollar wollte er ihr nichts mehr vorenthalten. Er hatte übrigens vor, ihr ein paar Pagnes und Schmuck zu kaufen, sobald er drüben in Brazzaville war. Und auch Kleider für die Kinder und Schulsachen. Filzstifte in allen Farben. Er musste noch beim BÜRO vorbei, das Geld abholen, dann würde er zum Dorf der Fischer am Flussufer gehen, eine Piroge mieten, in der Nacht nach Brazza übersetzen und im nie geschlosse-

nen »Kredit ist verreist« ein Glas trinken. Von da aus über die Nordroute hoch nach Équateur. Kein Problem, vor allem mit zwanzigtausend Dollar in der Tasche.
Der Geländewagen fuhr mit Vollgas unter dem Blätterdach des Gombe-Viertels dahin. Die fehlende Straßenbeleuchtung verlieh der Szenerie ringsum etwas Gespenstisches. Bald erschien im grellen Scheinwerferlicht das Tor des BÜROS. Bamba drückte zweimal kurz auf die Hupe. Die Torflügel öffneten sich prompt. Der schwere Wagen fuhr in den Garten hinein. In dem Augenblick, als Bamba den Motor abschalten wollte, ließ ihn etwas an der Haltung seiner Kollegen innehalten. Im Garten wimmelte es nur so vor Soldaten. Es waren mehr als gewöhnlich. Er kannte auch keinen. Aber das Detail, das in seinem erschöpften Geist den Alarm auslöste, war, dass jeder der Männer gut sichtbar eine Waffe trug. Unter ihnen identifizierte der Stabsfeldwebel einen Typen, der zur Leibwache des Präsidenten gehörte, ein Schlächter. Bamba legte den Rückwärtsgang ein, der mächtige Motor heulte auf. Während der Wagen einen Satz zurück machte, zerschmetterte eine Salve die Windschutzscheibe. Das schwere Fahrzeug prallte gegen das Blechtor sowie ein Mauerstück. Durch den Zusammenstoß soff der Motor ab. Mit der M16 in der linken Faust feuerte Bamba durch das Loch in der Windschutzscheibe. Flink wie eine Ratte rutschte er fast bäuchlings nach hinten, riss den Wagenschlag auf und stand auf der Straße. Der Geländewagen schirmte ihn momentan von den Männern, die ihn töten wollten, ab. Mit dem Sturmgewehr auf der Schulter, den Lauf nach hinten gerichtet, rannte er geradeaus los. Er feuerte weiter. Ein Schusshagel krachte, vom Echo verstärkt, durch die Nacht.

Bamba hörte nichts als seinen eigenen Atem und den schnellen Takt seiner Schritte. Er war sicher, dass sie noch hinter ihm waren. Er schwenkte scharf ab in das schützende Dickicht der Flussböschung. Seine Kampfstiefel wateten durch lehmigen Boden, was ihn aber nicht langsamer machte. Jetzt, inmitten der Pflanzen, konnte er hinter sich hören, wie seine Verfolger beim Vorwärtskommen Äste zerbrachen. Er hatte den Eindruck, dass sie zurückfielen. Seine Waffe konnte er nicht benutzen, das Mündungsfeuer hätte ihn verraten. Seine Brust brannte, aber er lief so lautlos wie möglich weiter. Sein einziger Vorteil bestand darin, dass sie sicher wussten, wie erfahren er war, und zögern würden, allzu waghalsig vorzugehen. Am Plätschern des Wassers rechts von ihm konnte er sich orientieren. Beim Laufen blieb sein Fuß an einer Wurzel hängen, und er fiel in den Schlamm wie ein stürzender Baum.

Als der Soldat wieder aufstehen wollte, konnte er es seltsamerweise nicht. Seine Brust stand in Flammen. Sein Körper war taub. Seine Gliedmaßen bleischwer. Bamba blinzelte ein paarmal, um sich in der Nacht zurechtzufinden, aber sein Blick fand nur einen riesigen, schwarzen Himmel, von Sternen übersät. Er dachte, dass seine Haltung nicht angemessen war. Er musste aufstehen und weiterlaufen. Die anderen waren noch hinter ihm her. Er wollte sein Gewehr suchen, das hingefallen war, aber er schaffte es nicht, sich zu bewegen. Ihm wurde bewusst, dass seine Ohren nicht einmal mehr das Krötenkonzert hörten, das doch in der Nacht allgegenwärtig war. Alles war in gedämpfte, bedrohliche Stille getaucht. Und jetzt wurden seine Lider schwer. Großer Gott, das war doch nicht der Moment, um einzuschlafen! In seinen Taschen hatte der Stabsfeldwebel noch knapp zehntausend Dollar. Seine Hand suchte nach dem Geld. Als er die Uniform berührte, spürte der Soldat etwas vertraut Klebriges zwischen seinen Fingern: Blut. Und dann noch seine Lider, die sich gegen seinen Willen schlossen. Bloß nicht einschlafen, dachte er voller Angst. Der Fluch. Ich muss auf den Fluch aufpassen. Schlafen, ja, aber später, nicht in der Nacht. Der Hexer Mbuta Luidi hatte das klipp und klar gesagt. Er musste jetzt über den Fluss. Wegen dem Wasser. Um dem Fluch zu entrinnen. Bloß nicht schlafen. Bevor seine Augen glasig wurden, schüttelten heftige Krämpfe sein rechtes Bein, und Bamba glitt langsam und mit knirschenden Zähnen in den ewigen Schlaf und in den Tod, wie es ihm Mbuta Luidi verheißen hatte, der rachsüchtigste Hexer, den man je gekannt hatte zwischen Songololo und Mbanza-Ngungu.

Es wurde eine dieser Nächte, an die sich die Bewohner von Kinshasa gewöhnt hatten: Alle Spannung war auf dem Höhepunkt, und jeder hing an den Ereignissen, während man darauf wartete, dass der Schatten des Todes vorüberging. In diesen Momenten wird der Schlaf unwichtig. Um sich gegenseitig zu beruhigen, kommt man lieber zusammen, aber die Gespräche treten in den Hintergrund, weil man die Ohren spitzen muss, um die Absicht jedes noch so fernen Schusses herauszufinden. Jede Salve muss interpretiert werden. Jedes abgefeuerte Kaliber identifiziert. Jeder wusste, dass die Schüsse heute Nacht nur dazu da waren, die Angst in der Bevölkerung zu schüren, aber trotzdem hofften alle, dass die vereinzelten Detonationen nicht zu einem intensiveren und andauernderen Knattern wurden. Man unterhielt sich mit gedämpfter Stimme, interessierte

sich aber nicht wirklich für das Gesagte, denn der Geist versucht in diesen Fällen, anderswo zu sein. Er bemüht sich quasi, die Grenzen der Astralreise zu erreichen. Nicht mehr da sein, der Angst entkommen. Jede verstrichene Minute ist wie ein Sieg über die Furcht und über sich selbst.
Seit den um 21 Uhr ausgestrahlten Bildern war die Stadt plötzlich in Lethargie verfallen. Alle waren schnurstracks nach Hause gegangen. Die Straßen hatten sich im Nu geleert. Man hatte sich verbarrikadiert und die Lichter gelöscht. An den Straßenecken spähten junge Leute. Man wartete ab, war auf alles gefasst. Was bezweckte Makanda mit seinem Gewaltstreich? Uns in Schwierigkeiten zu bringen? Das Volk spekulierte. Die Bilder waren urplötzlich abgebrochen, und seither wusste niemand mehr, was los war. Die Bevölkerung tappte im dicksten Nebel. Niemand glaubte an den Erfolg der Operation, aber man stellte sich Fragen. Wer stand hinter Makanda? Die Amerikaner? Die Franzosen? Die Belgier? Denn um zu so etwas den Mut aufzubringen, musste man wenigstens eine fremde Macht hinter sich haben. Und wer waren die Soldaten bei ihm? Hatte das Militär sich erhoben? Waren die Protagonisten der Geschichte schon verhaftet? Man wusste nichts. Diese Nacht verbrachte Kinshasa in der Angst, dass der nächste Morgen einen neuen, noch schlimmeren Tag bringen könnte.
Am nächsten Tag aber geschah nichts Nennenswertes, außer dass man den ganzen Morgen über kein Brot bekam, weil die Brotausträgerinnen nicht das Risiko eingegangen waren, sich in der Nacht neu einzudecken. Die Mammas mit ihren Krapfenständen verdoppelten ihre Einnahmen. Ab sechs Uhr morgens brachte das offizielle Radio pausenlos Musik. Im Fernsehen hielt ein nichtssagendes, kaltes

Testbild die Spannung bis neun Uhr aufrecht. Dann endlich wurde in einem ersten Kommuniqué der Präsidentschaft verkündet, Aufständische hätten einen Staatsstreich versucht und Radio télévision nationale in ihre Gewalt gebracht, aber dank des heldenhaften Einsatzes der Streitkräfte sei dieser Versuch gescheitert. Es hatte Verhaftungen gegeben, und weitere waren in Vorbereitung. Man würde den Gang der Ermittlungen abwarten müssen. Die Bevölkerung konnte weiter ihren Beschäftigungen nachgehen, die Situation war unter Kontrolle.

Die ersten Tageszeitungen kamen in Anbetracht der Ereignisse verspätet heraus, aber ab Mittag prangten der Name Makanda Rachidi und das Wort »Aufständische« auf allen Titelseiten. Man riss sich die Ausgaben aus den Händen. Man verteufelte Makanda. Von der Angst der Nacht befreit, überschüttete die Bevölkerung ihn mit ihrem ganzen Hass. Man ließ sich gehen. Man gab den Putschisten Beinamen, von denen einer niederträchtiger war als der andere. Was hatte dieser elende Halunke vorgehabt? Präsident der Republik zu werden? Durch einen Staatsstreich? Ein korruptes Schwein wie er? Da war doch zu hoffen, dass er verhaftet wurde. Die 13-Uhr-Nachrichten erfüllten diesen Wunsch und verkündeten, dass Makanda Rachidi auf der Straße nach Bandundu gefangen genommen worden war. Das abscheuliche Subjekt würde der Öffentlichkeit in den 20-Uhr-Nachrichten präsentiert werden. Zwölf seiner Komplizen, alles Armeeangehörige, waren verhaftet worden. Sie wurden zur Stunde in den Räumlichkeiten der Sicherheitsdienste verhört. In den Reihen der Aufrührer hatte es zwei Tote gegeben. Die Regierung versprach, die Geschichte vollständig aufzuklären.

Die Opposition wollte da nicht nachstehen und verdammte die Aktion einstimmig. Man selbst stand auf der Seite von Recht und Ordnung. Bis Tagesende hatte sich jeder Parteichef zu einem Kommentar durchgerungen. Alle gewaltsamen Aktionen, so erklärte man, waren im demokratischen Wettstreit ausgeschlossen. Man verleugnete frühere Bündnisse. Manch einer ging sogar so weit, exemplarische Strafen zu verlangen. Die Ordnungskräfte stürmten den Sitz der Partei der neuen Demokratie. Die Parteianhänger waren nicht verrückt, keiner von ihnen war gekommen. Man fand leere Räume vor. Die vorherrschende Haltung innerhalb der Partei bestand in diesen Tagen darin, sich zu verkriechen und auf bessere Tage zu warten. Makandas privater Wohnsitz wurde durchsucht.

Er selbst saß zur Stunde in Einzelhaft und erlebte den Beginn seines Niedergangs. Natürlich machte das seine zahlreichen Treuebrüche oder Baestros Tod nicht wett. Celio empfand keinerlei Befriedigung, auch wenn er den Sturz dieses Mannes von ganzem Herzen herbeigesehnt hatte. Es blieb nichts als ein bitterer Nachgeschmack. Und das umso mehr, als es, so die Nachrichten, zwei Tote und mehrere Verhaftungen von Unschuldigen gegeben hatte. Tshilombos Ränkespiel hatte wie immer fantastisch funktioniert. Bedauerlich nur, dass die in die Falle gegangenen Soldaten es mit ausbaden mussten.

Bei jedem seiner Arbeitseinsätze hatte Celio sich bemüht, nicht über die möglichen Kollateralopfer nachzudenken wie zum Beispiel diesen jungen Varlet bei ihrem Coup gegen Frankreich. Die diesmal verhafteten Soldaten riskierten mehr als nur einen kurzen Aufenthalt im Gefängnis. Schon jetzt gab es zwei Todesfälle zu beklagen. War Makanda das

wert? Zugegeben, Tshilombo war nicht gerade zimperlich vorgegangen. Die in der Nacht gestartete Verhaftungswelle hatte viele mit fortgerissen. Tshilombo war im Augenblick sicher bei der Präsidentschaft, um Glückwünsche entgegenzunehmen und zu diskutieren, wie man die ganze Situation am besten verwerten konnte.
Celio wollte nicht im Büro bleiben und nahm sich den restlichen Tag frei. Er griff nach seiner Jacke, die über seinem Stuhl hing, und verließ den Raum. Die Tür zum Sekretariat stand offen, Angèle war in ihren Computer vertieft.
»Sagen Sie, haben Sie den Stabsfeldwebel heute nicht gesehen?«
»Wie, das wissen Sie nicht?« Celio runzelte die Stirn. »Er und Landu wurden heute Nacht getötet. Man hat Bambas Leiche nicht weit von hier entdeckt. Landu wurde vor dem RTN-Gebäude gefunden. Vermutlich wurden sie von den Rebellen getötet, mehr ist im Augenblick nicht bekannt.«
Celio wurde schwindelig, er musste sich an den Türrahmen lehnen. Die beiden Toten aus den Nachrichten. Wie hatte das geschehen können? Celio kannte die näheren Umstände der Operation nicht und konnte sich nicht vorstellen, wie die beiden Soldaten das Leben verloren hatten.
»Danke, Angèle, das wusste ich nicht. Auf Wiedersehen. Wenn der Chef vorbeikommt, sagen Sie ihm, dass ich erst morgen wieder da bin.«
Die diensthabenden Wachposten draußen waren nicht die gleichen wie sonst. Der marineblaue Geländewagen war auch nicht da. Celio rief einen der Fahrer und ließ sich nach Hause chauffieren. Durch das Wagenfenster sah er, wie das Leben zur Normalität zurückkehrte. In der Stadt lief alles wie in Zeitlupe, aber immerhin. Die Angst der

Nacht hatte sich verflüchtigt. Die Sicherheit war zurückgekehrt, aber Bamba und Landu waren tot. Celio konnte es nicht glauben. Die Information gelangte nicht bis zu seinem Gehirn, ebenso wenig wie die vor seinen Augen vorüberziehenden Straßen seine Netzhaut zu erreichen vermochten.

Durch das Panoramafenster im zehnten Stock drangen das Hupen und die Motorengeräusche der Autos gedämpft zu ihm hinauf, was ihm das Gefühl gab, sich außerhalb der Welt zu befinden. Sein Apartment wurde zu einem Kokon, einer Zuflucht. Tshilombo hatte also die Getreuen Bamba und Landu geopfert! Aber warum nur? Was genau war geschehen? Celio wusste Bescheid über die Herstellung der Videobilder und ihre Auslieferung durch Bamba, aber das Wesentliche war ihm unbekannt. Man hatte ihn nicht einmal über den Start der Operation informiert. Seit er das abgekartete Spiel zwischen Makanda und Tshilombo entdeckt hatte, fiel es ihm immer schwerer, bei dem, was im BÜRO vor sich ging, mitzumachen. Was bitte machte er da außer dem Versuch, Dinge zu stabilisieren, die von Natur aus instabil waren? Es war wie beim *ndombolo*-Tanz, der die schwierigen Lebensbedingungen der Kinshasaer darstellt: Der Tänzer tut so, als setze er seinen Fuß auf ein im Fluss treibendes Brett, welches unter seinem Gewicht unweigerlich versinkt, weswegen er den anderen Fuß auf ein Brett daneben setzen muss, das ebenfalls untergeht und so weiter und so fort. Ein endloser Tanz. Und dabei immer versuchen, weiter zu lächeln. Die Situation gefiel Celio nicht mehr. Den Nachmittag verbrachte er damit, durch sein Apartment zu tigern. Nana rief ihn an, um ihm das Neueste zu berichten. Wegen der Ereignisse der Nacht war bei

RTN den ganzen Tag über viel los gewesen. Sie wollte ihn gegen Abend sehen. Celio sagte ihr, dass er nicht aus dem Haus gehen würde, aber dass sie nach der Arbeit vorbeikommen könne. Sie fand, dass er seltsam klang.
»Der ganze Trubel setzt mir ziemlich zu.«
»Ich weiß. Ich bin gegen Abend da«, sagte sie und legte auf.
Nana kam gegen 18 Uhr. Da er ziemlich niedergeschlagen wirkte, bestand sie darauf, dass er mit zu ihr nach Hause kam. Celio leistete keinen Widerstand und ließ sich mitnehmen. Sie fuhr über die wie üblich sehr belebte Avenue Kasa-Vubu. Etwas beruhigter als noch am Morgen kehrten die Menschen heim. Die Gefahren waren jetzt in weiter Ferne. Celio ließ sich chauffieren. Durch die geöffneten Fenster genoss er die kühle Abendluft auf seinem Gesicht. Sie kamen an der Kasa-Vubu-Brücke vorbei und folgten der gekrümmten Avenue. Vor dem Kreisverkehr von Matonge hatte Celio eine Eingebung. Er war ein, zwei Mal hierhergekommen.
»Bieg hier links ab!«, sagte er und zeigte auf die Rue Kanda-Kanda, in der sich Bambas Wohnung befand.
Celio hatte sich bisweilen gefragt, wie das Leben eines Menschen, der so ganz in seiner Arbeit aufging wie der schweigsame Stabsfeldwebel, aussehen mochte. Hatte er Hobbys? Was tat er nach der Arbeit? Celio wusste, dass seine Familie in Gemena wohnte, aber hatte Bamba ganz allein gelebt? Musste in Kinshasa jemand über seinen Tod informiert werden? Sollten seine Nachbarn es nicht erfahren? Sie hielten vor einem gut instand gehaltenen, kleinen Haus, in dem kein Licht brannte. Der junge Mann stieg aus dem Wagen und betrat das Grundstück, auf dem einsam das Häuschen stand.

Er bemerkte sofort, dass das Schloss nicht vorgehängt war. Er stieß die Tür auf und trat ein. Da nicht mehr gelüftet worden war, herrschte drinnen drückende Hitze. Celio zog die Tür hinter sich zu und suchte nach dem Schalter. Im aufflammenden Licht erschien das kleine, spärlich möblierte Wohnzimmer. Auf einem Tisch lagen, nicht zu übersehen, ein paar Schulhefte. Darauf ein goldener Ohrring, der das Profil der Königin Nofretete darstellte. Neugierig nahm Celio eines der Hefte, blätterte mit der Daumenspitze darin herum und las. Die erst harmlosen Satzfetzen bekamen nach und nach immer mehr Substanz. Es sah aus wie Polizeiprotokolle. Bamba hatte eine Ausbildung als Offizier der Kriminalpolizei absolviert, und das merkte man. Als Celio eine weitere Seite aufschlug, schoss es ihm wie ein elektrischer Schlag durchs Rückenmark: Mehrmals tauchte Tshilombos Name auf. Doch hier ging es nicht um Tshilombo als Chef, sondern um eine andere seiner Facetten, die Celio unbekannt war. Mit gerunzelter Stirn las der junge Mann weiter. Dann sammelte er die Hefte ein, nahm das Schmuckstück an sich und steckte es in die Jackentasche, bevor er im Hinausgehen das Licht löschte.
Wieder bei Nana daheim, befreite diese ihn von seinen Kleidern und gab ihm einen bequemeren Boubou. Sie setzte ihn aufs Sofa und befahl ihm, sich nicht mehr zu rühren. Im Fernsehen ging es um nichts anderes als den Putsch. Celio sah die 20-Uhr-Nachrichten. Nana hatte ihn vorgewarnt: Makanda war tagsüber den Journalisten vorgeführt worden. Jetzt konnte man Makanda Rachidi sehen, wie er mit Handschellen auf dem Rücken und von streng blickenden Militärs umringt dastand. Die zerzausten Haare und sein ratloses Gesicht zeugten von dem, was er seit seiner

Verhaftung wohl hatte erdulden müssen. In den paar Stunden hatte er, wie es schien, mehrere Kilo abgenommen. Der Mann war nur noch der Schatten seiner selbst. Ein Offizier las von einem Rednerpult aus vor, was ihm zur Last gelegt wurde. Mit bereits resignierter Miene hörte der Angeklagte zu. Bei allem, was gegen ihn vorgebracht wurde, musste der Ärmste schon jetzt mit mindestens drei oder vier Todesstrafen rechnen. Tshilombo triumphierte. Die an dem Coup beteiligten Soldaten sah man nicht, aber ihr Verbleib wurde kurz erwähnt. Im Moment wurden sie verhört und standen kurz vor dem Geständnis. Wer denn die Toten in der Geschichte waren, wollte ein Journalist wissen. Der Mann, den man vor dem RTN-Gebäude gefunden hatte, war vermutlich von seinen Komplizen hingerichtet worden, der Tote aus dem Gombe-Viertel dagegen war bei einem Fluchtversuch von den Ordnungskräften erschossen worden. Ihre Namen waren bekannt, durften aber aufgrund der laufenden Ermittlung nicht veröffentlicht werden. Armer Bamba, armer Landu! Jetzt hielt man sie für Verräter, dachte Celio. Ob weitere Verhaftungen zu befürchten waren, fragte einer der Journalisten. Der Offizier warnte die Opposition. Und fügte mit geheimnisvoller Miene hinzu, dass noch Köpfe rollen würden. Daraufhin führte man den Gefangenen herein. Die Bevölkerung würde im Minutentakt über den Fortgang der Geschichte auf dem Laufenden gehalten werden. Na klar, dachte Celio, was hätte die ganze Farce sonst auch gebracht? Tshilombo hatte sein Stück geschrieben, jetzt würde er dafür sorgen, dass es auch aufgeführt wurde, bis zum letzten Akt, bis zur letzten Replik. Er hatte viele spannende Umschwünge vorgesehen. Alles würde perfekt werden. Daran hatte Celio keinen

Zweifel. Das Casting war im Übrigen tadellos. Makanda war noch nie so überzeugend gewesen. Er spielte die Rolle seines Lebens, wenn auch ganz ohne es zu wollen, aber man konnte schon jetzt sagen, dass er einen bleibenden Eindruck hinterlassen hatte.

Daraufhin konnte man die Erstürmung des RTN-Turms durch die Ordnungskräfte miterleben, als wäre man selbst dabei gewesen. Die Aufführung war gelungen. Die Regierung ging aus dieser Machtdemonstration gestärkt hervor. Nana schaltete den Fernseher ab, merkte aber, dass es Celio schwerfiel, seine Gedanken abzuschütteln. Sie konnte sich vorstellen, welche Zweifel er hatte, wollte ihn aber nicht irgendwie beeinflussen. Sie kannte ihn gut genug, um zu wissen, dass die Ereignisse der Nacht ihn ernsthaft erschüttert hatten. Celio hatte ihr klar gesagt, dass sein Beitrag zu der Operation nur sehr gering gewesen war, aber er war beschmutzt, und das weitaus mehr, als ihm lieb war. Nana hatte immer gewusst, dass der Weg, den er eingeschlagen hatte, nicht wirklich das war, was er gewollt hatte. Sie kannte den Gang der Rädchen im Staatsgetriebe, sie war selbst eines von ihnen.

Wer viel gelitten hat und wie Celio über große Widerstandskraft verfügt, kann durch das Mitleid mit anderen geschwächt werden. Man erträgt nur schwer, was hart ist und Hoffnungslosigkeit oder Tod bringt. Im Moment, dachte Nana, wurde Celio gehörig gebeutelt. Diese Toten und diese Unschuldigen würden ihn noch eine ganze Weile verfolgen. Um damit fertigzuwerden, würde er seinen Zweifeln und seinen Fragen auf den Grund gehen müssen.

In dieser Nacht versuchte Nana, die Qualen ihres Geliebten mit allen Mitteln der Liebe zu lindern. Sie tat alles, damit sich der Ehrgeiz, der ihn verzehrte, auf das Feuer konzentrierte, das in ihr selbst brannte. Diese Glut strahlte bis in Celios Innerstes. Nanas Hände, die über seinen Körper wanderten, steigerten die Empfindung noch. Er versuchte zu widerstehen, aber im Kontakt ihrer Körper zerfloss plötzlich die Wahrnehmung von Raum und Zeit. Nana zog diesen Zustand in die Länge, bis alles, was da an Stolz und Ehrgeiz war, das Bleiberecht verlor. Sie brauchte fast die ganze Nacht, um ihn zu erschöpfen. Durch große Geduld und Zärtlichkeit lockte sie mit ihren Lippen Angst und Schuldgefühle, die noch in ihm waren, aus jeder Pore seiner Haut. Und so gelang es ihm, eine strahlende Welt zu erahnen, golden schimmernd wie Nanas sanfte Haut. Seine einzige Aussicht waren nun die hügelig weichen Landschaften ihres Körpers, die in ihren Wölbungen Ströme von Emotionen bewegten wie Feuerkugeln, die ihm den Atem nahmen. Eine überwältigende Helligkeit traf ihn wie das Gleißen einer Offenbarung, bevor er unterging und sich davontragen ließ von etwas, das ihm wie eine süße Gewissheit erschien, die einfache und einzigartige Gewissheit von Nanas Existenz und ihrer Präsenz in seinem Leben.

Das ging zwei Tage. Während dieser Zeit dachte Celio über sein Schicksal und sich selbst nach. Er verließ die Wohnung der jungen Frau nicht mehr. Während sie arbeiten ging, blieb er, in seinen Gedanken gefangen, allein im Haus. Er rief im BÜRO an und meldete sich unter dem Vorwand eines Malariaanfalles krank. Er brauchte Zeit zum Nachdenken. Er fühlte sich nicht mehr imstande, für das Informations- und Planungsbüro zu arbeiten und das Volk und die ganze Welt zu belügen. Seine Intelligenz hatte etwas Besseres verdient.

Sein Verstand lag im Clinch mit den Entscheidungen, die ihn auf den Weg zu einem gewissen Überfluss und einer gewissen Macht gebracht hatten. Und so dauerte es nicht lange, bis der junge Mann sich wieder gefangen und begriffen hatte, was er wirklich war. Das BÜRO zu verlassen, hätte allerdings auch zur Folge, dass Tshilombo für ihn unerreichbar wurde. Und das passte Celio momentan gar nicht, denn er sann auf Rache.

Wie eine depressive Raubkatze war er hin- und hergewandert, gequält von Ungewissheit und den unablässig widerhallenden Namen Baestro, Tshilombo und Bamba. Der arme Bamba und seine seltsame Beziehung zu Tshilombo. Diese Beziehung, die, wie die Hefte nahelegten, nichts von einem Verhältnis zwischen Chef und Untergebenem hatten. Was der Stabsfeldwebel im Übrigen mit dem Leben bezahlt hatte. Celio konnte es noch immer nicht fassen. Sein Blick wanderte zu den Heften, die er bei dem alten Soldaten gefunden hatte. In aller Unschuld lagen sie vor ihm. Banale Schülerhefte mit einem Elefanten oder einem Zebra vorne auf dem Einband. Celio nahm eines. Mit der flachen Hand glättete er unwillkürlich die Eselsohren. Sein abwesender Blick war auf einen imaginären Punkt gerichtet, um den herum sich in seinem Geist eine Skizze zu formieren begann.

Tshilombo war perplex. Was sollte er von dem Benehmen seines Beraters halten? Der betrachtete ihn ruhig, nur seine Augen waren ein wenig blutunterlaufen. Er hatte wahrscheinlich eine schlimme Nacht hinter sich. Sein naiver Blick war verschwunden. Tshilombo erschien er sogar ein bisschen nervös. Offenbar strengte er sich an, gleichgültig zu wirken. Er hätte auf Anhieb wissen müssen, dass der junge Mann ihm eines Tages entgleiten würde. Hatte er je eine Ahnung gehabt, wer dieser Celio Matemona war? Erst heute, und das schien unglaublich, wurde ihm klar, wie wenig er über ihn wusste. Geblendet von Celios Selbstsicherheit und der Lebendigkeit seiner Intelligenz, hatte er ihn damals eingestellt. Aber war es überhaupt Intelligenz? War der junge Mann nicht vielleicht nur ein Durchschlängler, wie es ihrer so viele in Kinshasa gab? Schwer zu sagen. Aber der Direktor stellte sich die falsche Frage, denn die Angehörigen dieser Bruderschaft schmieren den anderen normalerweise Honig ums Maul, um sie besser täuschen zu können. Von Celio konnte man das nicht gerade behaupten. Sie hatten zusammengearbeitet, ohne dass Tshilombo versucht hätte, mehr über die Persönlichkeit seines Beraters zu erfahren. Er musste zugeben, sie hatten gemeinsam ziemlichen Erfolg, aber wer war eigentlich dieser Typ mit dem Hungerleiderlook, den er damals bei Mutter Bokeke getroffen hatte? Heute ging der junge Mann mit erhobenem Haupt und erlaubte sich sogar, alle anderen überflügeln zu wollen. Dabei würde er ohne seinen derzeitigen Posten noch immer in bitterer Armut dahinvegetieren. Die waren doch alle gleich. Undankbares Pack. Trotzdem, Tshilombo konnte nichts dagegen tun. Wenn Celio gehen wollte, dann war das sein Recht, obwohl ... Gonzague Tshilombo betrachtete lange das Kündigungsschreiben vor sich. Warum ging er? Und warum jetzt? Er sah auf und blickte seinem bereits ehemaligen Untergebenen tief in die Augen, in der Hoffnung, darin eine Antwort zu lesen. Er spürte, wie eine dumpfe Wut in ihm aufstieg, aber als sie sich nirgendwo festsetzen konnte, verschwand sie nach ein paar Sekunden der Verirrung von allein wieder.

»Ich sehe schon, kein Argument wird Sie aufhalten. Sie können gehen, wenn es das ist, was Sie wollen. Alles, was ich Ihnen wünschen möchte, ist Glück für die Zukunft. Wegen der Verwaltungssachen gehen Sie in ein, zwei Tagen bei Angèle vorbei. Es war ein Vergnügen, mit Ihnen zu arbeiten.« Celio setzte ein höfliches Lächeln auf, drückte seinem Exchef die Hand und verließ den Raum.

So gab Celio Matemona genannt Celio Mathematix seine Stelle beim Informations- und Planungsbüro auf und wurde wieder arbeitslos. Er war zufrieden, dass er seine Kündigung eingereicht hatte, dennoch folgte eine Art Depression, die ihn eine Woche lang lähmte. Ganz untätig blieb er jedoch nicht. Zuerst einmal räumte er seine persönlichen Sachen aus dem Apartment und brachte sie zu Nana. Während dieser Zeit las er immer wieder Bambas Hefte. Erstaunlich, wohin die Frustration einen Menschen führen konnte. Bamba lag das Ermitteln mehr als die Aktion. Und um das, was ihm fehlte, zu kompensieren, hatte er eine Befriedigung darin gefunden, Hefte vollzuschreiben mit Schlussfolgerungen über Ereignisse, die das Leben in Kinshasa begleitet hatten. Da waren nie abgeschlossene Ermittlungen über ganz in Vergessenheit geratene Verbrechen. Aber auch der Fall der fingierten politischen Versammlung, bei der Baestro den Tod gefunden hatte. Die Operation »Mokili ebende«, wie Bamba sie genannt hatte. Celio las die Details, die er nicht kannte. Sie bestätigten, was er schon wusste. Baestro und die anderen Leidtragenden der Geschichte waren ganz bewusst Tshilombos und Makandas Ambitionen geopfert worden. Celio stieß auch auf den Fall Varlet, an dem er selbst direkt beteiligt gewesen war. Er war wirklich nicht stolz darauf. Der junge Franzose war eine leichte Beute gewesen. Und dann las er jene verblüffenden Dinge über Tshilombo. Der junge Mann fragte sich, ob nicht sogar Bambas Tod mit den Enthüllungen in diesen Heften zusammenhing. Der Zufall existierte in ihrem Business nicht. Mit den Heften hielt Celio brisante Informationen in der Hand, die er durchaus zu nutzen gedachte. Der Prozess gegen die Aufständischen würde in einigen Wochen beginnen, und seit die Rebellen den falschen Leutnant Bamba als Macher des gescheiterten Putsches genannt hatten, war dieser überall bekannt. Und der junge Mann hatte vor, ihn noch bekannter zu machen. Bamba war eigentlich nicht, was man einen Freund nennt, aber er wollte posthum etwas für ihn tun, und ein paar Wochen waren mehr als genug, um seine Pläne zu verwirklichen.

»Trink!« Ein wenig überrascht gehorchte Celio. Die beiden Männer hatten sich im Büro des Priesters getroffen. Dieser sah Celio jetzt mit einem schalkhaften Lächeln an. Der Alkohol, den er eben in einem Zug hinuntergestürzt hatte, brachte seine Augen zum Glitzern. Pater Lolos war sichtlich erfreut über die Neuigkeit, die Celio ihm überbrachte. »Trink, Celio, trink. Die Heilige Schrift empfiehlt, von Zeit zu Zeit ein Gläschen Wein zu trinken, das ist gut für den Magen. Zugleich prangert sie Maßlosigkeiten aller Art an. Ich freue mich, dass es dir gelungen ist festzustellen, dass das, was du getan hast, etwas Maßloses an sich hatte. Die Maßlosigkeit tötet, Celio, vergiss das nicht. Das BÜRO hätte das Wertvollste in dir getötet.«
Der junge Mann war auf einen Besuch bei dem Pater vorbeigekommen, um ihm mitzuteilen, dass er im BÜRO ge-

kündigt hatte. Und der alte Priester hatte mit seiner Freude nicht hinterm Berg gehalten. Er war der Ansicht, dass sich die Intelligenz seines Schützlings für andere Aufgaben einsetzen ließ.
»Was willst du jetzt machen?«
»Ich weiß noch nicht, ich lasse mir Zeit.«
»Tu, was du willst, aber vergiss die Regierung, das ist nichts für dich. Ich verstehe ja, dass du arbeiten musstest, aber nicht auf die Gefahr hin, dir die Flügel zu verbrennen. Nimm Rücksicht auf dein innerstes Wesen. Du wirst nie ein Lump werden, Celio. Wie dem auch sei, ich bin stolz, einen Sohn wie dich zu haben.« Der junge Mann sah den alten Priester an, der sich gegen seinen Schreibtisch lehnte, ein verschmitztes Lächeln auf den Lippen wie einer, der eben einen schlechten Witz gerissen hat.

X

Die finalen Kurven

Beim Alten Isemanga waren wie immer lebhafte Diskussionen im Gange. Celio saß auf der Bank und dachte über das nach, was der alte Priester ihm gesagt hatte. Er hatte tatsächlich aus Eitelkeit gesündigt. Das Schwindelgefühl, mit den Spitzen des Staates in Berührung zu kommen, und das Bedürfnis nach Anerkennung hatten ihn dazu gebracht, seine Talente zu benutzen, um schreckliche Dinge zu tun. Und das alles, um letztendlich die Menschen zu verraten, in deren Mitte er jetzt saß. Die Menschen, die ihm am nächsten standen. Heute waren die üblichen Angestellten, die um die Ecke arbeiteten, da. Trickson, der junge Vertrauensmann Sera Sera und Face ya Yézu waren mit von der Partie. Der Alte Isemanga wendete mit fachmännischen Bewegungen die Fleischspieße über ihrem Kissen aus Glut.
»Ihr jungen Leute, ihr habt ja keine Ahnung!«
»Es reicht, Alter. Wir wissen, dass ihr in deiner Generation intelligenter wart.«
»Das ist die Wahrheit! Seht euch doch diese Soldaten an, die Staatsstreiche machen und sich wie blutige Anfänger schnappen lassen. Ignoranten! So führt man doch keine Operation durch. Da sind ja sogar die Tiere schlauer. Die

haben zu schnell losgelegt, ohne nachzudenken. Ein Tausendfüßler hat mehr Köpfchen als die. Wir waren da zu unserer Zeit cleverer, wir haben die Natur beobachtet, wir haben auf die Alten gehört. Ich kenne ein krabbelndes Insekt[45], das, wenn es sich paaren will, keine Mittel scheut, um zu bekommen, was es will. Um sich fortzupflanzen, benutzt das Tierchen eine geniale List. Zuerst produziert es einen Seidenfaden, der am hinteren Ende seines Körpers herausquillt. Diesen Faden befestigt es irgendwo am Boden, dann krümmt es seinen Schwanz in die Höhe. Dass es aussieht wie ein Bogen. An seiner Schwanzspitze befindet sich sein Geschlechtsorgan. Daraufhin lässt es ein paar Tropfen seines Samens den Faden entlanggleiten. Sein Weibchen wiederum, das sehr kurzsichtig ist, bewegt sich fort, indem es seinen ebenfalls nach oben gebogenen Schwanz als Blindenstock verwendet. Wenn es den Seidenfaden berührt, folgt es ihm. Und bis wohin? Bis zu den Spermatropfen, die es einen nach dem anderen mit seinem Geschlechtsorgan, das sich ebenfalls an seinem Schwanz befindet, aufsaugt. Wenn das Weibchen auf den ersten Tropfen stößt, freut es sich mächtig. Es kann gar nicht anders, es freut sich und nimmt auch die restlichen Tropfen genüsslich auf, einen nach dem anderen. Einen nach dem anderen, denn auch Kleinvieh macht Mist, meine Kleinen. Das habe ich ja schon immer gesagt, und das denkt auch das Insekt, von dem ich spreche und dessen Name mir nicht mehr einfällt. So viel, um euch zu zeigen, dass man die Dinge mit einem guten Plan und in Etappen angehen muss. Und nicht *ngulu ngulu*[46].«

---

45. Es handelt sich um den Felsenspringer.
46. Wörtlich »Schwein Schwein«: wild durcheinander.

Die Anwesenden hatten ihn minutenlang erzählen lassen, jetzt lachten sie sich natürlich schlapp. Der Alte redete jeden Tag noch unglaublicheres Zeug daher. Man kommentierte die Geilheit des Insekts und die des Alten.
»Alter, du bist mystisch!«, rief Trickson.
»Wir glauben dir nicht mehr«, setzte Sera Sera nach. »Was soll denn das für ein Tier sein, das die Lage so unter Kontrolle hat? Was, er lockt die *go* in die Falle, indem er ihr Spermium auf einer Girlande präsentiert? Was für ein Perversling! Alter, mach mal halblang!«
Der Alte hat Recht, dachte dagegen Celio. Die einfachsten Gedankengänge waren oft die besten. Er selbst hatte immer das Komplizierte gesucht, mit Theoremen und Spekulationen hantiert. Und mit welchem Ergebnis? Manchmal war es notwendig, die ganz grundlegenden Begriffe anzuwenden. Eins und eins macht zwei. Zwei und eins macht drei. Durch dieses Axiom erreicht das kleine Tier sein Ziel. Ganz einfach. Ohne irgendetwas demonstrieren zu müssen, auf ganz durchsichtige Weise. In Celios Geist erschienen die großen Namen: Kabeya Mutombo, Archimedes von Syrakus, Apollonios von Perge, Georg Ferdinand Cantor, Pythagoras; all jene, die aus ihm das gemacht hatten, was er heute war; die es ihm ermöglicht hatten, diese so komplizierte Welt zu erfassen. Dann dachte er gerührt an Einstein, den »alten Einsch«, wie er ihn bei sich nannte. Der hatte gewusst, dass alles relativ ist. Dass das Offensichtliche es nie in jedem Moment, an jedem Ort auf dieselbe Weise ist. Der junge Mann war davon überzeugt, dass er diesmal wie das kleine, lüsterne Insekt vorgehen musste. Genau so konnte er es machen, aber vorher musste er nachdenken.

»Mboyo, Boketshu!«
»Ja, Onkel Celio!«, antworteten die herbeilaufenden Zwillinge.
»Hier, für euch«, sagte Celio und reichte ihnen den *Abriss der Mathematik*, den er eben aus seiner Aktentasche geholt hatte. Ohne auch nur ein Dankeschön schnappte sich der schnellere der Kleinen das Buch und flitzte los, dicht gefolgt von dem anderen. Celio sah ihnen eine Weile zu, wie sie sich zankten, um sich dann nebeneinander in den Staub zu setzen und das Lehrbuch aufs Geratewohl aufzuschlagen. Für die beiden fing hier vielleicht eine neue Geschichte an. Er selbst musste noch Mittel und Wege finden, wie er das Axiom vom kriechenden Insekt anwenden konnte, um das Ziel zu erreichen, das er sich vor Kurzem gesteckt hatte: Tshilombo Staub fressen lassen, in der Hoffnung, dass er daran auch gleich erstickte.
Die Veröffentlichung einiger Auszüge aus den Heften des Stabsfeldwebels Bamba schlug ein wie Kanonendonner während der Siesta. Celio hatte mit Bedacht drei der einflussreichsten Tageszeitungen ausgewählt, um den Inhalt der Hefte – die geheimen Notizen eines Aufrührers –, unter die Leute zu bringen. Die Chefredakteure waren selbstverständlich begeistert, auf einen solchen Knüller zu stoßen. Per Telefon hatte Celio mit den Zeitungen aushandeln können, dass jeweils nur ein kleiner Teil der Notizen veröffentlicht wurde. Die zuständigen Stellen und im Besonderen Tshilombo würden unweigerlich auf den Plan treten und dem Abenteuer einen Riegel vorschieben, und zwar gleich nach Erscheinen der ersten Notizen. Wenn der Name Tshilombo in der Presse auftauchte, war es Celio lieber, Vorkehrungen zu treffen und die Risiken zu streuen.

Der erste Artikel erregte überall Aufmerksamkeit, denn die Hefte brachten einen längst zu den Akten gelegten Fall wieder auf den Tisch: die Frauen mit den verstümmelten Brüsten, deren Leichen man in schäbigen Hotels der Randbezirke aufgefunden hatte. Die Hefte gingen der Spur des »groß gewachsenen Mannes« nach, der zur Zeit der Morde in aller Munde gewesen war. Nun konnte man lesen, dass Stabsfeldwebel Bamba Togbia auf eigene Faust parallel zur offiziellen Ermittlung Nachforschungen angestellt hatte. Die Bevölkerung lernte dabei einen erfahrenen Spürhund kennen, der besser bekannt war unter dem Beinamen »der falsche Leutnant«.

Die Tageszeitung, in welcher der Auszug erschien, hatte den Text mit Bedacht auf der ersten Seite platziert. Es ging darin zwar nicht um den eigentlichen Putsch, aber egal, die Geschichte stieß auf enormes Interesse. Sie begann wie folgt:

Ich hatte bereits über diesen »groß gewachsenen Mann« nachgedacht. Wer konnte sadistisch genug sein, um eine Brust mit den Zähnen abzureißen, fragte Bamba sich in dem Heft. Und er fuhr fort:

Ich ging von der Idee aus, dass ein solches Serienverbrechen in Afrika nur im Zusammenhang mit der Hexerei stehen konnte, und zwar mit der Hexerei im großen Stil! Irgendjemand wollte etwas sehr Wichtiges erreichen. Und wer, wenn nicht ein großer Chef hatte schon derartige Ambitionen mit solchen Konsequenzen? Ich, Stabsfeldwebel Bamba, ich kenne diese Serienmörder. Ich habe sie in der Zeitschrift Détective *studiert. Dort habe ich gelesen, dass diese Art Kriminelle in der Regel weiße Männer zwischen dreißig und fünfundvierzig Jahren sind. Aber in Kinshasa haben die Weißen Besseres zu tun, als*

Frauenbrüste abzureißen. Also richtete sich meine Ermittlung auf das Milieu der Fetischisten. Ein mysteriöses, undurchsichtiges Milieu. (Hierauf tauchten in dem Bericht erstmals der Name »Mbuta Luidi« und das Wort »Chef« auf.)

Als ich eines Tages den Geländewagen in der Nähe des Hauses von Mbuta Luidi parkte, sah ich den Wagen des Chefs und darin ihn selbst am Steuer, er hatte wohl eben die Hütte des Alten verlassen. Die Sache an sich war ja nicht außergewöhnlich, auch der Chef hatte das Recht, sich beraten zu lassen. Ich wunderte mich trotzdem.

Ich hatte bereits versucht, Mbuta Luidi über die rituellen Opfer zu befragen. Mit Ausflüchten verbarg er die Wahrheit vor mir. Er wollte mir nichts sagen. Aber über Andeutungen ließ er mich trotzdem wissen, dass er bisweilen, wenn auch ungern, befeuchtete Schamhaare verlangte, die einer Frau während des Beischlafs herausgerissen werden mussten. Er sagte, dass er nicht weiter ging, er war ja nicht bösartig. Seine Kollegen dagegen ... Ob Schamhaare oder Frauenbrüste, dachte ich, die Größe des Opfers hing davon ab, was auf dem Spiel stand. (Der weitere Bericht handelte von anderen Spuren, die Bamba verfolgt hatte.)

Ich machte die drei größten Hexer der Stadt ausfindig. Das war nicht weiter schwierig. Ich fragte Mbuta Luidi, der von sich behauptete, der beste von allen zu sein. Er nannte die Namen seiner zwei nächsten Konkurrenten und nutzte die Gelegenheit, sie ganz nebenbei verbal zu verfluchen. Mehrere Tage lang legte ich mich bei den besagten Meistern auf die Lauer. Ich bemerkte eine große Zahl an großzylindrigen Wagen, die bei den Fetischisten vorfuhren, aber die Nummernschilder aufzuschreiben, hielt ich nicht für angebracht. Mir fiel nichts Besonderes auf. Und da mir meine Intuition nichts einflüsterte, nahm ich schließlich mit dem Chef vorlieb. Mein Jagdinstinkt brachte mich dazu, mir ihn und sein Tun und Treiben vorzunehmen. (So endete der erste Auszug aus Bambas Heften.)

Celio hatte gut daran getan, den Inhalt der Notizen nicht einer einzigen Zeitung anzuvertrauen. Sicher hatte so manch einer die Enthüllungen des verblichenen Stabsfeldwebels Bamba Togbia voller Angst gelesen, und die Reaktionen würden nicht auf sich warten lassen. Und tatsächlich war der Tag noch nicht vorüber, da stürmte ein Trupp Soldaten den Sitz der Zeitung und verlangte vom Chefredakteur die Hefte, ein unentbehrliches Beweisstück für die Ermittlung. Der Journalist wurde abgeführt, wich aber keine Sekunde von seiner Verteidigungslinie ab: Er hatte eine E-Mail mit dem Text sowie dem Versprechen erhalten, dass die nächsten Auszüge folgen würden, sobald der erste veröffentlicht war. Mehr sagte der Mann nicht, er schützte seine Quelle bis zuletzt. Während das breite Publikum begierig war, den Namen des erwähnten »Chefs« zu erfahren, ahnte man in seiner näheren Umgebung allmählich, um wen es sich handelte, da man ja wusste, für wen der Urheber der Enthüllungen arbeitete.
Einige Tage später war eine andere Zeitung am Zug und lieferte weitere Einzelheiten.

Da ich den Chef schon in Reichweite hatte, beschloss ich, mich auf ihn zu konzentrieren. Wie ich ihn so Tag für Tag in seinem Alltag betrachtete, hätte mich nichts auf irgendeine Spur bringen können, aber ich beobachtete ihn weiter, gleichgültig wie ein Wissenschaftler, geduldig und hartnäckig, wobei ich vergaß, dass er mein Boss war. Am Tag des nächsten Mordes hatte die Neuigkeit schon vor acht Uhr morgens Matonge erreicht. In einem Hotel in der Nähe der Eukalyptusbäume von N'djili war die Leiche einer Frau mit verstümmeltem Busen aufgefunden worden. An jenem Morgen hatte ich es sehr eilig zu sehen, wie der Chef aufgelegt war. Er tauchte gegen zehn im Büro auf, todschick wie immer. Vielleicht ein bisschen fröhlicher. Irgendwie befriedigt.

Seit ich angefangen hatte, mich für ihn zu interessieren, war es mir zur Gewohnheit geworden, ihn sehr genau zu beobachten, über seine jeweilige Laune nachzudenken und regelmäßig seinen Wagen zu waschen, um, nun ja, einen Blick darauf zu werfen. Die Polstersitze abzusuchen, um vielleicht Spuren, einen Anhaltspunkt zu finden. An jenem Tag wurde meine Geduld belohnt. Unter dem Beifahrersitz entdeckte ich das Schmuckstück einer Frau. Einen goldenen Ohrring, der das Profil einer ägyptischen Königin darstellte. Bestimmt war er bei einem stürmischen Liebesspiel verloren gegangen. Ich steckte den Schmuck ein. Später würde ich weitersehen. Später kam schnell. Ich beschloss, dem für die Ermittlungen zuständigen Offizier einen Besuch abzustatten. Ein anständiger junger Mann, Stabsfeldwebel wie ich, respektvoll gegenüber den Älteren. Da wir Kollegen waren, gab er mir ein paar Informationen über die Ermordete. Vor allem ihre Adresse, sie hatte bei ihren Eltern gewohnt. Die Geschichte hatte ganz banal begonnen. Eine junge Frau trifft eines Abends einen Unbekannten. Sie beschließen, ein Hotelzimmer zu nehmen, wo sie dann erwürgt wird. Vor ihrem Tod hatte sie sich heftig gewehrt. Scheinbar war es nicht zum Geschlechtsverkehr gekommen. Die Angaben über den Mann waren sehr vage. Groß gewachsen, so die Aussage der Angestellten, mehr war nicht bekannt. Ich dankte dem Stabsfeldwebel und ging. Viel wusste ich nicht, aber was er mir mitgeteilt hatte, erlaubte es mir, mit meiner Ermittlung weiterzumachen.

Mit der Adresse in der Hand ging ich die Eltern der Frau besuchen. Sie wohnten in Ngaba. Ich fand nur die Mutter und einen großen Bruder, langzeitarbeitslos, nach seinem müden Aussehen zu urteilen. Ich gab mich für einen der mit der Ermittlung betrauten Inspektoren aus. Meinen Militärausweis brauchte ich nicht vorzuzeigen. Mein Blick und der Geländewagen sprachen für sich. Als ich den Ohrring hervorholte, stieß die Mutter einen schrillen Schrei aus und warf sich zu Boden. Erfolglos versuchte ihr Sohn, sie zu trösten. Mehr brauchte ich nicht zu wissen. Der Schmuck hatte tatsächlich dem Opfer gehört. Ich erstarrte vor dieser Gewissheit, aber meiner Entschlossenheit tat das keinen Abbruch. Der Mörder all dieser armen Frauen war also vielleicht wirklich der Chef, der Mann, an den niemand gedacht hatte? Was würde ich mit dieser Information anfangen? Sie unter die Leute bringen? Aber wozu? Was ich in der Hand hatte, war für eine Verhaftung oder sonst etwas sowieso nicht ausreichend. Er war zu mächtig. Meine Meinung aber stand fest. Ich beschloss, sie vorerst jedoch für mich zu behalten und abzuwarten. Dabei ließ ich es aber nicht bewenden.

Unglücklicherweise habe ich die Schule nur kurz besucht. Das Militär hat mich in ganz jungen Jahren eingefangen. Aber fürs Zeichnen hatte ich schon immer eine Begabung. Ich hätte Künstler werden können. Die Kinder liebten es, wenn ich ihnen kleine Dinge zeichnete, Blumen, Menschen. Dieses Talent half mir jetzt. Ich zeichnete ein nahezu perfektes Phantombild von Tshilombo, mit dem ich in die Hotels ging, wo die Morde stattgefunden hatten. Es war nicht leicht, die Angestellten aufzuspüren, die in der Nacht des Verbrechens an der Rezeption gearbeitet hatten. Ich fragte mich durch und fand einen von ihnen ganz in der Nähe in seinem Viertel. Genau wie der Hotelangestellte, den ich zuvor getroffen hatte, erklärte er mir, dass meine Zeichnung tatsächlich dem Mann ähnelte, der in jener Nacht das Mädchen begleitet hatte. Mein Verdacht erhärtete sich. Ich war jetzt im Besitz einer entscheidenden Information, die sehr weh tun konnte. Warum aber sollte ich sie sofort ausnutzen? Die Zeit würde schon noch kommen, um sie auszuschlachten. Ohne es darauf angelegt zu haben, hatte ich Gonzague Tshilombo in der Hand. Was ich über ihn wusste, würde sich irgendwann hundertfach für mich auszahlen. Die Zukunft lacht dem, der zu warten versteht. So lange schon hatte sie mir die kalte Schulter gezeigt, jetzt wurde es Zeit, dass sich das änderte.

So endete der zweite Teil von Bambas Heften, Tshilombos Name war gefallen. Zum ersten Mal, seit dieser auf seinem Posten saß, verlor er die Beherrschung. Die Diskretion war ihm zur zweiten Natur geworden, jetzt geriet er in Panik. Sein Name prangte auf der ersten Seite einer Zeitung und noch dazu in einem Artikel über einen psychopathischen Killer. Die Geschichte war bislang sein Geheimnis gewesen, plötzlich brach alles auseinander. Er hatte keine Wahl gehabt, er musste diese Taten begehen. Wenn man eine gewisse Stellung zu verteidigen hat, darf man keine halben Sachen machen. Wer würde das verstehen? Alle würden sie über ihn herfallen.
Tshilombo hatte seine Männer zu der Tageszeitung geschickt, die die Informationen veröffentlicht hatte, aber sie hatten nichts ausrichten können. Er konnte ja schlecht sämtliche Exemplare in der Stadt beschlagnahmen lassen! In höchster Not tigerte er an diesem Morgen durch sein Büro,

als sein Telefon beunruhigend vibrierte: Es war der Präsident der Republik.
Aber das war noch nicht alles. Der Gnadenstoß kam mit dem letzten Artikel, den die Bevölkerung mit größter Spannung erwartet hatte: die Episode des Staatsstreichs. Bislang war davon noch nicht die Rede gewesen. Der Textauszug, der Tshilombo den Rest geben würde, begann so:

Ich hätte meine Schlussfolgerungen für mich behalten können, wenn mir dieser Dreckskerl als Lohn für den Putsch nicht zweitausend Dollar angeboten hätte. Den RTN-Turm stürmen und über den Nationalsender eine Proklamation ausstrahlen, für nur zweitausend Dollar? Für wen hält der mich? Da war ich gezwungen, ihm zu sagen, was ich über die Ritualmorde wusste. Kaum hatte ich das Thema angeschnitten, wurde Tshilombo äußerst aufmerksam. Er hörte mir schweigend zu wie einem Onkel, der Ratschläge verteilt. Er hat mich nicht ein einziges Mal unterbrochen, wahrscheinlich fragte er sich, durch welchen Zufall ich seine Machenschaften entdeckt hatte. Ich habe ihm alles erzählt. Dass es meine Gewohnheit ist, zu gewissen interessanten Fällen Ermittlungen anzustellen. Wieso ich angefangen hatte, mich für die Hexer der Stadt und ihre Praktiken zu interessieren. Ich habe ihm erklärt, wie ich auf Mbuta Luidi gekommen bin. Zuerst einmal, weil ich eines Tages gesehen hatte, wie Tshilombo seine Hütte verließ, und auch weil der alte Fetischist hin und wieder Teile des menschlichen Körpers für seine Riten verlangte. Ich sprach von meiner Geduld. Er sollte bloß nicht glauben, ich hätte mich in ihn verbissen. Persönlich hatte ich nichts gegen ihn. Der Beweis? Hatte ich die Resultate meiner Ermittlung nicht bis jetzt für mich behalten? Ich erzählte ihm von dem Phantombild, das

ich von ihm angefertigt hatte. Die Hotelangestellten waren sich absolut sicher. Sie meinten, ich sei talentiert, das Porträt hatte wirklich Ähnlichkeit mit dem Mörder.
Es war das erste Mal, dass ich gegen jemanden in meiner nächsten Umgebung ermittelte. Ein Kinderspiel. Es war noch nie so leicht gewesen. Aber obwohl ich die Beweise für Tshilombos Schuld in Händen hielt, wollte ich ihm nicht schaden, und auch seine Motive waren mir egal. Jeder strebt im Leben nach etwas. Er war schließlich mein Chef. Wir arbeiteten schon lange zusammen. Er war immer gut zu mir gewesen. Aber dieser Dreckskerl wollte mich für lausige zweitausend Dollar in einen Staatsstreich verwickeln! Wenn wir seit so langer Zeit dieses Geheimnis teilten, waren wir dann nicht so etwas wie Komplizen, stärker verbunden als Blutsbrüder? Es war nicht schwer, ihn davon zu überzeugen, mir für meine Dienste und mein Schweigen zwanzigtausend zu geben.
Heute ist der große Tag. Diese Worte sind die letzten, die ich in mein Heft schreibe. Alles ist bereit. Der Chef hat mir heute Morgen als Anzahlung zehntausend Dollar übergeben. Ich brauche nur noch die Männer an der Matete-Brücke abzuholen, das Ding durchzuziehen und diese verfluchte Stadt ein für alle Mal zu verlassen. Aber ich traue dem Frieden nicht. Tshilombo ist ein Schurke. Er ist wie der Leopard, er greift von hinten an. Was hat er mit mir vor? Ich an seiner Stelle würde erst einmal zum Schein alles akzeptieren und dann die Bedrohung ausschalten, sobald ihr Urheber seinen Dienst getan hat. Wenn Tshilombo etwas gegen mich unternehmen will, dann heute, während der Operation oder direkt danach. Ich mache mich auf alles gefasst. Ein schlechter Mensch bleibt ein schlechter Mensch.

So endete das Testament von Stabsfeldwebel Bamba Togbia.

In der Öffentlichkeit bestand kein Zweifel an Tshilombos Schuld. Während Makanda Rachidi den versuchten Staatsstreich initiiert hatte, war Tshilombo der Organisator gewesen. Er hatte den bewaffneten Arm gelenkt. Die Zeitung, die das veröffentlichte, bekam keinen Ärger, denn Tshilombo machte sich zwischenzeitlich ganz klein. Sicher suchte er einen Weg, die schrecklichen Anschuldigungen zu entkräften. Die anderen Zeitungen griffen die Informationen natürlich auf, und man begann, sich ernsthaft für Tshilombo zu interessieren. Man durchleuchtete seinen beruflichen Werdegang. Man stellte Vermutungen über seine politische Identität an. Was hatte er mit diesem Gewaltstreich bezweckt? Worauf wartete man nach all diesen Enthüllungen noch, um ihn festzunehmen? Man stellte sich Fragen, aber es gab Dringlicheres: den Prozess gegen Makanda und die Aufständischen beziehungsweise »die Bande der dreizehn«, wie man sie von nun an nannte.
Dieser fand am Militärgerichtshof statt und wurde im Nationalprogramm ausgestrahlt, wo er von der ganzen Bevölkerung mitverfolgt wurde. Es waren zwei Tage Verhandlungsmarathon angesetzt, man wollte schnellstmöglich fertig werden. Als Makanda in dem völlig überfüllten Gerichtssaal erschien, gab es einen Moment der Unschlüssigkeit. Ein Murmeln erhob sich im Saal, das aber sofort von den Hammerschlägen des Vorsitzenden Richters unterbunden wurde. Makanda Rachidi hatte etwas von seinem Hochmut zurückgewonnen. Er war nicht mehr der Schatten, den man vor ein paar Wochen flüchtig im Fernsehen gesehen hatte. Das Tier war noch bereit zu brüllen. Mit gespitztem Ohr lauschte Makanda den Ratschlägen seiner Anwälte, allesamt junge Offiziere, die das Gericht als Pflichtverteidiger

bestellt hatte. Die mit ihm angeklagten Soldaten drängten sich neben und hinter ihm. Sie sahen ziemlich verloren aus. Der Gerichtsschreiber verlas die Anklageschrift. Sie war unerbittlich: Hochverrat, Mord, versuchter Mord und Gründung einer kriminellen Vereinigung. Der Mord an einem mutmaßlichen Komplizen, dem Gefreiten Landu, wurde ihnen zur Last gelegt. Für jeden der Beklagten wurde mehrfach die Todesstrafe gefordert. Für Makanda etwas häufiger. Die Verlesung der Anklageschrift dauerte endlose Minuten. Dann sprach der Staatsanwalt. Er stellte den schändlichen Charakter des Komplotts, die Niedertracht seiner Ausführung und den offensichtlichen Verrat des beschuldigten Anführers heraus. Auch das nahm recht viel Zeit in Anspruch. Die Dinge wurden etwas interessanter, als die Angeklagten das Wort erhielten. Man fing mit Makanda an. Er bestritt alles. Er war an jenem Abend nicht in den Räumen des Fernsehsenders dabei gewesen, er lag mit seiner Frau im Bett. Mit welcher, konterte der Staatsanwalt, der Bescheid wusste. Die Menge buhte den Lügner aus. Alle hatten ihn gesehen. Wem wollte er hier etwas vormachen?
»Ich habe ein Alibi!« Man ließ seine Ehefrau kommen. Sie hatte einen abgetragenen Pagne angezogen und ein schwarzes Tuch um den Kopf gebunden, als wäre sie schon in Trauer. Unter Eid erklärte sie, ja, der zuvor Beschuldigte habe sich am Tag des Verbrechens in ihrem Bett befunden. Wer ihn denn außer ihr noch gesehen habe, fragte ein Richter. Man rief seine Wachmänner herein, die sich, um keinen Ärger zu bekommen, an nichts in dieser Nacht erinnerten, außer dass sie am nächsten Morgen überall gehört hatten, man habe den Chef im Fernsehen gesehen, wie er einen Staatsstreich beging. Makanda wollte protestieren,

aber man musste ihn zum Schweigen bringen, da die Zuhörer in Wut gerieten. Der Vorsitzende Richter drohte, ihn hinauszuwerfen, sollte er weiterhin vorhaben, das Gericht zu täuschen. Einer seiner Anwälte empörte sich gegen eine solche Entscheidung, wurde aber ausgebuht. Makandas Ehefrau setzte an zu sprechen, ihr wurde das Wort abgeschnitten. Das Gericht merkte an, dass die Falschaussage eine Straftat war. Das schuf ein ungutes Klima im Saal. Wie konnte sie als Familienmutter so unverschämt lügen?

Die Soldaten wiederum wussten sichtlich nicht, warum sie auf der Anklagebank saßen. Als man ihnen das Wort erteilte, behaupteten sie alle dasselbe: Ein Leutnant war zur Matete-Brücke gekommen, wo sie Wache hielten, und hatte sie abgeholt. Ein Leutnant? Wie war sein Name? Niemand erinnerte sich daran. Er war mit einem Dienstbefehl gekommen, der ausdrücklich besagte, dass sie den RTN-Turm zu sichern hatten.

»Das nennen Sie sichern?«, brüllte der Staatsanwalt. »Meine Damen und Herren«, verkündete er und zeigte mit dem Finger auf einen Bildschirm, »wir werden jetzt die Filmmitschnitte der Ereignisse betrachten. Licht aus!« Der Raum wurde abgedunkelt, und auf einem Video war der Putschversuch zu sehen. Die Militärstiefel, Makanda bei seiner Rede, der Sturmangriff der Streitkräfte, die Gefangennahme der Soldaten vor Ort und Makandas Verhaftung auf der Straße nach Bandundu. Daraufhin hatten die Angeklagten nicht mehr viel zu sagen. Im Verlauf der zwei Verhandlungstage konnte man mitverfolgen, wie der Prozess über Makanda und die zwölf Soldaten hinwegwalzte. Bei jedem ihrer Versuche, etwas zu erwidern, befahl man ihnen zu schweigen. Die schüchternen Stellungnahmen der Anwälte

änderten nicht viel. Makanda bemühte sich um ein letztes Brüllen und erklärte sich zum Märtyrer. Er war nicht das Raubtier, für das sie ihn hielten. Er war bloß ein Sündenbock. Die Bilder, die man gesehen hatte, waren gefälscht. Das war nicht er, den man da sah. Er, er hatte in seinem Bett gelegen! Es war erbärmlich, ein Prankenschlag ins Leere.
Die Soldaten stammelten unverständliche Sätze. Ihre Uniformen schafften es nicht, ihnen ein martialisches Aussehen zu verleihen. Die Verhandlung überstieg ihr Fassungsvermögen. In ihren verzweifelten Blicken lag all ihre Verständnislosigkeit und die Gewissheit, am Ende dieses Scheinprozesses verurteilt zu werden. Sie konnten nichts weiter tun, als Bamba und Landu zu beschuldigen. Ja, pflichtete der Staatsanwalt ihnen bei, die beiden waren an allem schuld und weil sie den Lohn nicht gerecht hatten teilen wollen, waren sie umgebracht worden. Man hatte bei Bamba Dollars gefunden, deren Nummern aus der gleichen Serie stammten wie die Scheine, die man bei den Aufständischen entdeckt hatte. In der Tat, schlussfolgerte ein Beisitzer, die Aufteilung war nicht gerecht gewesen. Die Beschuldigten konnten noch so laut »Intrige« schreien, man warf ihnen ihre Geständnisse an den Kopf. Der Mutigste unter ihnen wagte es, die Folterungen während ihrer Inhaftierung zu erwähnen, aber vergebens. Mit Hammerschlägen auf den Tisch brachte der Vorsitzende Richter ihn zum Schweigen. Später machten sie es noch schlimmer, als sie erklärten, sie hätten Makanda in jener Nacht nicht im RTN-Gebäude gesehen. Während der zwei Verhandlungstage übertrugen die Fernsehgeräte der Stadt Bilder, auf denen sich die »Bande der dreizehn« unbeholfen abstrampelte, um sich aus dem Netz, das sich unaufhaltsam um sie zuzog, zu befreien.

Das Urteil fiel am Abend des zweiten Tages nach den unspektakulären Plädoyers der Verteidigung. Makanda bekam als Rädelsführer dreißig Jahre Haft. Der Zugführer beziehungsweise Stabsunteroffizier zwanzig Jahre. Die Männer, die im Turm selbst festgenommen worden waren, fünfzehn. Die übrigen jeweils nur zehn, weil sie sich ohne Widerstand ergeben hatten. Die Urteile sprachen für sich. Runde, saubere, beeindruckende Zahlen, dazu gedacht, die Fantasie zu beflügeln und gleichzeitig einen Anschein von Großmut auf Seiten des Gerichts zu erwecken. Es wurde keine Todesstrafe verhängt, sie hatten Glück. Bamba und Landu waren infolge ihres Ablebens von der Klage ausgenommen. Erst als man die Verurteilten rücksichtslos abführte, wurde ihnen klar, dass die Verhandlung beendet war. Sie brüllten, dass sie unschuldig waren. Makanda fing einen Monolog über eine Staatsverschwörung an, bevor er in Handschellen verschwand. Die Richter hörten jetzt, da sie ihre Pflicht getan hatten, nicht mehr zu. Sie packten bereits ihre nun nutzlosen Stifte ein.
»Also wirklich, trotz der Enthüllungen in den Zeitungen ist Tshilombos Name während des ganzen Prozesses nicht ein einziges Mal gefallen.«
»Natürlich nicht. Er stand nicht in der Akte«, antwortete Celio. »Nur Bamba kannte ihn, und seit ein paar Tagen natürlich auch die ganze Stadt. Aber die Justiz ist blind und manchmal auch taub. Hast du es bemerkt? Es gab bei dem Prozess praktisch keine Zeugen.« Eng aneinandergekuschelt hatten Celio und Nana sich das Ende der Verhandlung auf Video angesehen. Celio hatte die zwei Prozesstage live verfolgt, aber Nana hatte eine Aufzeichnung mit nach Hause gebracht. Er wollte bestimmte Auszüge noch einmal

sehen. Der junge Mann war nachdenklich. Jetzt war also alles vorbei. Die Episode des Informations- und Planungsbüros lag nun hinter ihm. Er hatte seine ehemaligen Kollegen angerufen. Tshilombo war seit ein paar Tagen nicht mehr aufgetaucht. Niemand wusste, was seit dem Skandal um Bambas Hefte und die ermordeten Frauen aus ihm geworden war. Das ganze Team war schockiert, als bekannt wurde, dass der Chef in diese Geschichte, die seit Tagen die Stadt in Atem hielt, verwickelt war. Die Sekretärin Angèle hörte nicht auf zu weinen. Wer hätte so etwas denn ahnen können! Da arbeitete man jahrelang mit jemandem zusammen, um schlussendlich zu erfahren, dass er nicht der war, für den man ihn hielt. Das war zu viel für sie. Wenn man ihn wenigstens wie alle anderen der Korruption bezichtigt hätte, aber das, nein! So schnell würde man Tshilombo nicht wiedersehen.

Trotzdem, wie bei Makandas Sturz empfand Celio nicht die erwartete Befriedigung. In Rache zu schwelgen, war wirklich nicht sein Ding. Sie würde ihm weder Baestro noch die anderen zurückbringen. Wie immer war alles nicht so einfach. Oder vielleicht doch. Er fühlte sich ein wenig versöhnter mit sich selbst. Er hatte nicht mehr das unangenehme Gefühl, dass ständig ein riesiger Finger auf ihn zeigte. Vielleicht war es das, was man das Gewissen nennt. Er hatte über ein Jahr für das BÜRO gearbeitet, aber in seinem Leben war es nur eine Episode unter anderen. Alles, was er gewollt hatte, war, irgendwo den Einstieg zu schaffen, mehr nicht. Im Innersten wusste er, dass es ihm vor allem darum gegangen war, seiner Eitelkeit zu schmeicheln, aber auch um die gesellschaftliche Stellung, die eine Beschäftigung bei der Präsidentschaft mit sich brachte, um das Geld und die kleinen Annehmlichkeiten, die es verschafft. Auch sein Ego, dessen Maßlosigkeit er ahnte, hatte er befriedigen wollen, als er seinen Ehrgeiz daransetzte, ein großer Politstratege zu werden. Celio hatte definitiv ein Kapitel abgeschlossen. Seine angeborene Fähigkeit, sich in neue Situationen einzufinden, machte ihm das Leben leichter. Bald schon wären Tshilombo und seine Schandtaten vielleicht nur noch eine Liste von Namen und Ereignissen, die im globalen Maßstab eigentlich gewöhnlich waren. In der Zwischenzeit gedachte der junge Mann, ein wenig in den Tag hineinzuleben. Nana saß an ihn gekuschelt auf dem Sofa, ihre Beine um seinen Leib geschlungen. In Celios Kopf folgten flüchtige Gedanken aufeinander wie Meteoren, dabei hatte er nicht vor zu grübeln. Er wollte an nichts denken. Nana hatte ihr Gesicht an seinem Hals geborgen und murmelte ihm leise Dinge zu. Celio spürte ihren beruhigenden, warmen Atem. Sie knabberte an seinem Ohrläppchen.

»Lass mich«, sagte er, ohne sich zu wehren.

»Niemals«, antwortete sie sanft, aber mit viel Überzeugung.

Es war Nachmittag, und die Geschäftigkeit hatte wie üblich stark nachgelassen. Der Alte Isemanga hatte fast all seine Spieße verkauft, und die Eisblöcke in der Styroporbox hatten mühelos das physikalische Wunder vollbracht, vom festen zum flüssigen Zustand überzugehen. Passanten benutzten die Bank, um eine kleine Pause einzulegen und einen Schluck zu trinken. Der Alte unterhielt sie als guter Gastgeber mit seinen gewohnten Spinnereien. Weiter drüben bei Celio und seinen Freunden hatte sich Mutter Bokeke, die um das Wohlergehen aller bemüht war, an den Herd gestellt. Mit ausladenden Bewegungen wusch sie in einem kleinen Becken die Maniokblätter, die sie gleich zerstoßen wollte. Das Siegerlachen, das aus Tricksons Brust aufstieg, minderte die glühende Hitze, in der die jungen Leute seit Stunden im hinteren Teil des Grundstücks eine Partie Dame spielten, nicht um ein einziges Grad Celsius.

»Lass das Spielen bleiben, Celio. Dame ist wirklich nichts für dich. Es gibt dabei keine Hypotenuse und keinen Exponenten, mein Lieber.« Trickson wusste, wovon er sprach. »Man muss nachdenken, Celio. Was dir fehlt, ist, glaube ich, die Taktik. Alles steht und fällt mit der Taktik. Alter, bei diesem Spiel hat man keine Zeit, seinen nächsten Zug mit Gleichungen zu berechnen. Es geht darum, so viele Steine wie möglich zu fressen. Fressen, Celio, das ist alles, was zählt!«, fügte er hinzu und machte die entsprechende Geste. Die Bande brach in schallendes Gelächter aus. Celio ärgerte sich nicht, das war ihr gutes Recht, er hatte gerade verloren. In letzter Zeit war er sowieso recht gelassen. Seine Kumpel hatten eine neue Partie angefangen, und die Kommentare und das Klacken der Kronenkorken auf dem Sperrholz gingen fröhlich weiter.

»Celio, warum gehst du nicht in die Politik?«, fragte Trickson.

»Die Politik interessiert mich nicht. Eben, zu viel Taktiererei und zu wenig Klarheit. Wenigstens die Mathematik ist klar. Da passieren die echten Revolutionen. Wisst ihr, das Theorem von ...«

»Halt, halt, Celio, lass uns bloß mit deinen Theorien, Parabeln und Hyperbeln in Frieden. Hyperbel, was für ein bescheuertes Wort. Warum nennst du deine Tochter später nicht Hyperbel Matemona?«

»Aufhören, Leute!«, unterbrach ihn Celio, »ich bin momentan sowieso nicht ansprechbar, ich will relaxen, ich lasse alles auf mich zukommen.«
Die drückende Hitze machte alle Bewegungen langsamer und verleitete die Zufriedenen, die es sich leisten konnten, zum Mittagschläfchen. Unter einem Häuflein kalter Asche neben Mutter Bokekes Füßen hockte derweil seit geraumer Zeit der HUNGER und verging vor Ungeduld. In einer gemeinsamen Anstrengung hatten seine zwei Gehirne Schlussfolgerungen aus den letzten Entwicklungen im Land gezogen. Die Regierung hatte sich, unter Druck gesetzt, dazu entschlossen, Wahlen einzuleiten. Der HUNGER witterte eine Art dumpfe Bedrohung, die es früher oder später mit allen Mitteln abzuwehren galt. Aber da es bislang nur um die Verhandlungen zur neuen Verfassung ging, erlaubte sich auch der HUNGER zu relaxen und alles auf sich zukommen zu lassen. Dabei hatte er durchaus die Absicht, gegen dieses Großereignis, diese Wahlen, vorzugehen. Es würde eine harte Schlacht geben, das ahnte er bereits. Das Ungeheuer mit den zwei Gehirnen war sich darüber im Klaren, dass es aufgrund seiner langen Erfahrung und seines vollständigen Fehlens von Mitleid das Interesse vieler geweckt hatte. Der HUNGER setzte auf die Tatsache, dass er zu gegebener Zeit immer noch auf sichere und tüchtige Verbündete würde zählen können, die imstande waren, sein Werk fortzuführen und ihn abzulösen. Es waren langjährige Verbündete. Immer die gleichen, und sie hatten, wie er wusste, in der Tiefe bereits mit ihrer zersetzenden Arbeit begonnen.

Epilog

Die Welt war in Aufruhr. Auf den Fernsehkanälen sprach man nur noch über das eine Ereignis, eine Reportage jagte die andere. Die Dauerbrenner wurden allesamt zurückgestellt, um Platz zu schaffen für das Unmögliche. Die Information übertraf jeden Scoop. Das Heldenstück war endlich vollbracht, morgen würde man in der Demokratischen Republik Kongo die Mitglieder der Nationalversammlung wählen. Vor ein paar Jahren, so erinnerte man sich, hatte man schon einmal darauf gewartet, aber es kamen weder eine neue Verfassung noch Wahlen noch sonst was. Der HUNGER fuhr schweres Geschütz auf. Er schloss Bündnisse, und es gab Krieg. Das Land geriet gefährlich ins Schwanken, aber das Volk hielt dem Angriff stand. Trotz dieser fürchterlichen Prüfungen brauchte es noch mehr Schreie, Barrikaden und ein in Brand gestecktes Gebäude der UNO-Vertretung, damit die Neuigkeit endlich überall in Kinshasa und im Land verkündet werden konnte: Der Wahlprozess war angelaufen. Seit Monaten sprach man von nichts anderem mehr. Die Kandidaten für die Abgeordnetensitze oder für das Präsidentenamt der Republik gingen in lärmenden Umzügen auf Stimmenfang durch die Stadt. Man konnte sehen, wie sie sich hinter ihren Mikros heiser redeten, in ihrem Gefolge ein Schwarm von begeisterten

Sympathisanten oder einfach ewigen Müßiggängern, den Akteuren jedes bedeutenden Ereignisses in Kinshasa. Das Land wartete seit ewigen Zeiten auf diese Wahlen. Na ja, nicht wirklich seit ewigen Zeiten, denn 1960 war kurz ein kleines Lichtlein aufgeleuchtet, aber man hatte Patrice Lumumba rechtzeitig ermordet, um die Ausübung des allgemeinen Wahlrechts für lange Zeit zu unterbinden. Das Volk war standhaft geblieben und hatte seit bald einem halben Jahrhundert mit zugegebenermaßen wenig Mitteln und Unterstützung gegen die Unterdrückung gekämpft, und immer hatte es den Machthabern zeigen wollen, dass es keine andere Alternative geben würde als freie und transparente Wahlen. Echte Wahlen, mit Beobachtern, EDV, internationaler Gemeinschaft und allem Drum und Dran. Man hatte die Bevölkerung komplett erfasst, sogar die Vergessenen wie Trickson, der sich unter seinem wahren Namen Patrick Iyofa Befale in die Wählerlisten eingetragen hatte. Face ya Yézu hatte seinen Spitznamen behalten, weil er ihn attraktiver fand als seinen ursprünglichen. Jedenfalls hatte er fünf Zeugen aufgetrieben, die vor den Behörden bestätigten, dass es sein echter Familienname war.

Man drückte also die Daumen. Alles stand bereit, um ab morgen echte politische Vertreter und bald den ersten vorschriftsmäßig gewählten Präsidenten der Republik zu bestimmen. Nicht wie bisher. Keinen Präsidenten von der Sorte, bei dem du dich, wenn sich jemand nach seinem Namen erkundigt, fühlst wie der Bastard, den man nach dem Namen seines Vaters fragt.

Es war nicht ohne Mühe gegangen. Viele hatten auch nicht mehr daran geglaubt. Die Kreditgeber mussten beinahe dichtmachen. Trotzdem konnte man Dinge vorantreiben.

Man hatte geflickschustert, aber das Ergebnis war jetzt greifbar: Morgen in aller Herrgottsfrühe würden sich allmählich die Schlangen vor den Wahllokalen bilden.
»Zur Zeit unserer Ahnen daheim im Monkoto konnte nicht einfach irgendwer Chef werden. Dazu musste man vorbereitet sein.«
»Alter, *tika biso nye*[47]! Ich habe meinen Kandidaten jedenfalls schon ausgesucht, und nichts bringt mich davon ab. Wir kennen deine Reden, Alter. Immer machst du alles schlecht.«
Der Alte Isemanga achtete nicht auf den Einspruch des kleinen Amisi, der zufällig vorbeigekommen war. Er fuhr fort: »Zur Zeit unserer Ahnen, ja glaubt ihr, man konnte einfach so daherspazieren und sagen: ›Ich will hier der Chef werden!‹ Unmöglich, Kleiner. Man musste eingeweiht sein. Von klein auf wissen, welche Pflichten das Amt mit sich bringt. Und dann, welche Vorrechte. Heutzutage sieht man Typen, im Mund so ein aufgeblasenes Französisch, die sich an den Seitentürchen der Macht drängeln und behaupten, sie seien da, um mich zu repräsentieren. Kenne ich diese Kerls etwa? Was wollen die denn? Mein Wohlergehen? Oder doch die Macht?«
»Alter, was willst du eigentlich?«, sagte Trickson, »Wir alle wollten die Wahlen, jetzt haben wir sie, worüber beschwerst du dich also? Alles läuft bestens. Wir haben seit einer ganzen Weile nicht mal mehr den leisesten Schuss gehört. Wer hätte das nach den Jahren, die wir hinter uns haben, für möglich gehalten? Die politischen Gruppierungen und die Parteien haben den Frieden der Tapferen geschlossen. Die

47. Lass uns in Ruhe!

Politiker scheinen sich mit den Tatsachen abgefunden zu haben. Alter, bei allem Respekt, den ich dir schulde, ich glaube, wir können zufrieden sein.«

»Zufrieden um welchen Preis?«, warf der Alte ein. Ja, der Preis war unerhört hoch, wenn man die unsägliche Zahl der Toten sah, die der Krieg gebracht hatte. Und ja, mit etwas Gefühlsduselei konnte man an die unfassbaren Opfer erinnern, zu denen das Volk und die Märtyrer, deren Blut unsere Äcker tränkt, bereit gewesen waren, aber der alte Isemanga dachte nicht daran, das so hinzunehmen.

Celio, der gerade im Viertel unterwegs war, wollte seine Freunde zu ein paar Fleischspießen einladen. Sie hatten für den nächsten Tag ernsthafte Dinge zu besprechen, denn es war wieder länger her, dass die Freunde über soziale und neoliberale Demokratie, Freiheit und Gleichheit diskutiert hatten. Hierzu hatte Celio ihnen – in Anlehnung an den *Kurzen Abriss der Mathematik für die Sekundarstufe* von Kabeya Mutombo in der Ausgabe von 1967 – Folgendes zur Ungleichung ersten Grades auseinandergelegt: *Wenn man die beiden Terme einer Ungleichung mit einer Zahl, die nicht Null ist, multipliziert oder dividiert, 1) bleibt die Ungleichung bestehen, sofern diese Zahl positiv ist, oder 2) sie kehrt sich um, sofern diese Zahl negativ ist.* Was rein theoretisch auch nicht gerade toll war. »Die Ungleichheit ist eine Plage, die man mit aller Kraft bekämpfen muss«, hatte Celio erklärt. Als seine Freunde das hörten, sagten sie sich, dass er damit vielleicht einen Denkansatz beziehungsweise den Anfang einer Rede hatte, um dem Volk Wohlergehen und Glück zu versprechen. Von so viel Begeisterung ermutigt, hatte er nach einigem Zögern irgendwann beschlossen, bei den Parlamentswahlen morgen zu kandidieren.

Seine Freunde hatten schon vor langem den Beschluss gefasst, ihm einen Platz in der Stadt zu sichern. Die Bedürftigen aus dem »Dickicht«, die Behinderten und die *sheges*[48], hatten mit den Müßiggängern von Barumbu und Lingwala in dieser gesamten Zone von Kinshasa ein Netzwerk gebildet und ihm eine beachtliche Wählerschaft zusammengetrommelt. Es hieß sogar, ihr Einfluss reiche bis Kasa-Vubu. Mit den Jahren war Gaucher in Masina zu einem wohlhabenden Geschäftsmann geworden. Nach seinem *ligablo* hatte er eine Maniokmühle und später eine Kühlkammer erworben, die er in einem Container hinten auf dem Grundstück seines Onkels eingerichtet hatte. Der Besitzer der »Firma Dona« hatte jetzt mit seinem guten Ruf eine Menge Leute im Viertel von Celio überzeugt.

Seit seiner Zeit im BÜRO hatte der junge Mann die Politik nicht mehr angerührt, nicht einmal mit einem langstieligen Löffel. Er hatte sich lieber damit beschäftigt, seine alte NGO, die sich um Karitatives kümmerte, weiterzuentwickeln. An Arbeit mangelte es nicht, vor allem seit sich das Phänomen der *sheges* ausgeweitet hatte und seit dem Krieg. Tshilombo war verschwunden. Nach der Geschichte mit den verstümmelten Frauen und dem Putschversuch hatte ihm der Präsident, um ihn loszuwerden, einen Posten als Botschafter in einer weit entfernten Republik der ehemaligen Sowjetunion verschafft. Seine Frau Odia hatte, direkt nachdem der Skandal losgebrochen war, die Scheidung eingereicht und wollte nichts mehr von ihm wissen. Der Kerl hatte nicht nur, wie sie behauptete, ihr Leben zerstört, sondern auch ihre Familie auseinandergerissen. Kapinga, die

---

48. Straßenkinder.

sie aus dem Dorf hatte kommen lassen, um sie in Kinshasa mit einer guten Partie zu verheiraten, hatte sie verraten und war Tshilombo in sein Exil gefolgt. Monatelang hatte sie kein Lebenszeichen von sich gegeben. Dann plötzlich hatte sich Kapinga aus London, wo sie jetzt wohnte, gemeldet und zwei Flugtickets und Reisepässe mit Schengen-Visa an zwei ihrer kleinen Brüder geschickt, ohne an Odia zu denken, ihre Wohltäterin, der sie es zu verdanken hatte, dass sie Europa überhaupt sehen konnte. Tshilombo dagegen war schon lange nicht mehr Botschafter. Es heißt, er habe das Botschaftsgebäude verkauft und in den Niederlanden in der Nähe seiner Kinder politisches Asyl erhalten.

Makanda war wider Willen in der Rumpelkammer der Geschichte verschwunden. Die unselige »Bande der dreizehn« war nicht einmal mehr eine Erinnerung. Das alles lag weit zurück. Ohne ernsthafte Theorien war das politische Geschäft ziemlich gefährlich, fand Celio. Er hatte im Augenblick jedenfalls gut zu tun. Die Stadtteile waren mobilisiert. Alle Kleinen sprachen von nichts anderem mehr als von Celio Matemona genannt Celio Mathematix, dem Typen, der sie in der Nationalversammlung am besten würde vertreten können. Er hatte ein paar Meetings abgehalten und fand allmählich Geschmack daran. Als Meister der Kommunikation hatte ihn auch das Organisieren der Kampagne begeistert. Nana sah das Ganze zwar nicht wirklich gern, aber solange sie achtgab, dass er einen kühlen Kopf behielt, würde es schon gut gehen.

Celio machte sich keine Sorgen, er hatte schon ganz anderes erlebt. Und auch wenn es nur wenige wirklich wussten, keiner von denen, die er getroffen hatte, zweifelte daran, dass dieser Bursche tatsächlich Berechnungen kontrollierte,

Variablen bestimmte und seit Langem mit komplexen Zahlen und Phänomenen Umgang pflegte. Und das war noch eine ganz grobe Schätzung, die reinste Hypothese, gewissermaßen.

Glossar

AFP (Agence France Presse)
französische Nachrichtenagentur mit Sitz in Paris.

Boubou
ursprünglich westafrikanisches Kleidungsstück für Männer und Frauen bestehend aus mehreren als »Pagnes« (siehe dort) bezeichneten Tüchern.

Boulevard du 30 juin
der 30. Juni 1960 ist für die Demokratische Republik Kongo ein wichtiger Feiertag: der Tag der Unabhängigkeit von der belgischen Kolonialmacht.

Force Publique
militärische Einheit während der belgischen Kolonialzeit, die hauptsächlich aus der Lokalbevölkerung rekrutiert wurde, während alle Offiziere Europäer waren.

FPR
Front Patriotique Rwandais (Ruandische Patriotische Front); 1985 als militärische Streitmacht von Tutsi im ugandischen Exil gegründet mit dem Ziel, die amtierende ruandische Regierung zu stürzen; Gegenspieler des von Hutus dominerten ruandischen Militärs zwischen 1990 und 1994; seit 1994 Teil der offiziellen ruandischen Streitkräfte und herrschende Regierungspartei in Ruanda, die auch den Präsidenten Paul Kagame stellt.

Friede der Tapferen
Friedensangebot, deren Bedingungen von den Kriegsparteien als ehrenwert empfunden werden; bekanntes Beispiel ist Général de Gaulles Angebot eines *Paix des Braves* 1958 an die algerische FLN.

Indigo
traditionelle afrikanische Blaufärbung von Stoffen.

INSS (Institut National de la Sécurité Sociale)
nationales Institut für Sozialversicherungen der Demokratischen Republik Kongo mit Sitz in Kinshasa.

Katanga-Gendarmen
Rebellen der Front pour la Libération Nationale du Congo (FNLC), der Nationalen Front zur Befreiung des Kongo, die für sich für die Unabhängigkeit der Region Katanga einsetzten.

Kibanguistische Kirche (auch Kimbanguistenkirche)
christliche, prophetische Freikirche in Afrika und vor allem der Demokratischen Republik Kongo.

Kwilu-Ngongo
privatwirtschaftlicher kongolesischer Zuckerhersteller im gleichnamigen Ort.

ligablo
Verkaufsstand.

Lingala (Lingála)
eine Bantusprache, die in beiden Kongo-Staaten als Nationalsprache und darüber hinaus als Verkehrssprache verwendet wird.

Lomongo
eine Bantusprache, die von den Mongo der DR Kongo verwendet wird.

Mulelisten-Aufstand
auch bekannt als Mai-Mai-Aufstand in der kongolesischen Region Kwilu 1964 und angeführt von Pierre Mulele, dem Maoisten und einstigen Bildungsminister in der Regierung von Patrice Lumumba. Mulele wurde 1968 im Auftrag von Joseph Desire Mobutu ermordet.

nganda
informeller Getränkeausschank.

NGO (Nongovernmental organization)
Nichtregierungsorganisation.

Pagne
afrikanisches Stofftuch bzw. Stoffbahn, das geknotet als Kleid getragen wird; siehe auch »Boubou«.

radio-trottoir
Gerüchteküche.

Route des Poids Lourds
Straße im Nordosten Kinshasas; wörtlich »Straße der LKWs«.

sapeurs
elegante Dandys in Kinshasa und Brazzaville.

Superwax
vor allem in Westafrika verbreitete Stoffe mit bunten Batikmustern.

weiße Jahre
Schuljahre, in denen die Lehrer dem Unterricht aufgrund ausbleibender Gehälter, kriegerischer Auseinandersetzungen etc. fernbleiben und die somit für die Schüler verlorene Jahre sind.

Nachwort des Herausgebers

In Koli Jean Bofanes Roman »Mathématiques congolaises« aus dem Jahr 2008, der hier in eleganter deutscher Übersetzung von Katja Meintel unter dem Titel »Sinusbögen überm Kongo« vorliegt und die neue Afrika-Reihe im Horlemann Verlag eröffnet, klingt wie ein langes Jazz-Stück. Die immer wiederkehrende Melodie gibt als Hauptfigur Celio Mathematix vor, dessen Theoreme und Gleichungen sich wie ein roter Faden durch die Handlung des Romans ziehen. Und in der Reihe der Soli werden vorgestellt: der falsche Leutnant Bamba Togbia, dessen Erinnerungen an die Trainings als Kindersoldat letztlich noch einem Menschen das Leben retten; Celio selbst, der als kleiner Junge auf der Flucht seiner Familie vor den Wirren des Kriegs um Katanga und gegen Patrice Lumumba als Waise zurückblieb und sich nun wenigstens in den Formeln der Mathematik Halt erhofft; Pater Ioanides Lolos, dessen Vater nach dem Zweiten Weltkrieg aus Griechenland nach Belgien floh und seinen Sohn an die Kirche und somit auch an die Mission in Afrika verlor. Während Bamba für das Militär steht, Celio für die Zivilbevölkerung und Pater Ioanides eben für die Kirche, fehlt als weiterer Spieler in diesem Drama um Macht und Einfluss, um Sterben und Überleben in der Demokratischen Republik Kongo noch die Politik. Aber das Schicksal des Politikers Gonzague Tshilombo bleibt lange ein Geheimnis und soll auch hier nicht vorschnell gelüftet werden. Zuletzt endet dieses Jazz-Stück in einem lange sanft nachschwingenden, melancholisch anrührenden Ausklang, und die Melodie seiner Stimmen hallt noch eine gute Weile in der Vorstellungswelt der Leserinnen und Leser nach.

»Sinusbögen überm Kongo« weist trotz des skurril wirkenden Plans, mit Formeln und Axiomen das Chaos der Politik in Kongo-Kinshasa ordnen zu wollen, nicht nur einen ironischen Zug auf; die Schilderungen der Protagonisten geben dem Buch auch einen ernüchternd dokumentarischen Charakter; und nicht zuletzt schließt In Koli Jean Bofane sein Buch als utopischen Roman, denn wo hat man so etwas schon gehört, dass es in Kongo-Kinshasa plötzlich wirklich freie, demokratische, gerechte und offene Wahlen gibt, in deren Folge der Vertreter der Zivilbevölkerung sogar vernünftigerweise eine Stimmenmehrheit erhält und ohne Ränke und Allüren in ein untadelig legitimiertes Parlament einzieht?

In Koli Jean Bofane, 1954 in Mbandaka in der Demokratischen Republik Kongo (vormals Zaïre) geboren, ist ein Autor, der seine Kritik an Machtmissbrauch ohnehin gern verkleidet und nicht demonstrativ zur Schau trägt. Sein erstes Werk, die 1996 publizierte Diktatoren-Persiflage »Pourquoi le lion n'est plus le roi des animaux« – noch im selben Jahr auf Deutsch unter dem Titel »Warum der Löwe nicht mehr König der Tiere ist« im Peter Hammer Verlag Wuppertal erschienen –, verurteilt in kindlicher Sprache Willkür und Arroganz und erhielt sogleich den Prix de la Critique de la Communauté française de Belgique. Im Alter von sechs Jahren war In Koli Jean Bofane erstmals nach Belgien gekommen, und bis 1983, dem Jahr seiner Rückkehr nach Kongo-Kinshasa, lebte er sowohl in Europa als auch in Afrika. Nach dem Studium der Kommunikationswissenschaften arbeitete Bofane in der Werbebranche

und gründete 1991 den Verlag Publications de l'Exocet, der satirische Comics sowie Reportagen über soziale Themen veröffentlichte. Im selben Jahr musste Bofane wegen der wachsenden Unterdrückung in seinem Land Kongo verlassen, und so kehrte er wieder nach Belgien zurück, wo er sich neben seiner Arbeit in der Werbung zunehmend auf Literatur und den Einfluss der kongolesischen Diaspora auf das kulturelle Leben zumindest in Brüssel konzentrierte.
Im Jahr 2000 schrieb er mit »Bibi et les canards« (Bibi und die Enten) erneut ein Kinderbuch, in dem er diesmal das Thema Migration gestaltete. 2008 erschien dann Bofanes erster Roman »Mathématiques congolaises« – »Sinusbögen überm Kongo« –, für den Bofane 2008 den Prix Jean Muno bekam, 2009 den Prix littéraire de la SCAM sowie den höchst renommierten Grand Prix littéraire de l'Afrique noire. In diesem Roman gelingt Bofane unter anderem die Darstellung einer transkulturellen Entwicklung, in der sich europäische und afrikanische Einflüsse vermengen – so wie es heute in Kongo-Kinshasa eben der Fall ist, so, wie sich auch in der Sprache des Romans das Lingala mit dem Französischen mischt und den Dingen einen besonderen Subtext gibt.
Bei allen Vorzügen hat der Roman »Sinusbögen überm Kongo« zugegebenermaßen aber auch – nun ja: typische – Schwächen. Frauen kommen in dem Roman nur als Nebenfiguren vor und dürfen kein Solo spielen. Ihre Darstellung wirkt dem Figurenkabinett einer Theaterposse entnommen, was indes zum karikierenden Zug des Romans passt: Tshilombos Ehefrau Odia ist ein listig auf den eigenen Vorteil bedachtes Weib, dessen berechtigte Motivation aber kaum erklärt wird, und Odias junge Cousine Kapinga gibt

erfolgreich die lasziv-verführerisch hingestreckte Schönheit, die doch nur ihr eigenes Spiel der Selbstbereicherung spielt. Sogar Celios Kollegin, Freundin und Geliebte Nana erfüllt das Stereotyp einer sich hingebungsvoll aufopfernden und den männlichen Heros erwartungsvoll bewundernden Weiblichkeit – tritt dabei aber immerhin so sachlich und reflektiert auf, dass ihr Name als Anspielung Bofanes auf den Romanklassiker »Jagua Nana« gelesen werden kann, in dem der nigerianische Schriftsteller Cyprian Ekwensi 1961 den Preis des wirtschaftlichen und gesellschaftlichen Aufstiegs einer selbstständigen Geschäftsfrau in Lagos schildert (auf Deutsch: »Jagua Nana«, Ullstein 1987).

Ohnedies ironisiert Bofane gern, wie auch die Verhaftungsszene des Franzosen Henrik Varlet zeigt, in der die kongolesischen Strippenzieher schlau europäische Vorbehalte zu instrumentalisieren wissen. Und trotz aller Schrecken und Kriege, der Korruption und dem Hunger, die die verworrene jüngere Geschichte von Kongo-Kinshasa prägen, zeigt Bofane auch die alltägliche Lebensfreude und den Reiz einer afrikanischen Großstadt. Bofane lässt die modebewussten Sapeurs auftreten, er verknüpft mittels Musik unter anderem von Ibrahim Ferrer Kongo mit Kuba, und er zeigt anhand der Literatur, dass Europa und die Welt am Kongo ungleich präsenter vertreten sind als es Kongo in den Metropolen des Westens ist. Wie weit diese internationalen Netzwerke reichen, wie tief diese globalen Beziehungen wurzeln und auch wie verheerend diese weltweiten Verstrickungen wirken können, zeigt Bofane übrigens in seinem neuen Roman »Congo Inc.«, in dem auch der Völkermord in Ruanda in einen staatenübergreifenden Zusammenhang gesetzt wird. Wobei schon die Figur des griechischen Bel-

giers Pater Ioanides Lolos in »Sinusbögen überm Kongo« zeigt, dass Genozid und Bürgerkrieg keine ausschließlichen Merkmale afrikanischer Zeitgeschichte sind, sondern die übertragbare Folge des Zusammenbruchs von Zivilgesellschaften, wie es die Familie des Paters in Griechenland nach dem Ende des Zweiten Weltkriegs erfuhr.
Bleibt noch die Magie. Auch mit ihr und der Figur des Hexers Mbuta Luidi unterstreicht Bofane, dass die Entwicklungen in seinem Roman nicht nur mehr oder eher weniger den mathematischen Gesetzen der europäischen Aufklärung folgen, sondern vor allem auch einer animistischen Logik – die sich zuletzt sogar bewahrheitet. Und auch in diesem Zusammenhang ist bezeichnenderweise der einzige, der unbeirrbar zu den Prinzipien von Menschlichkeit steht und ihnen treu bleibt – wenngleich nur aus einer eigenen persönlichen Enttäuschung heraus – der Pater Ioanides Lolos. Vielleicht sind es ja tatsächlich ganz andere, eigene Regeln, die den Weltenlauf bestimmen und über kurz oder lang ein Gleichgewicht der Kräfte erzielen, wie und warum auch immer.

Manfred Loimeier